Begriffs-Hierarchien

und

Lambda-Kalkül

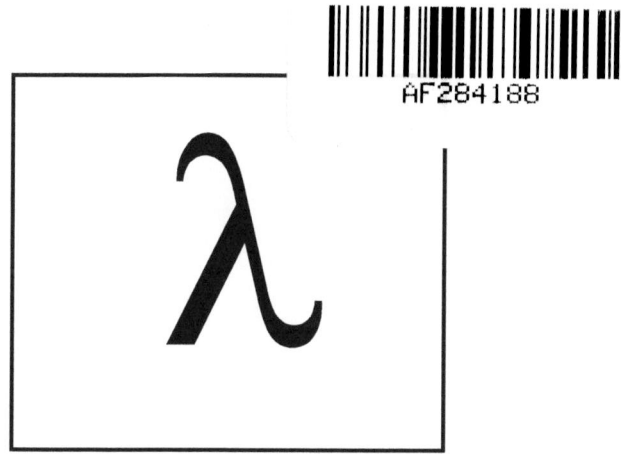

Eine Untersuchung über Sprache, Wirklichkeit und Mathematik
von *Peter Ripota*

Peter Ripota studierte Physik und Mathematik an der Technischen Hochschule Wien. Als langjähriger Mitarbeiter des P.M.-Magazins popularisierte er die verschiedensten Themen, vor allem aus Physik, Mathematik und Astronomie.

Bibliografische Information der Deutschen Nationalbibliothek:
Die Deutsche Nationalbibliothek verzeichnet diese Publikation in der
Deutschen Nationalbibliografie; detaillierte bibliografische Daten sind
im Internet über http://dnb.d-nb.de abrufbar.

Herstellung und Verlag: Books on Demand GmbH, Norderstedt
ISBN 978-3-7526-1036-9

e-mail: tango@peter-ripota.de
Webseite: http://www.peter-ripota.de

Begriffshierarchien

und λ-Kalkül

Von Dipl-Ing. Peter Ripota

Furtwangen-Freiburg 1978, überarbeitet 2006 & 2020

Inhalt

0. Randbemerkung	8
1. Zusammenfassung	9
2. Einleitung	10
3. Der typenfreie Kalkül	20
3.1 Modifikationen	22
3.2 Interpretationen	23
3.3 Abgrenzung zur Mengenlehre	25
4. Der Typenkalkül	26
5. Abbildungen und weitere Konventionen	28
6. Grundoperatoren der Definitionsebene	33
6.1 **S** - Synthese-Operator	34
6.1.1 Informelle Einführung	34
6.1.2 Definition	36
6.2 **A** - Analyse-Operator	38
6.3 **V** - Vektor-Operator	38
6.4 **P** - Projektions-Operator	39
6.5 Bemerkungen	39
6.6 **T** - Typen-Änderungs-Operator	40
7. Nominaldefinitionen	41
7.1 Allgemeines	41
7.2 Beispiele	42
7.2.1 Grundbegriffe	42

7.2.2 Listen   48
7.2.3 Strukturdaten   48
7.2.4 Phänomene und Gesetze   49
7.2.41 Beispiele   50

8. Graphische Darstellung   53

9. Wissenschaftstheoretische Grundlagen   57
9.1 Analyse - Synthese   57
9.2 Informationstheoretischer Exkurs   58
9.3 Intension - Extension   60
9.4 Grundtypen   63

10. Attributivdefinitionen   66
10.1 Grundlagen   66
10.2 Definitionen   69
10.3 Reduktionen   71
10.4 Maße   73
10.5 Beispiele   75
10.5.1 B1: Periodensystem   75
10.5.2 B2: Thermodynamik   81
10.5.3 B3: Leben   87

11. Konzeptgenerator   97
11.1 Umfang   98
11.2 Realisierung   99
11.3 Beispiele   101
11.3.1 B1: Gewässer   102
11.3.2 B2: Entstehung des Lebens   103
11.3.3 B3: Linguistische Einheiten   106
11.3.4 B4: Mathematische Relationen   106
11.3.5 B5: Tassen   108

12. Verbände   109
12.1 Allgemeines   109
12.2 SCOTTs Theorie   111
12.3 Anwendung   112

13. Begriffsverbände 113
13.1 Lattisierung von Attributivdefinitionen 113
13.2 Operationen mit Verbanden 117
13.2.1 Beschränkung 118
13.2.2 Addition von Verbanden 120
13.2.3 Multiplikation von Verbänden 123
13.3 Lattisierung von Nominaldefinitionen 125
13.4 Funktionen auf Verbänden 130
13.4.1 Homogene Funktionen 130
13.4.2 Heterogene Funktionen 131

14. Der Aufbau der Welt 134
14.1 λ 134
14.1.1 Stufen 134
14.1.2 Teilordnungen zwischen den Stufen 134
14.1.3 Teilordnungen innerhalb einer Stufe 136
14.2 $\in$ 140
14.2.1 Schichten 140
14.2.2 Teilordnungen zwischen den Schichten 144
14.2.3 Teilordnungen innerhalb einer Schicht 145
14.3 φ 146
14.3.1 Dimensionen 146
14.3.2 Teilordnungen zwischen den Dimensionen 146
14.3.3 Teilordnungen innerhalb einer Dimension 146
14.4 Zusammenfassung 146
14.5 Beispiel 148
14.6 Das Transitivitätsgesetz der Folgen 150
14.7 Stringenzen 152

15 Linguistische Relationen 154
15.1 Was bisher geschah 154
15.2 Was geschehen könnte 161
15.2.1 Aspekt 1: Attribut - Objekt - Wert 161
15.2.2 Aspekt 2: $Situation_1$ - Handlung - $Situation_2$ 162
15.2.5 Verknüpfung der Aspekte 163
15.2.4 Einschränkungen, Erweiterungen, Sonderfälle 164
15.2.5 Beispiele 166
15.2.6 Zusammenstellung linguistischer Relationen 170

16. Informationsstrukturen   173

17.Statische Systeme   179
17.1 Zustände   179
17.1.1 Zugänge   179
17.1.2 Definitionen   181
17.1.5 Beschreibungen   184
17.1.4 Beispiele   185
17.2 Situationen   187
17.2.1 Zugänge   187
17.2.2 Definitionen   188
17.2.3 Beispiele   189

18. Dynamische Systeme   192
18.1 Prozesse   192
18.1.1 Zugang   192
18.1.2 Definition   193
18.1.3 Darstellung   194
18.1.4 Beispiele   194
18.2 Aktionen   194
18.2.1 Zugang   194
18.2.2 Definition   195
18.2.3 Sonderfälle und Beispiele   196

19.Terminologie   203

20. Literatur   221
Eigene Bücher   224

0. Randbemerkung

Als ich meine Doktorarbeit schrieb, ahnte ich nichts von den Schwierigkeiten, daraus auch einen akademisch verwertbaren Titel zu machen. Ich
lebte in Freiburg, arbeitete in Furtwangen, meine Doktorväter wirkten in
Hamburg und Bremen. Zur Verteidigung und zur Bekämpfung aller Intri-
gen hätte ich nach Hamburg ziehen müssen (für einen Gebirgsbewohner
ein grässlicher Gedanke), und außerdem wäre der Erfolg zweifelhaft ge-
wesen. Denn meine Doktorväter kümmerten sich nicht um die Arbeit, sondern ließen sie von anderen, nicht-kompetenten Professoren beurteilen,
mit dem erwarteten vernichtenden Ergebnis. So blieb es bei der Arbeit.

Aber auch nach über 40 Jahren finde ich die darin niedergelegten Gedanken noch immer bemerkenswert, auch wenn ich selbst nicht mehr alles
verstehe. Besonders das simple BASIC-Programm zur Erzeugung neuer
Konzepte halte ich für eine nützliche, wenngleich ungenutzte Innovation.
So stelle ich meine damalige Arbeit der Öffentlichkeit vor; wer immer
daran Spaß hat, möge sie sich zu Gemüte führen.

Peter Ripota

1. Zusammenfassung

Diese Arbeit befasst sich mit der **Definition von Begriffen** vom Standpunkt der Informatik, der Linguistik und der Wissenschaftstheorie. Ausgangspunkt, Leitfaden und Methodik sind die kombinatorischen Konzepte und Verfahren des λ-Kalküls (Theorie der Abstraktion und funktionalen Applikation).

Begriffsfelder werden hauptsächlich durch Anwendung dreier "Aufbau-Operatoren" geschaffen. Der **Abstraktionsoperator λ** erzeugt abstrakte Begriffe, die, als Funktionen aufgefasst, durch Anwendung auf bestimmte reale oder formale Objekte neue (konkretere) Begriffe schaffen können. Der **Synthese-Operator S** erzeugt Mengen (ungeordnete Zusammenfassungen von Elementen), die in unserer Arbeit auch "Strukturen" genannt werden; und der **Vektor-Operator V** erzeugt Felder (geordnete Zusammenfassungen von Elementen). An zahlreichen Beispielen wird die Anwendung und Brauchbarkeit dieser Operatoren bei der Darstellung von Begriffssystemen unterschiedlicher Wissensgebiete gezeigt und praktisch erprobt.

Durch die Unterscheidung zwischen **Nominaldefinitionen** (Definition von Begriffen durch andere Begriffe) und **Attributivdefinitionen** (Definition von Begriffen durch Eigenschaften) gelingt die Beantwortung der Frage, welche mathematischen Strukturen durch Begriffe geschaffen werden. Es zeigt sich, dass attributiv definierte Begriffe auf natürliche Weise zu einem *Verband* zusammengeschlossen ("lattisiert") werden können, während dies bei Nominaldefinitionen im allgemeinen zu uninterpretierbaren (sinnlosen) Resultaten führt. Auf *Begriffsverbände* können die Gesetze und Verfahren der Verbandstheorie angewandt werden; außerdem ist ein Bezug zu den so genannten extensionalen Modellen des λ-Kalküls (SCOTT) möglich. Schließlich erlaubt die Verbandstruktur eine mechanische Ableitung neuer Begriffe (unter Zugrundelegung von Einschränkungen bzw. Folgerungen), die in einem Programm, dem **Konzeptgenerator**, realisiert werden können.

Durch Verallgemeinerung des Begriffs "Begriff" gelangt man zum Konzept des **Informationselement**s eines Tripels aus Prädikat (Attribut, Eigenschaftsklasse), Objekt (Gegenstand, Begriff) und zugehörigen Wert (Ausprägung, Eigenschaft). Informationselemente sind die Grundlagen zur Beschreibung der Wirklichkeit. Aus Informationselementen werden zunächst **Zustände** aufgebaut, d.h. es wird die Menge aller für ein zu beschreibendes System relevanten Tripel Prädikat-Objekt-Wert gebildet (statische, isolierte Beschreibung der Realität). Nimmt man auch die Beziehungen zwischen den Individuen hinzu, dann erhält man eine Beschreibung durch **Situationen.**

Zustände und Situationen können sich ändern; Eine **Überführungsfunktion** beschreibt diese Änderungen; aus Zuständen entstehen dadurch **Prozesse**, aus Situationen **Aktionen**. An einigen Beispielen wird gezeigt, wie einige grundlegende Aktionen (z.B. "Erfüllung") durch hinreichend abstrakte Definition viele für die Praxis bedeutsame Konzepte implizit enthalten und durch entsprechende Reduktion explizit erzeugen.

Ein wichtiger Platz wird der **graphischen Darstellung** von Begriffsfeldern eingeräumt. Dabei wird von Überlegungen ausgegangen, die der Verfasser in früheren Arbeiten zur Aufstellung von **Logogrammen** entwickelte. Die Repräsentation **linguistischer Relationen** geht insbesondere von Grundbegriffen der Automatentheorie aus. Den linguistischen Relationen ist ein eigenes Kapitel gewidmet, wobei gezeigt wird, wie die gängigen, in semantischen Netzen häufig verwendeten Relationen in unserer Theorie auf sehr einheitliche Weise dargestellt werden (z.B. "type - token", "is", "isa", usw.).

Die Arbeit zeigt auch Maße zur numerischen Charakterisierung von Begriffen und Begriffsstrukturen sowie Relationen zwischen Begriffen, die auch didaktisch (zur Aufstellung von Lehrprogrammen) verwertet werden können. In verschiedenen wissenschaftstheoretischen Exkursen wird gezeigt, wie die Konzepte "Intension" und "Extension" auf Begriffsverbänden ebenso einfach wie natürlich exakt definiert werden können.

2. Einleitung

In JONATHAN SWIFTs satirischem Roman, "Gullivers Reisen" (1726) wird unter anderem die Akademie von Lagoda geschildert. Darin wird dem staunenden Weitreisenden eine Erfindung vorgeführt, mit deren Hilfe wissenschaftliche Theoreme mechanisch produziert werden können. Es heißt da im fünften Kapitel des dritten Teils: *Der erste Professor, den ich sah, befand sich in einem großen Zimmer und war von vierzig Schülern umgeben. Nach der gewöhnlichen Begrüßung bemerkte er, dass ich ernstlich einen Rahmen* ((engl. 'frame'. MINSKY (1974) verwendet den gleichen Ausdruck zur Kennzeichnung kleinster Konzeptionseinheiten, aus denen unsere Vorstellung von der Welt aufgebaut werden soll)) *betrachtete, welcher den größten Teil des Zimmers ausfüllte, und sagte: ich wundere mich vielleicht, dass er sich mit einem Projekt beschäftige, die spekulativen Wissenschaften durch praktische und mechanische Operationen zu verbessern. Die Welt werde aber bald die Nützlichkeit dieses Verfahrens bemerken. Er schmeichle sich mit dem Gedanken, dass eine höhere und edlere Idee noch nie aus dem Gehirn eines Menschen entsprungen sei. Ein jeder wisse, wie viel Mühe die gewöhnliche Erlernung der Künste und Wissenschaften erfordere; er sei überzeugt, durch seine Erfindung werde die ungebildetste Person bei mäßigen Kosten und bei nur einiger körperlicher Anstrengung Bücher über Philosophie, Poesie, Staatskunst, Gesetze, Mathematik und Theologie ohne die geringste Hilfe von Geist oder Studium schreiben können.*

Nach dieser bombastischen Ankündigung wird die Erfindung wie folgt beschrieben: *Der Rahmen war zwanzig Quadratfuß groß und befand sich in der Mitte des Zimmers. Die Oberfläche bestand aus einzelnen Holzstücken von der Dicke eines Würfels, von denen jedoch einzelne größer als die anderen waren. Die waren sämtlich durch dünne Drähte miteinander verknüpft. Diese Holzstücke waren an jeder Fläche mit überklebtem Papier bedeckt, und auf diesen Papieren waren alle Worte in der Landessprache ... ohne alle Ordnung aufgeschrieben. Der Professor bat mich achtzugeben, da er nun seine Maschine in Bewegung setzen wolle. Jeder Zögling nahm auf seinen Befehl einen eisernen Griff zur Hand, von denen vierzig am Bande des Rahmens befestigt waren. Durch eine plötzliche Umdrehung wurde die ganze Anordnung der Wörter verändert. Alsdann befahl er sechsunddreißig der jungen Leute, die verschiedenen Zeilen langsam zu lesen, und wann sie drei oder vier Wörter herausgefunden hatten, die einen Satz bilden konnten, diktierten sie dieselben den vier anderen, welche sie niederschrieben. Diese Arbeit wurde drei- oder viermal wiederholt. Die Maschine war aber so eingerichtet, dass die Wörter bei jeder Umdrehung einen neuen Platz einnahmen, sobald der Holzwürfel sich von oben nach unten drehte.*

Nach der exakten Beschreibung dieses Algorithmus zur Aufzählung aller möglichen Wortkombinationen (ohne Wiederholung) weist der gute Professor am Ende der Vorstellung noch einmal auf die Bedeutung dieser genialen Erfindung hin:

Aus diesem reichen Material werde er der Welt ein vollständiges System aller Wissenschaften und Künste geben; ein Verfahren, das er jedoch verbessern und schneller beendigen könne, wenn das Publikum ein Kapital zusammenbringen wolle, um fünfhundert solcher Rahmen in Lagado zu errichten, und wenn man die Unternehmer veranlassen werde, ihre verschiedenen Sammlungen zu einer gemeinsamen zu vereinigen.

Wie man sieht, gab es damals die gleichen Finanzierungsprobleme wie heute.

Besonders erfolgreich wurde die Methode in der modernen Poesie angewandt. Ausgehend von den Produktionen der Dadaisten (BRETON, ELUARD, ARP) entwickelte sich besonders in Frankreich eine 'poesie combinatoire', deren bekanntester Vertreter QUENEAU ist. Einen guten Übersichtsartikel mit zahlreichen Beispielen liefert GARDNER 1977.

Die Idee einer kombinatorisch konstruierten Erkenntnissammlung taucht auch in der Erzählung von der "Universalbibliothek" des deutschen Science-Fiction-Schriftstellers KURD LASSWITZ wieder auf (1902). Auch populärwissenschaftliche Schriftsteller haben sich damit beschäftigt, teils um die Mächtigkeit kombinatorischer Verfahren in der Mathematik zu zeigen, teils um die Absurdität eines solchen Gedankens bloßzulegen (wie etwa beim flötenblasenden Affen Sir ARTHUR EDDINGTONs (1958)).

In dieser Arbeit wird - unter anderem - die Idee der Akademie von Lagoda realisiert. Es werden zwar keine Sätze erzeugt (obwohl dies auch möglich wäre), sondern es werden Begriffe mit Hilfe eines Programms aus Elementen generiert. Die konzeptionelle Grundlage dazu liefert eine Theorie der Begriffshierarchien, der Begriffserzeugung, -umwandlung und -definition, welche ein kombinatorisches mathematisches System, nämlich den Lambda-Kalkül oder die ihre äquivalente Theorie der Kombinatoren verwendet. Warum gerade diese Theorie?

Stellen wir uns vor, wir hätten einen Begriff (ein Konzept) B, der eine abstrakte Wirklichkeit repräsentiert. Aus diesem Begriff sind eine Reihe anderer Begriffe B_1 bis B_n ableitbar, während B selbst (sofern er nicht logisches Element ist) seinerseits aus den Begriffen A_1 bis A_m abgeleitet werden kann. Die Möglichkeiten der Ableitbarkeit sind vielfältig.

Es gibt die *logische Deduktion*, die vor allen bei mathematischen Konzepten häufig angewandt wird. Es gibt die Möglichkeit, einen Begriff zu *konkretisieren* (zu spezialisieren), oder ihn zu *verallgemeinern* (zu abstrahieren). Beispielsweise kann der Begriff "Atom" zu einem konkreten Atom (z.B. "Helium-Atom") spezialisiert werden; er kann andrerseits

Bestandteil der Definition anderer Begriffe sein (z.B. Molekül, Bindung, Element, usw.).

Sucht man nun nach einer mathematischen Theorie, welche die Operationen der Abstraktion und der Konkretion formalisiert, dann findet man sie in der Theorie der "Funktionalen Applikation", eben im λ-Kalkül. Diese Arbeit ist Teil eines umfassenden Projekts, welches sich mit der Aufstellung fachsystematischer Netze (HAEFNER 1974) beschäftigt. Solche Netze entstehen durch inhaltliche Einschränkung und methodische Erweiterung semantischer Netze (siehe dazu BRUNNSTEIN 1975). Bei der Aufstellung fachsystematischer Netze geht es darum, die Begriffe eines Wissensgebietes und die zwischen den Begriffen herrschenden Relationen als verschiedene Ebenen zu repräsentieren; wenn wir dann etwa von der Kausalebene sprechen, meinen wir alle Kausalbeziehungen zwischen den Begriffen des Wissensgebietes.

Eine sehr wichtige Ebene ist die Definitionsebene, da in ihr die semantischen und linguistischen, die deduktiven und logischen Beziehungen der Begriffe untereinander erfasst werden. Mit der Problematik dieser Ebene beschäftigt sich die vorliegende Arbeit, allerdings nur insoweit, als Definitionen mit Hilfe des Formalismus und der Ideen des λ-Kalküls möglich sind. Bezüglich alternativer Definitionsverfahren siehe z.B. BIERWISCH und KIEFER 1969. Zunächst zeigen wir in einem kurzen Überblick, in welcher Weise der λ-Kalkül bisher auf Probleme der Datenverarbeitung und speziell auf linguistische Probleme angewandt wurde.

Nach Vorarbeiten durch SCHÖNFINKEL (1924), der eine variablenfreie Darstellung arithmetischer Gesetze suchte (und durch seine 'Kombinatoren' auch erreichte), begann vor allem durch CHURCH (1941) und CURRY (1958) eine systematische Untersuchung der Beziehungen zwischen freien und gebundenen Variablen, der Einsetzung und Abstraktion durch den von CHURCH eingeführten Abstraktionsoperator Lambda (λ). Versuche, den Kalkül als Grundlage der gesamten Mathematik und insbesondere der Logik anzupreisen, schlugen zunächst fehl, da durch das Auftauchen logischer Widersprüche gezeigt werden konnte, dass der Kalkül zu umfangreich war, einen zu großen Teil der Wirklichkeit diskriminationslos umfasste. Erst die Einführung von Typen (die das ursprüngliche, 'reine' Konzept des Kalküls zerstörte) konnte diesem Problem entgehen.

Die Anwendung des Kalküls in der Datenverarbeitung begann sehr früh und erwies sich als außerordentlich fruchtbar. MCCARTHY schuf mit seiner Programmiersprache LISP (1961) eine programmiertechnische Realisierung des Kalküls, wobei sich die Sprache als ungemein vielseitig verwendbar erwies und vor allem die Pionierleistungen der Datenverarbeitung (Sprachanalyse, künstliche Intelligenz) umfasste. Bald setzten auch theoretische Anwendungen ein. LANDIN (1966) übersetzte einen Teil von ALGOL in den λ-Kalkül und entwickelte eine Interpretationsmaschine dafür. SCOTT (1972 und viele andere Veröffentlichungen) schuf durch seine 'extensionalen Modelle des λ-Kalküls' eine Brücke zur gewohnten Datenverarbeitung, die in den üblichen Programmiersprachen mit einer Vielzahl von Typen hantiert. (Selbst LISP ist nicht ganz typenlos.) NEES (1973) wandte den Kalkül auf die Definition von Funktionen zur Beschreibung kognitiver Prozesse an, und BREKLE (1969, 1970) benutzte ihn in der Linguistik zur Erzeugung neuer Substantiva. Da unsere Arbeit von hier ihren Ausgangspunkt nimmt, soll auf diese beiden Autoren etwas ausführlicher eingegangen werden.

NEES benutzt den Kalkül zur Beschreibung zweier Funktionen eines Systems, die er **I** (für 'Internum') und **E** (für 'Externum') nennt. Dabei ist es seine Absicht, zu zeigen, dass der λ-Kalkül in der Gestalt der Notation, die man vor allem LANDIN verdankt, ein leistungsfähiges Werkzeug zur Beschreibung von kognitiven Systemen ... ist." NEES spezialisiert die sehr allgemeinen Systemgleichungen für I und E zunächst auf ein System zum Auf-, Um- und Abbau von Streckenkomplexen mit Hilfe eines graphischen Displaygerätes (I Maschine, E = Benutzer), und später auf ein Muster-Erkennungsprogramm zur Analyse hexagonaler Strukturen mit einer Anwendung auf die biologische Kybernetik (kontinuierliche Zentrierung eines Flecks). - Die Bedeutung der Arbeit liegt weniger im einer kalkülspezifischen Applikation als in dem Versuch, die Vorzüge und die Vielseitigkeit dieses Kalküls auch bei der Anwendung auf Probleme des 'Lebendigen' zu zeigen, denn bis jetzt war der λ-Kalkül meist ein streng mathematisches Mittel zum Beweis tiefliegender mathematischer Theoreme, oder ein bequemes Darstellungsmittel für spezielle Programmiersprachen.

BREKLE benutzt den λ-Kalkül zur Definition linguistischer Kategorien. Er stellt Funktionen mehrerer Variabler auf. Je nachdem, welche frei und welche gebunden sind, ergeben sich verschiedene linguistische Kategorien, von einfachen Nominalkompositionen bis zu komplexen satzsemantischen Strukturformeln. Bedeutet z.B.

ATT(x,E): das Objekt x hat die Eigenschaft E, dann gilt z.B. mit

E:= periodische Veränderung und f := λx.ATT(x,E):
(f JAHR)   Jahreszeiten
(f MEERESHÖHE) = Gezeiten
(f LUFT) = Ton
(f LEBEN) = Biorhythmen

usw. Die runden Klammern bedeuten die <u>Anwendung</u> der Funktion f auf die nachfolgenden Parameter. Der erste Ausdruck ergibt den Term ATT(JAHR, periodische Veränderung), und das kann man, wie gezeigt, mit "Jahreszeiten" interpretieren. Ähnliches gilt für die anderen Beispiele.

Nimmt man jetzt umgekehrt x als fest (freie Variable) mit der Bedeutung *x := Mensch* und E als variabel (gebunden, ersetzbar) und nennt die Funktion jetzt g, dann ergehen sich durch Applikationen die folgenden zusammengesetzten Substantiva:
  g := λE.ATT(x,E)
  (g VERRÜCKT) = Irrer
  (g WEIBLICH) = Frau
  (g TOT) = Leiche
  (g JUNG) = Kind

Dieses System lässt sich beliebig ausdehnen, beispielsweise auf Aktionen. So bedeute der Term x U y , dass sich x mit y unterhält. Daraus ergeben sich folgende Fälle:
λxy. xUy   alle Gespräche (Unterhaltungen) zwischen zwei Menschen
(λxy.xUy PETER) alle Gespräche Peters mit jemand anderen
(λxy.xUy PETER PAUL) die Unterhaltung zwischen Peter und Paul

In BREKLE 1970 systematisiert der Autor seine Erkenntnisse bezüglich der Nominalkompositionen des Englischen. Dabei orientiert er sich strikt an der Realität, d.h. er versucht, das Vorhandene mit seiner Methode möglichst vollständig zu erfassen. Die eigentlichen Vorzüge dieses Verfahrens - die Schaffung neuer Begriffe - werden bei ihm nur als Möglichkeit angedeutet: "Das ... skizzierte Modell würde es jedoch ohne weiteres erlauben, Bedingungen zur Erzeugung weiterer - hier möglicherweise nicht erfasster - Typen aufzunehmen." Eine Untersuchung über die Abhängigkeiten und Strukturen der so abgeleiteten Begriffskomplexe findet bei BREKLE nicht statt. Ansonsten aber ist seine Arbeit einer der wichtigsten Ausgangspunkte der eigenen Untersuchungen.

Der BREKLEsche 'Aufbau der Welt' durch satzsemantische Strukturen macht keinen Gebrauch von der Theorie der Typen. Durch

Berücksichtigung der Typen (Klassen) der verwendeten Variablen und Funktionen gelangt man in einem systematischen Aufbau zu einer unendlichen Mannigfaltigkeit immer komplexerer semantischer Kategorien, die sich im einfachsten Fall auf nur zwei Grundklassen zurückführen lassen. CURRY und FEYS (1958) führen ein solches Programm teilweise durch, und zwar in zwei Beispielen:

Im ersten Beispiel gehen sie von den mathematischen Typen "<u>Indivi</u><u>duum</u>" (oder Zahl, Argument, Objekt) und "<u>Aussage</u>" (oder Wahrheitswert) aus. Rein mathematisch ergeben sich aus der einfachen Gleichung $y = f(x)$ insgesamt vier verschiedene Funktionen, je nachdem, welche Klasse durch f in welche Klasse übergeführt wird.

Der Übergang I → I ergibt gewöhnliche Funktionen eines Individuums;

der Übergang I → A ergibt Eigenschaften oder Klassen;

der Übergang A → I ergibt Extraktoren (z.B. den Jota-Operator); und der Übergang A → A ergibt Wahrheitswertfunktionen oder logische Funktoren.

Nimmt man nun diese Funktionen als Argumente, dann gelangt man auf einer höheren Stufe zu einer weiteren Reihe von Kategorien, und diese Stufenfolge kann man beliebig weit fortsetzen (vorausgesetzt, es ergehen sich sinnvolle Kategorien, d.h. solche, die eine Entsprechung in der Realität haben oder haben könnten, die also interpretierbar sind)

Im zweiten Beispiel verwenden die Autoren die grammatikalischen Kategorien "**Nominalkomplex**" und "**Satz**" als Ausgangselemente und leiten daraus durch wiederholte Funktionalbildung eine Vielzahl grammatikalischer Kategorien ab. Im Unterschied zu BREKLE, der sich bei seinem Aufbau auf die Bedeutung freier Variabler stützt (und daher keine Systematik hat bzw. braucht), verwenden CURRY und FEYS nur gebundene (bedeutungslose) Variable, deren Typen durch kontrollierte Kombination eine systematische Komplexbildung zulassen.

In beiden Fällen fehlt aber eine Untersuchung über die wechselseitigen Abhängigkeiten der so generierten Kategorien, Komplexe und Strukturen. Begriffe stehen schließlich in irgendeiner Relation zueinander. Werden sie aus dem λ-Kalkül erzeugt, müssen diese Beziehungen auch mit dem λ-Kalkül konsistent bzw. aus ihm ableitbar sein. Wie wir in dieser Arbeit zeigen, ergibt sich aus der Methode der Attributivdefinition zwangsläufig eine Verbandsstruktur als Abhängigkeitsgeflecht der so erzeugten

Begriffe. Andere Autoren haben dies vermutet oder erwünscht. GOGUEN (1974) z.B. versucht, die Verbandsstruktur von Begriffen mit Hilfe eines etwas obskuren Wahrscheinlichkeitsverfahrens zu beweisen; die Interpretation des maximalen und des minimalen Elements ist aber sehr gekünstelt, die Ableitung zudem nicht zwingend. KINTSCH (1972) weist darauf hin, dass Begriffshierarchien im allgemeinen *keine* Verbände darstellen. Beide Autoren scheitern daran, dass sie von Begriffsdefinitionen ausgehen, die wir in unserer Arbeit als **Nominaldefinitionen** bezeichnen. Aus ihnen können keine zwingenden mathematischen (syntaktischen, formalen) Beziehungen abgeleitet werden. Erst das Konzept der **Attributivdefinition** ermöglicht eine rein mathematische (in diesen Fall: kombinatorische) Generierung von Begriffsverbünden. Die Unterscheidung zwischen diesen beiden Arten von Begriffsdefinitionen und ihre Bedeutung für die Untersuchung mathematischer Strukturen innerhalb von Begriffsfeldern wird in dieser Arbeit zum ersten Mal klar herausgestellt.

Die Beziehung zwischen λ-Kalkül und Verbänden wurde zum ersten Mal von SCOTT in verschiedenen Abhandlungen systematisch untersucht und für die Probleme der Informatik fruchtbar gemacht. SCOTT geht dabei von einem speziellen Modell für den λ-Kalkül aus, in dem die **Approximation von Funktionen** das zentrale Element darstellt, während in unserer Arbeit die **Generierung von Begriffsfeldern** angestrebt und erreicht wird. Dass dennoch auf einer abstrakten Ebene ähnliche Resultate erzielbar sind, zeigt die erstaunliche Flexibilität, Allgemeinheit und zugleich praktische Anwendbarkeit dieser mathematischen Theorie, die in die Informatik mehr Eingang fand als in die Mathematik, aus der sie hervorgegangen ist.

Unsere Arbeit geht weniger systematisch als mehr historisch-didaktisch vor. Manchmal werden verschiedene Zugangsmöglichkeiten zu einem Begriff oder Verfahren aufgezeigt. Mathematische Beweisverfahren wurden im allgemeinen nicht gebracht; vielmehr wurde das Innovatorische des Verfahrens betont und die praktische Anwendung an zahlreichen Beispielen gezeigt. Ausgangspunkt waren dabei die eigenen Untersuchungen über Logogramme und die Anwendung der Automatentheorie auf didaktische Strukturen in RIPOTA 1968 und 1974.

Die **Anwendbarkeit** der in dieser Arbeit entwickelten Konzepte und Verfahren liegt weniger in der konkreten Formulierung von Datenbanksystemen oder der Implementation semantischer Netze, als mehr in deren Vorstufe. Die meisten derartigen Systeme gehen von feststehenden

Begriffssystemen und den zugehörigen Beziehungsgeflechten aus und bieten Mittel und Wege, diese Strukturen durch geeignete mathematische Verfahren (z.B. Prädikatenkalkül) oder Programmtechniken (z.B. verkettete Listen) darzustellen. Über die Begriffe selbst wird aber meist nicht reflektiert. Der darzustellende Ausschnitt der Wirklichkeit wird so übernommen, wie er einem geeignet erscheint. In unserer Arbeit versuchen wir, diese Vorstufe (die wir **semantische Analyse** nennen können) zu systematisieren, die Definition von Begriffen auf eine exakte Grundlage zu stellen und die wechselseitigen Herleitbarkeiten von Begriffen sowie die mathematischen Strukturen der dabei auftretenden Beziehungen mittels geeigneter Formalismen zu erfassen. Dass dabei starke Bezüge zur Linguistik (Kapitel 15) und zur Wissenschaftstheorie (Kapitel 9) auftreten, ist verständlich. (Es ist uns dabei, eher nebenbei, gelungen, die viel umstrittenen Begriffe "Intension" und "Extension" auf sehr einfache Weise zu definieren und zu quantifizieren.) Erst nach Durchlaufen dieser Stufe ist an eine Aufstellung eines semantischen Netzes und dessen Implementierung zu denken. Die programmtechnische Realisierung kann in jeder dafür geeigneten Programmiersprache vorgenommen werden. Obwohl wir für unsere Untersuchungen den λ-Kalkül verwenden, muss die Implementationssprache von diesem mathematischen Verfahren nicht unbedingt Gebrauch machen. Man vergesse nicht, dass die zum λ-Kalkül äquivalente Theorie die **Theorie der Kombinatoren** ist, dass also kombinatorische Verfahren für unsere Arbeit von besonderer Wichtigkeit sind. Und diese sind in praktisch jeder Programmiersprache realisierbar. Insbesondere für den Konzeptgenerator (Kapitel 11) erscheint uns SIMULA als besonders geeignet, da durch das Klassenkonzept jeder Oberbegriff als Klasse, jeder Unterbegriff als Inkarnation dieser Klasse dargestellt werden kann.

Bei der Darstellung von Sachverhalten in semantischen Netzen können wir grundsätzlich zwei Idealtypen darzustellender Systeme unterscheiden. Zur ersten Gruppe gehören die **abstrakten, statischen** Systeme. Hierher zählen wir insbesondere Wissensgebiete, deren Grundbegriffe in systematischer Weise dargestellt werden sollen, beispielsweise die Taxonomie des Pflanzenreichs, die Grundlagen der Atomphysik, die Definitionen soziologischer Begriffe, kurzum: alles, was in der bereits erwähnten "Definitionsebene" repräsentiert werden kann. Für diese Art von Systemen sind unsere Verfahren besonders geeignet, da sie speziell dafür entwickelt wurden. Die Repräsentation eines derartigen Systems kann, nach Analyse durch unsere Verfahren, programmtechnisch oder auch graphisch erfolgen; sie ist vor allen für didaktische Zwecke geeignet, insbesondere zum Aufbau von Lehrprogrammen.

Zur zweiten Gruppe gehören die **konkreten, dynamischen** Systeme. Dazu zählen die meisten, bis jetzt entwickelten Datenbank-, Informations- und Frage-Antwort-Systeme. Sie geben einen beschränkten, konkreten, kontinuierlich veränderlichen Ausschnitt der Wirklichkeit wieder, beispielsweise die Lage geometrischer Objekte auf einer Ebene, die Entwicklung von Aktienkursen oder die Buchungen einer Fluggesellschaft. Derartige Systeme bedürfen auf jeden Fall (wegen der ständigen Veränderung der Datenbasis) einer Rechner-Implementierung mit geeigneten Aufbereitungs- und Folgerungsprogrammen. Auch hier können unsere Verfahren eine Vorklärung der zu verwendenden Grunddaten erbringen (siehe dazu die Kapitel 1 bis 18), während diese zur eigentlichen Datenmanipulation weniger geeignet sind. Es kann z.B. die Anzahl der Grunddaten durch die Schaffung hinreichend abstrakter Oberbegriffe eingeschränkt werden; als Nebeneffekt dieser Einsparung erkennt man auch noch Zusammenhänge, die nicht unmittelbar ein sichtig waren (siehe unsere Beispiele zum Kapitel 18.1 und 18.2). Auch können die Möglichkeiten (das Potential) eines solchen Systems durch unsere Verfahren besser erforscht werden, da z.B. alle möglichen (und sinnvollen) Zustandsveränderungen kombinatorisch erzeugt werden. - Mit diesen Ausführungen sollten nur Anregungen gegeben werden; in den Beispielen wird dies in der Praxis gezeigt.

3. Der typenfreie Kalkül

Bezüglich einer ausführlichen Darstellung des λ-Kalküls und seiner Geschichte sei auf die einschlägigen Lehrbücher verwiesen: CURRY 1958 und 1972, STENLUND 1972. Wir beschränken uns in dieser Darstellung auf das Allernotwendigste, zumal wir von dem formalen Apparat des Kalküls im allgemeinen keinen Gebrauch machen.

Der Lambda-Kalkül ist die Theorie der <u>Funktionen</u>, ihrer Definition und ihrer Anwendung. Sie ist besonders einfach und grundlegend, da es in ihr zunächst nur einen Datentypus gibt - den Typ 'Funktion', und nur zwei Operationen - Abstraktion und Substitution.

Die Abstraktion dient der Funktionsdefinition in der folgenden Art. Was in der gewöhnlichen Schreibweise

$y = f(x)$ heißt, wird im **λ**-Kalkül als $y := \lambda x.fx$ geschrieben, wodurch die **gebundenen Variablen** (hier: x) von den **freien Variablen** (hier: f) eindeutig unterschieden werden.

Eine weitere Eigentümlichkeit des **λ**-Kalküls liegt darin, dass alle Formeln linksassoziativ sind, d.h., ein Ausdruck der Form f g x im **λ**-Kalkül in der Form ((fg)x) gelesen wird.

Mit anderen Worten: Zuerst wird die Funktion f(g) gebildet (sie heiße f'), und dann erst die Funktion f'(x). Eine derartige Interpretation ist in der gewöhnlichen mathematischen Schreibweise nicht möglich, da dort Funktionen nur auf Zahlen angewandt werden können (oder auf geometrische Objekte, wenn es sich um geometrische Transformationen handelt), dass also ein Unterschied zwischen dem Datentypus "Funktion" und dem Datentypus "Argument" gemacht wird. Dieser Unterschied fällt im **λ**-Kalkül fort - alles ist "Funktion", in unserem Beispiel also auch x. Dadurch wird die semantische Interpretation der **λ**-Formeln erleichtert; andrerseits führt ein solches Konzept bei einer konsequenten Anwendung auf Bereiche der Logik zu den bekannten Paradoxien vom Lügner, wodurch die Einführung von Typen und Hierarchien erforderlich wird. Doch soll uns dies hier nicht kümmern.

Die Linksassoziativität bedeutet weiterhin, dass jede Funktion jeweils nur ein Argument haben kann. Infolge des ungewohnten Funktionsbildungsmechanismus im **λ**-Kalkül kann man aber einen Term der Form fxyz als Funktion f von drei Argumenten x, y und z interpretieren, ohne jeweils auf die richtige Klammerung und die Bildung neuer Funktionen zu achten.

Wendet man nun eine vorher definierte Funktion f auf ein Argument a an, so deutet man dies durch (f a) an; man nennt den Vorgang **Applikation** (Anwendung) oder **Reduktion**. Dabei werden die gebundenen Variablen in f der Reihe nach durch die außen angegeben Werte ersetzt. So gibt es im λ-Kalkül einen Term **B**, den Funktions-Kompositor, der folgendermaßen definiert ist: (Operatoren immer in **fett**)

$$\mathbf{B} := \lambda xyz.x(yz)$$

Wendet man B auf drei Argumente f, g und a an, dann wird der Lambda-Ausdruck reduziert, und zwar in diesem Fall <u>vollreduziert</u>:

(in der gewohnten Schreibweise: f(g(a))).

Sind weniger Werte als gebundene Variable angegeben, dann wird der Lambda-Ausdruck nur <u>teilreduziert</u>:

$$(\mathbf{B}\ f\ g) = ... = \lambda z.f(g\ z) = \lambda x.f(g\ x)$$

(Beim letzten Übergang wurde die gebundene Variable z umbenannt in x. Das ist immer dann möglich, wenn es keine Kollision mit freien Variablen gibt.)

Sind mehr Werte als gebundene Variable angegeben, dann bleiben die nicht verwendeten Werte einfach stehen. Beispiel:

$$(\mathbf{B}\ f\ g\ a\ b) = ... = f(g\ a)b$$

d.h., f kann als Funktion von zwei Argumenten interpretiert werden; das erste Argument ist seinerseits eine Funktion, g(a), das zweite die Größe b.

Ein Ausdruck, in dem alle möglichen Reduktionen vollzogen wurden, heißt (oder hat eine) **Normalform**. So ist f(ga) eine Normalform, dagegen (**B** f g a) nicht; $\lambda xyz.x(yz)$ ist eine Normalform (hier gibt es nichts zu reduzieren), dagegen $\lambda x[xx]\lambda x[xx]$ nicht, weil sich bei Reduktion wieder der gleiche Ausdruck ergibt, der unendlich oft reduziert werden kann. (Im letzteren Beispiel wurden die äußeren Klammern weggelassen, eine Vereinbarung, die der Bequemlichkeit halber manchmal eingehalten wird.)

Da wir im Verlauf unserer Arbeit den 'reinen' Kalkül selten verwenden und mehr zur gewohnten Schreibweise aus Mathematik und

Datenverarbeitung zurückkehren, führen wir an dieser Stelle einige **Modifikationen** ein.

Wenn wir früher für eine Reduktion schrieben: (f a b c), so werden wir ab jetzt manchmal der Deutlichkeit halber Funktionen und Argumente gegeneinander absetzen, erstere gegen letztere durch einen Doppelpunkt, letztere untereinander durch Kommatas:

(f: a,b,c)

Bei Teilreduktionen müssten wir die Variablen in Bereich des Lambda-Operators umstellen. Das ist etwas mühsam und erfordert außerdem eine ständige Neudefinition. Wir deuten Teilreduktionen jetzt durch Punkte für die nicht zu reduzierenden Variablen an:

(f: a, . , c)   bedeutet eine Reduktion nach der 1. und nach der 3. gebundenen Variablen; die zweite bleibt unreduziert.

Bei der Handhabung des λ-Kalküls haben wir implizit von einem Verfahren Gebrauch gemacht, das als **Globalisierung der Variablen** bezeichnet wird. Dabei werden alle Lambda-Operatoren aus inneren Termen soweit nach außen verlagert, wie dies möglich ist. Voraussetzung dafür ist eine vorherige innere Reduktion, bis eine Normalform (also eine nicht mehr reduzierbare Formel) entsteht. Das abstrakte Globalisierungsschema sieht so aus:

$$\lambda x[... (\lambda y[...])...] \Rightarrow \lambda x \lambda y\ [...(...)...]$$

Eine derartige Globalisierung ist immer dann gefahrlos, wenn die globalisierten Variablen keine Funktionen sind, die selbst keine weiteren Argumente rechts neben sich haben. Die Globalisierung darf aber erst vorgenommen werden, wenn alle inneren Reduktionen ausgeführt sind. (Dass man hier die im λ-Kalkül übliche strikte links-nach-rechts-Reduzierungsfolge verlässt und zu einer innen-nach-außen-Reduktionsweise übergeht, ist dann gerechtfertigt, wenn alle Ausdrücke Normalformen haben, also ein unendlicher Einsetzungsprozess ausgeschlossen ist. In unseren Theorien setzen wir dies deshalb voraus, weil Termen ohne Normalformen kein sinnvoller Begriff entspricht, wir jedoch eine Theorie der Begriffsdefinitionen aufstellen, in der sinnlose Begriffe nach Möglichkeit von vornherein ausgeschlossen sein sollen.)

Da wir im weiteren Verlauf unserer Untersuchungen den typenfreien Kalkül verlassen und zu einem typisierten Kalkül übergehen werden, kommt der Globalisierung besondere Bedeutung zu: Bei rekursiven Einsetzungen ist sie unbedingt erforderlich. Einige Beispiele sollen dies illustrieren. Dabei verwenden wir ab jetzt wahlweise die im λ-Kalkül und die in der gewöhnlichen Mathematik übliche Funktionenschreibweise.

$$f := \lambda xyz.x(y,z) \quad g := \lambda t.u(t)$$

$$(f\ g) = (\lambda xyz.x(y,z) \ \lambda t.u(t) =$$

$$\lambda yz[\lambda t[u(t)] (y,z)] = \lambda yz[u(y,z)] =: f_1$$

Beim letzten Schritt wurde eine innere Reduktion ausgeführt. Globalisiert man sofort, dann erhält man eine andere Funktion:

$$f_2 := \lambda\ yzt[u(t)\ (y,z)]$$

Reduziert man jetzt innen, dann erhält man die gleiche Funktion wie vorhin. Die Globalisierung führt also bei dieser Art der Schreibweise, d.h. bei Festlegung der Argumentenzahl für jede Funktion, zu keinen Schwierigkeiten.

Interpretationen

Normalformen können wir mit der Bedeutung des Terms identifizieren. Ein Term ohne Normalform (oder ein nicht reduzierter Term) hat dann keine Bedeutung.

Terme ohne freie Variablen sind Formale Gebilde (*Konstanten des Kalküls*). Die gebundenen Variablen dienen nur der Strukturfestlegung des formalen Gebildes und haben nur Bedeutung wegen ihrer Beziehungen untereinander; die Bedeutung ist also rein *intensional*. Dazu gehören die sogenannten *Kombinatoren* wie **B**, die *Operatoren* **S**, **A** und **V** unserer Theorie, und die *Zahlen* im λ-Kalkül.

Terme ohne gebundene Variablen sind reale Gebilde (*Konstanten der Wirklichkeit*). Alle Variablen verweisen auf Dinge außerhalb des Terms; ihre Bedeutung ist also *extensional*. Sie müssen interpretiert werden, d.h., es muss für sie ein Modell in der Wirklichkeit gefunden werden. Beispiele dafür sind vollreduzierte Terme; Begriffe wie "Helium-Atom" oder "Elektron".

Ein Term mit nur freien Variablen kann nicht weiter zerlegt oder durch Reduktion verändert werden; er ist ein formales Spiegelbild des realen Gebildes, das er beschreibt.

Bei der Definition eines Begriffs mit Hilfe des λ-Kalküls wird davon ausgegangen, dass dieser Begriff als Funktion oder Operator mit einer Reihe gebundener (bei Spezialisierung ersetzbarer) Parameter definiert wird. Durch Reduktion, d.h. durch Ersatz einiger oder aller gebundener Variablen durch konkrete (reale) Werte entstehen andere, aus diesem Begriff durch Spezialisierung ableitbare Begriffe. <u>Begriffe</u> sind also <u>Funktionen</u> mit einem bestimmten Abstraktionsgrad, der durch Reduktion verringert werden kann; einer solchen Reduktion entspricht die Anwendung des (abstrakten) Begriffs auf eine (konkrete) Wirklichkeit.

Ist der Begriff selbst schon auf seiner konkretesten Stufe, dann kann er nur durch Konstante (freie Variable) definiert werden; im Extremfall ist er selbst eine solche, d.h. ein <u>Grundelement</u> auf der Definitionsebene. Ein solcher Begriff kann aber in einer anderen Theorie wiederum zusammengesetzt und abstrakt sein. Beispielsweise ist der Begriff "Proton" nicht weiter zerlegbarer Grundbegriff beim Aufbau der klassischen Atomtheorie (eben ein 'Elementarteilchen'); er kann daher durch eine freie Variable, P, dargestellt werden.

In einer anderen Theorie - etwa der Theorie der Elementarteilchen - kann aber P selbst wieder als zusammengesetzt aufgefasst werden, z.B. als Menge von Resonanzzuständen, die in bestimmten Situationen zu anderen 'Elementar'teilchen materialisieren. Im λ-Kalkül ist dies implizit enthalten; denn P ist keine Konstante (wie etwa eine Zahl), sondern eine Funktion, über die gerade keine weiteren Aussagen gemacht werden. Der Übergang von einer wissenschaftlichen Beschreibung zu einer anderen geschieht also im λ-Kalkül auf natürliche Weise; die Definitionen brauchen weder der Form noch der Interpretation nach verändert werden. Alle Begriffe sind Funktionen und bleiben es in jeder Theorie, unabhängig davon, ob die Definitionsbestandteile noch weiter definiert sind oder nicht.

Abgrenzung zur Mengenlehre

Betrachten wir die Funktion y = f(x) (in konventioneller Schreibweise). In der *Mengenlehre* wird f etwa so definiert:

Gegeben ist eine Menge (x_i), der <u>Objektbereich,</u> und eine Menge (y_i), der <u>Bildbereich</u>. Sind nun die beiden Mengen so angeordnet (z.B. untereinander geschrieben), dass jedem x_i ein y_j entspricht, dann ist dadurch eine Abbildung f definiert. Hier wird also die Existenz zweier (möglicherweise transfiniter) Mengen vorausgesetzt, die in Ihrer Vollständigkeit irgendwo (zumindest begrifflich) vorliegen.

Im *Lambda-Kalkül* wird f so definiert:

Gegeben ist eine <u>Vorschrift</u> zur Manipulation formaler Objekte, nämlich die Funktion f. f kann auf beliebige Objekte x_i angewandt werden, wodurch andere Objekte, y_i, entstehen. Hier wird also die Existenz der Operationsvorschrift (die in verbaler oder formaler Form vorliegen kann) vorausgesetzt; Objekt- und Bildbereich dagegen brauchen zunächst nicht vorhanden sein.

Die Definition einer Funktion in der Mengenlehre ist *statisch*, die im λ-Kalkül *dynamisch*. Darum ist die letztere auch für Zwecke der Datenverarbeitung wesentlich besser geeignet; desgleichen für alle Zwecke, bei denen es auf die Operationen (Transformationen, Deduktionen, Derivationen) ankommt und nicht sosehr auf Ausgangs- und Endprodukt.

Da es uns bei der Definition von Begriffen auf die Konstruktion der y_i ankommt (von denen wir ja nicht voraussetzen können, dass sie schon existieren), ist dafür der λ-Kalkül die natürlichere Theorie. Dazu kommt noch die Möglichkeit der Abstraktion und Reduktion, was gewissen geistigen Prozessen (Induktion und Deduktion) sehr nahe kommt.

Wenn wir diese Definitionen graphisch veranschaulichen, dann sieht dies so aus (Abb. 1):

mengentheoretische Funktionsdefinition:

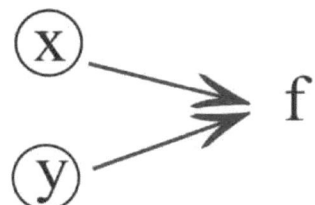

Funktionsdefinition im λ-Kalkül:

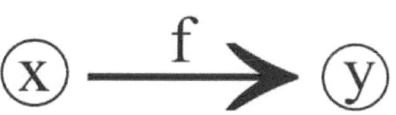

Im Verlauf unserer Arbeit werden wir allerdings Mengen als unabhängige Gedankengebilde verwenden und durch Anwendung der Ideen und Verfahren des λ-Kalküls eine Fülle konzeptioneller Strukturen schaffen. Unser Ehrgeiz liegt nicht in einer Grundlegung der Theorie der Definitionen durch den λ-Kalkül (d.h. in der vollständigen Formalisierung dieser Theorie mit Hilfe des Kalkülapparats) als vielmehr in dessen sinnvoller Anwendung. Wir verwenden nicht sosehr seine Form als seinen <u>Geist</u>.

4. Der Typen-Kalkül

Die Stärke des λ-Kalküls liegt in seinem Grundkonzept, jedweges Gebilde als Funktion aufzufassen und keinen Unterschied zwischen Funktionen und Individuen zu machen, den Funktionenbegriff also uneingeschränkt zu verallgemeinern. Aber ebenso wie die Mengenlehre mit ihrem schrankenlosen Mengenbegriff über logische Paradoxien stolperte, ergaben sich im λ-Kalkül bei Interpretation seiner Terme als logische Formeln Widersprüche. Das Universum ist nicht groß genug für einen allumfassenden Begriff.

Um dem zu entgehen, müsste man wieder eine Unterscheidung zwischen Individuen und Funktionen einführen, wobei der Funktionsbegriff allerdings so weit gefasst ist, dass er andere Funktionen (einschließlich sich selbst) als Argumente zulässt (was in der Mathematik 'Funktional' genannt wird).

Den Typ einer Variablen kennzeichnen wir durch das, was man im englischen 'superscript' nennt und was unserer Potenzschreibweise entspricht. Gehört die Variable a (ein Individuum) z.B. zur Klasse α (d.h., a hat den Typ α oder: a ist ein α), dann schreiben wir: a $\in$ α ($\in$ = "epsilon" der Mengenlehre) oder a^α.

Ist f eine Funktion, die Variablen des Typs α in solche des Typs β überführt, dann schreiben wir

$f^{\alpha \to \beta}$

Eine Funktion vom Typ $(\alpha \to \beta) \to (\gamma \to \delta)$ wäre dann ein Funktional.

Der Typus einer Funktion mit n Argumenten wird dann so bezeichnet:

$$(\alpha_1, \alpha_2, \ldots \alpha_n) \to \alpha$$

26

Wenn wir von Funktionen zu Abbildungen übergehen, dann können auch auf der rechten Seite des Überführungspfeils Argumentmengen stehen; darauf werden wir im nächsten Abschnitt eingehen.

Als konsequente Folgerung der Typisierung ergibt sich nun, dass man von den Typen abstrahieren kann. Technisch unterscheiden sich Typenabstraktion und -reduktion nicht von der üblichen Variablenabstraktion und -reduktion, inhaltlich ist aber insofern ein Unterschied, als wir eine automatische Überprüfung der Typen bei Einsetzung von Variablen (also bei Reduktion) voraussetzen. Diese Voraussetzung kann auf Rechenanlagen sehr einfach realisiert werden. Wir werden darum einen zweiten Abstraktionsoperator τ einführen, in dessen Wirkungsbereich nur Variable stehen, die sich auf Typen oder Klassen beziehen, der aber sonst genauso arbeitet wie λ. Ein typischer Ausdruck des Typenkalküls mit variablen Typen sieht dann so aus:

$$\tau^{\alpha\beta}..\lambda x^{\alpha}y^{\beta}...$$

und kann sowohl nach den Typen als auch nach den Variablen reduziert werden, wodurch, wie wir später sehen werden, noch wesentlich abstraktere (umfassendere) Begriffe definiert werden können. (Zur Einführung dieser Schreibweise siehe REYNOLDS 1974)

Definieren wir beispielsweise die Umwandlungsfunktion f durch

$$f := \tau^{t}\lambda x \in t.x$$

und wenden f auf den Funktionstyp *int* → *real* an (Umwandlung von Ganzzahlen in Gleitpunktzahlen), also

(f int → real) , dann erhalten wir die Funktion

$$f' = \lambda x \in int \rightarrow real. x$$

x ist also jetzt eine Funktion, die Variable des Typs *int* in solche des Typs *real* verwandelt. Anwendung von f' auf eine Ganzzahl liefert dann die zugehörige Gleitpunktzahl:

(f' 2) = 2.

Nun können wir grundsätzlich zwei Grundtypen unterscheiden: Ordinaltypen und Klassentypen.

Ordinaltypen sind natürliche Zahlen, die den Variablen zugewiesen werden können. So ist der Begriff "Dimension" ein Ordinaltyp. Ein Skalar hätte den Typ (also hier: die Dimension) 0, ein Vektor den Typ 1, eine

Matrix den Typ 2, usw. Eine Funktion kann diesen Typ ändern, wobei die Änderung gesetzmäßig vor sich gehen kann, z.B. durch Erhöhung des Ordinaltyps um 1 (bei Vektorbildung) oder durch Erniedrigung um 1 (bei Projektion).

Zusätzlich dazu und unabhängig davon kann jeder Variablen ein <u>Klassentyp</u> zugeordnet werden, wie es ja bei Programmiersprachen im Deklarationsteil geschieht. *real* x bedeutet dann in unserer Schreibweise: $x \in real$ oder x^{real}. - Die folgenden zu definierenden Grundoperatoren beziehen sich jeweils auf Klassen- und Ordinaltypen. Vom Standpunkt der Erkenntnis- und Wissenschaftstheorie bedeutsame Klassentypen werden in Abschnitt über Wissenschaftstheorie (Kap. 9) behandelt.

5. Abbildungen und weitere Konventionen

In der Mathematik unterscheiden wir <u>surjektive</u> Abbildungen (Projektionen, Funktionen; mehr-eindeutig), <u>injektive</u> Abbildungen (Einbettungen; ein-mehrdeutig), und <u>bijektive</u> Abbildungen (umkehrbar-eindeutige Funktionen; ein-eindeutig). Wir wollen diesen Begriffskomplex für unsere Zwecke erweitern. Dabei gehen wir so vor, dass wir zur Dichotomie mehr-eindeutig/ein-mehrdeutig noch die Hintereinanderausführung und die Nebeneinanderausführung von Abbildungen dazunehmen.

Die Hintereinanderausführung oder <u>sequentielle Abbildung</u> besteht in der mehrfachen Anwendung mehrerer (oder auch derselben) Funktionen auf das jeweils letzte Resultat Zuerst wird f_1 auf x_1 angewandt; das Resultat sei x_2:

$$f_1(x_1) = x_2$$

Nun wenden wir f_2 auf x_2 an:

$f_2(x_2) = f_2(f_1(x_1)) = x_3$ usw., bis wir nach n-maliger Funktionsanwendung das Endresultat y erhalten. Die sequentielle Abbildung ist dann wichtig, wenn alle f_i einander gleich sind. So wird es im Verlauf unserer Arbeit häufig vorkommen, dass der sogenannte Strukturbildungsoperator **S** mehrere Male angewandt wird, was einer Hintereinanderabbildung (die in diesen Fall auch eine Funktion ist) entspricht.

Die Nebeneinanderausführung oder <u>Parallelabbildung</u> (bei uns auch <u>Vektorabbildung</u> genannt) besteht darin, dass n verschiedene Funktionen (die natürlich auch identisch sein können) gleichzeitig auf n verschiedene

Variablen angewandt werden. Dabei entsteht ein Vektor, d.h. ein geordnetes n-Tupel von Werten:

$$y_1 = f_1(x_1)$$

$$y_2 = f_2(x_2)$$

....

$$y_n = f_n(x_n)$$

oder abgekürzt: $y^\rightarrow = f^\rightarrow (x^\rightarrow)$

Diese Art der Abbildung - insbesondere ihre abkürzende Schreibweise - wird in unserer Arbeit häufig verwendet, da wir es meist mit strukturierten Daten zu tun haben, die durch verschiedene Operatoren gleichzeitig in andere Daten umgewandelt werden (siehe insbesondere das Kapitel über dynamische Veränderungen von Sachverhalten durch Aktionen und Prozesse). Dazu müssen wir einige neue Definitionen und Konventionen einführen. Tab. 1 fasst unsere bisherigen Überlegungen zusammen.

Darstellung	*Name*	*Notation*	*Typ*	*Beispiel*
x_1 x_2 $\vdots$ x_n $\searrow\nearrow$ y	surjektive Abb. Verschmelzung Vereinigung Funktion	$f(x_1,..., x_n)$ $= y$ oder $\mathbf{V}$ $====>$	$(\alpha_1 ...$ $\alpha_n) \rightarrow \beta$	Synthese-Op., Vektor-Op.
$x_1 \rightarrow x_2 \rightarrow ... x_n$ $\rightarrow y$	sequentielle Abb., Hintereinanderausführung	$f_n(...f_2(f_1(x_1))...)$ $= y$	$(...((\alpha_1 \rightarrow \alpha_2) \rightarrow \alpha_3) \rightarrow ...)$ $\rightarrow \beta$	iterierter Differential-Op.
x $\nearrow y_1$ $\rightarrow y_2$ $\vdots$ $\searrow y_n$	injektive Abb. Aufspaltung Einbettung	$f(x) = y_1 y_2 ... y_n$ oder $\mathbf{A}$ $====>$	$\alpha \rightarrow$ $(\beta_1,... \beta_n)$	Analyse-Op. Projektions-Op.
$x_1 \!-\! f_1 \!\rightarrow\! y_1,$ $x_2 \!-\! f_2 \!\rightarrow\! y_2,$ ... $x_n \!-\! f_n \!\rightarrow\! y_n$	Parallel-Abb. Vektorabb., Nebeneinanderausführung	$f^\rightarrow(x^\rightarrow) = y^\rightarrow$ $=$ $f_1(x_1), f_2(x_2),...,$ $f_n(x_n)$	$(\alpha_1 ... \alpha_n)$ $\rightarrow$ $(\beta_1 ... \beta_n)$	Überführungs–funktion für Aktionen & Prozesse

Tabelle 1: Typen von Abbildungen

Wir sind an dieser Stelle in einer gewissen nomenklatorischen Verlegenheit. Einerseits ist der Begriff "Vektor" bestimmten Gebilden unserer Theorie vorbehalten, die durch den Vektor-Operator **V** erzeugt und durch spitze Klammern (< ... >) gekennzeichnet werden. Ein anderer Begriff für diese Art der Abbildung wäre daher angebracht, und am besten geeignet erscheint uns der Ausdruck "Reihe". Andrerseits müssten wir dann von einer "Reihenabbildung" sprechen und kämen damit in Konflikt mit der sequentiellen Abbildung. Zudem läge ein Ausdruck wie "Reihisierung von Variablen" doch etwas zu sehr außerhalb der linguistischen Legalität. Mithin bleiben wir bei dem Begriff "Vektor" und sind uns darüber im Klaren, dass er hier eine ganz spezielle Bedeutung hat:

Ein <u>Vektor</u> bedeutet im Zusammenhang mit dem Prozess der Vektorabbildung ein geordnetes n-Tupel von Zahlen, die entweder unverbunden nebeneinander stehen oder durch Kommatas getrennt sind. Vektorisierte Variable werden durch darübergesetzte Halbpfeile oder durch $a^{\rightarrow}$ gekennzeichnet; sie sind von den Feldern der Dimension 1 (die wir später definieren und ebenfalls als Vektoren bezeichnen) sowohl der Bedeutung als auch der Bezeichnung nach zu unterscheiden. Es gilt also:

$$a^{\rightarrow} := a_1^{\rightarrow}\ a_2^{\rightarrow}\ ...\ a_n^{\rightarrow}$$
oder $\quad\quad = a_1, a_2, ...\ a_n$

Für diese Vektoren definieren wir nun ein inneres und ein äußeres Produkt, zwar in Anlehnung an, aber keineswegs identisch mit den entsprechenden Begriffen aus der Vektorrechnung, wie folgt:

<u>inneres Produkt</u> zweier Vektoren ("o"):

$$a^{\rightarrow} \mathbf{o}\ b^{\rightarrow} := a_1b_1, a_2b_2, ..., a_nb_n$$

<u>äußeres Produkt</u> zweier Vektoren ("✕"):

$$a^{\rightarrow} ✕ b^{\rightarrow} := a_1b_1, a_1b_2, ..., a_1b_n$$

$$a_2b_1, a_2b_2, ..., a_2b_n$$

$$...........$$

$$a_mb_1, a_mb_2, ..., a_mb_n$$

Das äußere Produkt ist also identisch mit dem kartesischen Produkt zweier Mengen, wobei wir aber eine Ordnung der Produkte voraussetzen, die sich nach dem jeweiligen Erzeugungsalgorithmus richtet. Die Anzahl der Elemente der beiden Vektoren muss beim inneren Produkt gleich sein, beim äußeren hin gegen nicht; insbesondere kann im letzteren Fall einer der beiden Vektoren aus einem einzigen Element bestehen, also als Skalar geschrieben werden:

$$a \times \vec{b} = ab_1, ab_2, \ldots ab_n$$

Beim inneren Produkt kommt dieser Fall in unserer Theorie ebenfalls vor (Multiplikation mit einem Skalar); wir müssen also dafür eine Vereinbarung treffen. Nun definieren wir das innere Produkt eines Skalars mit einem Vektor wie folgt:

$$a \circ \vec{b} := a \circ (b_1, b_2, \ldots b_n)$$

und $\qquad \vec{a} \circ b := (a_1, a_2, \ldots a_n) \circ b$

Was diese Ausdrücke im konkreten Fall bedeuten, wird sogleich gezeigt.

Bei der Verknüpfung vektorisierter Funktionen mit ebensolchen Variablen ergeben sich Formen, die mit den beiden Produkten beschrieben werden können (darum wurden sie auch eingeführt). Da das Ergebnis immer das gleiche ist, können wir an dieser Stelle die häufig gebrauchten Konventionen K1 bis K3 einführen (ähnlich wie in der Tensorrechnung die Konvention eingeführt wurde, über doppelt vorkommende Indices zu summieren). Unser Ziel ist dabei, dass die Definitionsgleichungen der Vektorabbildung und alle noch zu besprechenden Spezialfälle automatisch daraus hervorgehen.

Unsere Konventionen lauten:

(K1) Die <u>Funktionsanwendung</u> (Applikation) wird durch das <u>innere Produkt</u> dargestellt.

Mit anderen Worten, es soll gelten:

$$(\vec{f}\, \vec{x}) = \vec{f}\,(\vec{x}) := \vec{f} \circ \vec{x} = f_1(x_1), f_2(x_2), \ldots$$

also wie es unserer Definition der Vektorabbildung (Parallelabbildung) entspricht. Jetzt gibt es noch einige Sonder- und Spezialfälle:

(K1.1) $\qquad f(\vec{x}) = f \circ (x_1, x_2, \ldots, x_n) = f(x_1, x_2, \ldots, x_n)$

(K1.2) $\qquad \vec{f}\,(x) = (f_1, f_2, \ldots, f_n) \circ x = f_1(x), f_2(x), \ldots, f_n(x)$

(K1.3) $\qquad$ Wenn alle f_i einander gleich sind, gilt:

$$\vec{f}\,(\vec{x}) = f(x_1), f(x_2), \ldots, f(x_n)$$

f muss hier also, obwohl nur ein Skalar, vektorisiert werden.

Beispiel für (K1.1): $\lambda x^{\rightarrow} = \lambda x_1 x_2 ... x_n$

Dies ist aber eine Abkürzung für $\lambda x_1 \lambda x_2 ... \lambda x_n$,

sodass die korrekte Schreibweise die von (K1.3) sein müsste:

$$\lambda x^{\rightarrow} = \lambda x_1 \lambda x_2 ... \lambda x_n = \lambda x_1 x_2 ... x_n$$

(K1.2) wäre z.B. die gleichzeitige Addition der gleichen Zahl zu allen Komponenten eines Vektors.

(K2) Die Typisierung von Variablen (d.h. die Festlegung ihrer Klassenzugehörigkeit) wird ebenfalls durch das innere Produkt dargestellt.

Es gilt also:

$$\vec{x}^{\vec{\alpha}} := x_1^{\alpha_1} x_2^{\alpha_2} ...$$

wobei auch hier entweder alle x_i einander gleich oder alle α_i einander gleich sein können.

(K3) Die <u>Nebeneinanderstellung</u> (Reihung) von Variablen wird durch das <u>äußere Produkt</u> dargestellt.

Es gilt also:

$$\left. \begin{array}{l} \vec{a}\,\vec{b} \\ a,b \end{array} \right\} := a_1 b_1, a_1 b_2, ... a_2 b_1, a_2 b_2, ...$$

(mit oder ohne Kommatas zwischen a und b)

Einige wichtige Beispiele, die in unserer Arbeit wiederholt auftauchen:

$f(a^{\rightarrow}, b^{\rightarrow}) = f \circ (a^{\rightarrow} \times b^{\rightarrow}) = f(a_1 b_1, a_1 b_2, ..., a_2 b_1, a_2 b_2, ...)$

Beim letzten Beispiel setzen wir der Einfachheit halber die Identität aller f_i voraus (was in der Praxis immer der Fall ist):

$f^{\rightarrow}(a^{\rightarrow}, b^{\rightarrow}) = f(a_1, b_1), f(a_1, b_2), ..., f(a_2, b_1), ...$

Dabei haben wir die Nebeneinanderstellung als zwei Argumente interpretiert (a b = a,b), da f für zwei Argumente konstruiert ist und dieser Fall in der Praxis am häufigsten in dieser Interpretation auftritt.

Die allgemeinste Abbildung des Typs $(\alpha_1, ..., \alpha_n) \longrightarrow (\beta_1, ..., \beta_m)$ mit $n \neq m$

wird zerlegt in eine Vereinigung mit nachfolgender Aufspaltung:

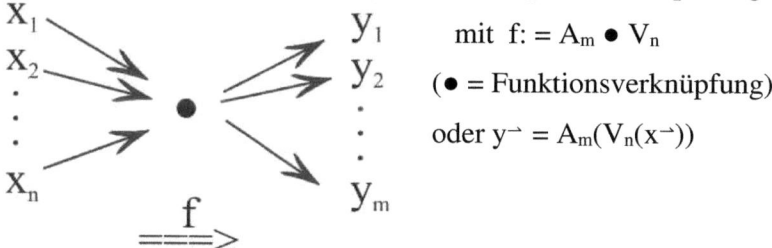

mit $f: = A_m \bullet V_n$

($\bullet$ = Funktionsverknüpfung)

oder $y^\rightarrow = A_m(V_n(x^\rightarrow))$

Schließlich bezeichnen wir noch als <u>homogene</u> Abbildungen solche, in denen alle Typen gleich sind: $\alpha_i = \beta_i = \alpha$ für alle *i*. Gilt dies nicht, dann sprechen wir von <u>heterogenen Abbildungen</u>. Diesen Begriff könnte man noch weiter differenzieren, je nachdem der Unterschied von Vor- zum Nachbereich oder innerhalb des Vor- oder des Nachbereichs auftritt; letztere haben eine größere Heterogenität als erstere. Uns interessieren aber im allgemeinen Funktionen (Vereinigungen), und da kommt es uns darauf an, ob das Ergebnis vom gleichen Typ ist wie die Argumente. Homogene Funktionen auf einer Menge liefern wieder eine Menge (Beispiel: Komplementbildung) heterogene Funktionen liefern beispielsweise eine Zahl (Beispiel: Kardinalzahl der Menge).

Eine ähnliche Einteilung, aber mit anderen Namen, findet man bei SANDEWALL (1975). Je nach Anzahl der Eingaben und Anzahl der Ausgaben unterscheidet SANDEWALL *Perporatoren* (Funktionen mit einem Argument), *Diporatoren* (Aufspaltungen), *Konporatoren* (Vereinigungen) und *Fociporatoren* (allgemeinste Abbildungen der obigen Form).

6. Grundoperatoren der Definitionsebene

Ein Ziel bei der Entwicklung einer Theorie der Definitionen liegt darin, die verschiedenen Begriffe auf eine möglichst kleine Grundmenge zurückzuführen. Ein solches Bestreben durchzieht jede Theorie. In der formalen Logik etwa gelingt es, sämtliche logische Funktionen durch zwei Grundfunktionen darzustellen; es reicht dazu sogar nur eine Funktion (der SHEFFER-Strich). Im λ-Kalkül kann man alle möglichen Funktionen zur Manipulation von Zeichenketten durch zwei Operatoren (**K** und **S**) darstellen. Bei der Definition von Begriffen aus dem Bereich der Naturwissenschaft gelingt diese Darstellung, wie wir in dieser Arbeit zeigen wollen, mit Hilfe zweier Gruppen dualer Operatoren: **S**(ynthese) und **A**(nalyse) einerseits, **V**(ektorbildung) und **P**(rojektion) andrerseits. Der Operator **T** dient zur Umwandlung von Typen bei Konstanz der Elemente; ihm kommt mehr theoretische Bedeutung zu. Schließlich zählen noch der Abstraktionsoperator (λ) und der Reduktionsoperator (ρ, also die runden Klammern) dazu.

Bezüglich der Typen machen wir keine Einschränkungen; allerdings erwarten wir, dass innerhalb einer Theorie möglichst wenige Grundtypen deklariert werden, aus denen durch Anwendung der Grundoperatoren alle Gebilde erzeugt werden können. Die Anwendung eines Grundoperators erzeugt in genau spezifizierter Weise aus den Grundtypen zusammengesetzte Typen; der Typ der Grundoperatoren liegt also fest und wird bei der jeweiligen Definition angegeben.

S - Synthese-Operator

Informelle Einführung

Der Operator **S** bewirkt, dass seine Argumente zu einer Struktur d.h. einem Gebilde höherer Komplexität, zusammengefasst werden. Die Art dieser Struktur wollen wir zunächst offen lassen; später werden wir sie mit dem vertrauten Begriff der "Menge" identifizieren.

Beispielsweise entsteht ein Atom durch Synthese (ungeordnete Zusammenfassung) eines Kerns und einer Hülle; der Kern entsteht durch Synthese einer Anzahl von Protonen und Neutronen; die Hülle durch Synthese einer Anzahl von Elektronen. Wir wollen uns an diesem Beispiel die Eigentümlichkeiten des λ-Kalküls und seine Interpretation bei der Bildung von abstrakten Begriffen (durch den Menschen) und realen Gebilden (durch die Natur) verdeutlichen. Dabei vernachlässigen wir zunächst den Prozess der Abstraktion, verwenden dafür Typenlosigkeit ('Alles ist Funktion') und Linksassoziativität.

Wir definieren den Atomkern als eine Struktur der Form

$$S_2(p\ P)(n\ N)\ p, n\ ...\ \text{Zahlen},\ P, N\ ...\ \text{Protonen, Neutronen}$$

wobei S_2 der Synthese-Operator mit zwei gebundenen Variablen ist. Er kann zwei Variablen 'absättigen', hat also die 'Valenz' 2. Im strikten, typenfreien Kalkül wird dieses Gebilde folgendermaßen aufgebaut: Durch die Einsetzung von links nach rechts wird zunächst eine Valenz abgesättigt. Es wird also der Term (p P) , den wir abkürzend P' nennen wollen, durch S_2 gebunden, wodurch S_2 zu S_1 (einem Operator mit einer gebundenen Variablen) 'reduziert' wird:

$$S_2 \text{ P' N'} = S_1' \text{ N'} = S_0'' = \text{Kern}$$

Auf die gleiche Art können wir die Hülle durch Anwendung von S_1 auf den Ausdruck (e E) erzeugen.

Wir wollen diesen Vorgang noch einmal (als Anwendung verschiedener Operatoren, jeweils von links nach rechts fortschreitend) graphisch veranschaulichen:

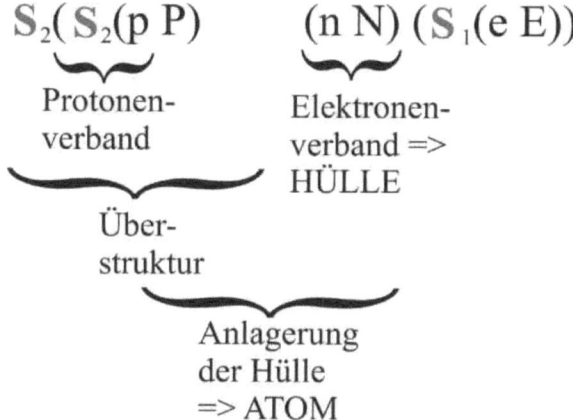

Auch der Term (p P) kann direkt im λ-Kalkül interpretiert werden:

$$\mathbf{n\ f\ x = f^{(n)}x}$$

d.h., die n-malige Anwendung der Funktion f, wenn n eine Zahl ist (eine Funktion mit zwei Argumenten). D.h., (p P) ist die p-fach iterierte "Funktion" P, was allerdings erst dann Sinn bekommt, wenn P weiter zerlegt werden kann.

So bestechend einfach die Sache aussieht (und wir haben durch die chemische Ausdrucksweise ein bisschen nachgeholfen), so unbrauchbar ist für die Praxis die uneingeschränkte Übernahme der Begriffsformen des typenfreien λ-Kalküls. So sind Zahlen im typenfreien Kalkül relativ komplizierte Funktionen mit zwei gebundenen Variablen, während sie in der Wissenschaft immer als Grundgrößen gebraucht werden.

Beim Übergang zum Typenkalkül (und Typen sind in jeder Wissenschaft erforderlich) müssen wir Ausdrücke der Form (x X) neu definieren. Am einfachsten geschieht dies, indem man z.B. (e E) ebenfalls durch den Synthese-Operator zusammenfasst:

$$(e\ E) := S_2\ e\ E = S_2(e,E) = \{e,E\}$$

Die erste Darstellungsform entspricht der Schreibweise im λ-Kalkül, die zweite der üblichen Schreibweise für Funktionen, die dritte entspricht der Wirkungsweise des S-Operators: Er erzeugt Mengen, die durch die Mengenklammern charakterisiert werden.

Aber diese Zusammenfassung entspricht nicht ganz dem Sinn des Synthese-Operators. Durch die Synthese entsteht ein Gebilde mit neuen Eigenschaften. Beispielsweise hat ein "Kern" andere Eigenschaften als die Ansammlung von Elementarteilchen, aus denen er aufgebaut ("synthetisiert") wird. Ein Kern besitzt einem Durchmesser und potentielle Energie, beides Maße, die aus dem Konglomerat seiner Einzelteile nicht abgeleitet werden können (im Gegensatz beispielsweise zur elektrischen Ladung, die sich durch einfaches Zusammenzählen ergibt).

Eine Zusammenfassung von n Teilchen ohne Erzeugung neuer Eigenschaften könnten wir als "Verband" bezeichnen, wenn dieser Ausdruck nicht schon andere, in der Mathematik fest verankerte Bedeutungen hätte. Die Zusammenfassung könnte man z.B. auch in der Form N^n schreiben, um damit anzudeuten, dass das Gebilde "N" genau n-mal vorhanden ist. Es gibt auch noch andere Möglichkeiten, doch wollen wir der Einfachheit halber die Schreibweise mit den runden Klammern beibehalten (und die Klammern auch bisweilen weglassen). In unserer Interpretation entsteht durch die Verknüpfung einer Zahl (e) mit einer physikalischen Einheit (E) eine physikalische Größe. - Im folgenden verwenden wir die mathematische Schreibweise für Funktionen (Argumente, durch Kommatas getrennt, in Klammern).

Definition

Der Synthese-Operator S erzeugt eine Struktur; diesen Begriff wollen wir mit dem der Menge identifizieren und durch die geschweiften Klammern { und } andeuten. Die Anzahl der Elemente muss explizit angegeben werden. Es gibt also nicht nur einen S-Operator, sondern unendlich viele: S_1, S_2,..., S_i, wobei i die Anzahl der bindbaren Argumente angibt. Fehlt der Index, bleibt die Anzahl der Argumente in diesem Term unbestimmt. Als Definitionsgleichung für S gilt:

$$S_n := \lambda x_1...x_n.\{x_1,...,x_n\}$$

oder vereinfacht

$$S := \lambda x^{\rightleftharpoons}.\{x^{\rightleftharpoons}\}$$

(Schreibweise der Vektorabbildung)

S ist dabei eine Abkürzung für S_1 oder S_2 oder ..., d.h., $S := S_1|S_2|$ ...

Anwendung von S_n auf n Argumente ergibt:

$$(S_n: a_1,...,a_n) = \{a_1,...,a_n\}$$

Den Typ des Ergebnisses (das eine Menge ist), wollen wir als Struktur bezeichnen und mit STR abkürzen (STR = Klassentyp). Es gilt also:

$$\text{typ}(S_n) = (\alpha_1,...,\alpha_n) \longrightarrow STR$$

Da nun die α_i selbst wieder Strukturen sein können, muss auch ein entsprechender Ordinaltyp für Strukturen eingeführt werden. Ähnlich wie in der Mengenlehre mit ihren immer höheren Schichten bilden auch die Strukturen eine Ordinalskala, die wir folgendermaßen aufbauen (siehe dazu RESNICK 1969):

typ(INDIVIDUUM) = STRØ ("STR-Null"),

und daher

$$\text{typ}(S_n) = (STRn_1, STRn_2, ... STRn_k) \longrightarrow STRn \quad \text{mit } n = \max(n_1, ...,n_k) + 1$$

Mit anderen Worten: Die neu entstandene Struktur hat einen Ordnungstyp, der um 1 größer ist als der maximale Ordnungstyp seiner Elemente. Wenn z.B. *a* aus einer Mengenklammer aufgebaut ist (typ(a) = STR1), *b* aus deren zwei (typ(b) = STR2), dann hat $S_2(a,b)$ den Typ STR3, also die Ordinalstufe 3. - Im übrigen setzen wir voraus, dass die Argumente des S-Operators den gleichen Klassentyp haben (also entweder selbst Strukturen oder Individuen sind). Es gibt also nicht nur *eine* Stufenfolge der Strukturen, sondern deren unendlich viele, je nachdem, welchen Klassentyp die Grundelemente (die Individuen) besitzen.

Unser Beispiel von früher würde so aussehen:

Kern := {p P, n N} (ohne Abstraktion und ohne runde Klammern)

Hülle := {e E}, Atom := {Kern,Hülle} = {{pP,nN},{eE}}

A - Analyse-Operator

Der Analyse-Operator **A** (ohne Index) hat die umgekehrte Wirkung wie **S**: Er zerlegt eine Menge in ihre Elemente, löst also, bildlich gesprochen, die Mengenklammern auf:

$$(\mathbf{A}: \{a_1,...,a_n\}) = a_1,...,a_n$$

Das Ergebnis ist eine *Reihe* nach unserer Terminologie. Individuen bleiben von **A** unberührt. **A** wirkt stets nur auf ein Argument. Sein Typ:

$$\text{typ}(\mathbf{A}) = \text{STR} \longrightarrow (\alpha_1,...,\alpha_n) \quad \text{oder}$$

$$\text{typ}(\mathbf{A}) = \text{STRn} \longrightarrow (\text{STRn}_1,...,\text{STRn}_k)$$

Sind einige der a_i gebunden, bleiben sie es auch nach Auflösung der Mengenklammern. Beispiel:

$$(\mathbf{A}: \lambda x_1 x_2.\{x_1,x_2,x_3,x_4\}) = \lambda x_1.x_1, \lambda x_2.x_2, x_3, x_4$$

Für unser Beispiel von vorhin würde gelten:

$$(\mathbf{A}: \text{Atom}) = \text{Kern, Hülle}$$

$$(\mathbf{A}: \text{Kern}) = (\text{p P}),(\text{n N})$$

$$(\mathbf{A}: (\text{p P})) = (\text{p P}) \text{ (keine weitere Zerlegungsmöglichkeit)}$$

V - Vektor-Operator

Der Vektor-Operator **V** erzeugt Vektoren und höherdimensionale Gebilde, die wir allgemein als *Felder* bezeichnen wollen. Auch hier muss die Anzahl der zu bindenden Elemente als Index angegeben werden. Definitionsgleichungen:

$$\mathbf{V}_n := \lambda x_1...x_n.\langle x_1,...,x_n \rangle$$

oder vereinfacht

$$\mathbf{V} := \lambda x^{\rightarrow}.\langle x^{\rightarrow} \rangle$$

(Vektorabbildung; Beachte die Doppelbedeutung des Begriffs!)

Anwendungsgleichung:

$(\mathbf{V}_n: a_1,...,a_n) = \langle a_1,...,a_n \rangle$

Typen: $\mathrm{typ}(\mathbf{V}_n) = (\alpha_1,...,\alpha_n) \longrightarrow VEK$ oder

$\mathrm{typ}(\mathbf{V}_n) = (VEKn_1,...,VEKn_k) \longrightarrow VEKn$ mit $n = \max(n_1,...,n_k)+1$

Auch hier gibt es eine unendliche Folge immer höherer Stufen, die hier als *Dimensionen* bezeichnet werden.

P - Projektions-Operator

Der Projektionsoperator hat die umgekehrte Wirkung wie **V**: Er zerlegt einen Vektor in seine Komponenten und lässt Skalare unverändert. Definitionsgleichung:

$$\boxed{(\mathbf{P}: \langle a_1,...,a_n \rangle) = a_1,...,a_n}$$

Alle anderen Operatoren (Abstraktionsoperator, Synthese-Operator etc.) bleiben dabei unverändert. Das Ergebnis ist wieder eine *Reihe*. Da aber bei Vektoren die Elemente <u>geordnet</u> sind (im Gegensatz zu den Mengen, wo eine Ordnung nicht festliegt), kann eine bestimmte Komponente des Vektors herausgeschält werden. Dies geschieht durch den Operator $\mathbf{P}_n^i$ (n = Gesamtzahl der Komponenten des Vektors, i = Nummer der angewählten Komponente). Das n lassen wir auch häufig weg, obwohl es im λ-Kalkül immer explizit angegeben werden muss.

Die Definitionsgleichung für $\mathbf{P}_n^i$ lautet: $(\mathbf{P}^i: \langle a_1,...,a_n \rangle) = a_i$

Und $\mathrm{typ}(\mathbf{P}^i) = VEK \longrightarrow \alpha_i$

Wir können in Erweiterung dieser Definition und in Analogie zu APL auch die Projektion nach mehreren Dimensionen zulassen ("Schnitte") Die Indexierung einer Komponente des n-dimensionalen Feldes a sieht dann so aus:

$$(\mathbf{P}^i{}_1{}^i{}_2{}^{...i}{}_n: A)$$

Bemerkungen

Bei der Verknüpfung von **S** und **V** werden zwei Ordinalskalen gemischt. Da wir den Typ der Ordinalskala durch STR bzw. VEK kennzeichnen, ist dies nicht weiter schlimm. Jeder Typ einer Skala wird durch einen anderen Operator nicht verändert, bleibt also erhalten.

Die Umkehroperatoren **A** und **P** können durch einen einzigen Operator definiert werden, der als **generate** oder abgekürzt "**!**" bezeichnet werden kann: $\mathbf{A} := \lambda M.!x \in M$ und $\mathbf{P} := \lambda N.!x \in N$

gelesen als: Erzeuge alle x, die Bestandteil von M bzw. N sind. Das $\in$-Zeichen gehört zwar der Mengenlehre an, wird aber auch bei **P** verwendet, weil kein Zeichen existiert, das die Relation "Komponente von" bezeichnet.

Tab. 2 fasst die Überlegungen dieses Abschnitts zusammen. Dabei wurden Ergebnisse zukünftiger Kapitel bisweilen vorausgenommen. Hinzugenommen wurden der Abstraktions- und der Reduktionsoperator, sowie der Typ, der dadurch erzeugt wird (nämlich *FUN* = Funktion; *IND* = Individuum, Argument, Wert).

O *p*	*Name*	*Typ*	*erzeugt*	*Ergebnis*	*sym-bol.*
S	Synthese Op	$(\alpha_1 ... \alpha_n) \rightarrow STR$ oder $(STR_{n1},...,STR_{nk}) \rightarrow STR_n$	Schichten	Struktur (Menge)	$\{ , ... , \}$
A	Analyse Op	umgekehrt wie **S**	-	Elemente	
V	Vektor Op	$(\alpha_1 ... \alpha_n) \rightarrow VEK$ oder $(VEK_{n1},...,VEK_{nk}) \rightarrow VEK_n$	Dimensionen	Vektor (Feld, Matrix)	$< , ... , >$
P **P**$_i$	Projektions-Op	umgekehrt wie **V** oder $VEK \rightarrow \alpha_i$	-	Komponenten	
λ	Abstraktions-Op	$(IND, IND, ...) \rightarrow FUN$	Stufen	Funktion	$(, ... ,)$
ρ	Reduktions-Op	$(FUN, \alpha_1 ... \alpha_n) \rightarrow$ $(\beta_1,... \beta_n)$	-	Bild, Ergebnis	

Tabelle 2: Operatoren

T Typenänderungs-Operator

Für manche Zwecke erweist es sich als nützlich, einen Operator zur Verfügung zu haben, der Variable eines Typs in solche eines anderen Typs verwandelt, wobei die 'Substanz' der Variablen erhalten bleibt. Der Operator $\mathbf{T}^{a \rightarrow b}$ verwandelt Objekte des Typs a in solche des Typs b, d.h.,

$$\mathbf{T} := \boldsymbol{\tau} ab \boldsymbol{\lambda} x . x^a \longrightarrow x^b$$

40

Verallgemeinerung:

$$(T^{a_\to \,\to\, b_\to}: x^{\to a_\to}) = x^{\to b_\to} \text{ (Schreibweise der Vektorabbildung), oder}$$

$$(T: x_1^{a_1}, x_2^{a_2},...) = x_1^{b_1}, x_2^{b_2}, ...$$

Setzen wir beispielsweise fest, dass a die sprachlichen und b die formalen Objekte bezeichnen soll, dann entspricht dem $T^{a \to b}$ die <u>Formalisierung</u> eines (verbal festgehaltenen) Sachverhalts, dem $T^{b \to a}$ die Erklärung oder <u>Interpretation</u> einer mathematischen Formel. In unserem wissenschaftstheoretischen Exkurs (Kap. 9) kommen wir darauf noch einmal zurück.

7. Nominaldefinitionen

Allgemeines

Unter einer Nominaldefinition verstehen wir die Definition eines Begriffs durch andere Begriffe (Nomina, Substantiva), im Gegensatz zur später zu besprechenden Attributivdefinition, die von Eigenschaften zur Definition eines Begriffes ausgeht. Die Darstellungsform lehnt sich an die sprachliche Definitionsform an, d.h. links vom Definitionszeichen (:=) steht der zu definierende Begriff (das Definiens), rechts eine Reihe als bekannt vorausgesetzter (d.h. anderswo definierter oder als Grundelemente undefiniert bleibender) Begriffe, die durch Grundoperatoren und deren Kombination miteinander verknüpft sind. Im einfachsten Fall sieht dies so aus:

$$\boxed{B := O(B_1, B_2, ... ,B_n)}$$

wobei B der zu definierende Begriff ist, O ein Grundoperator (im allgemeinen ein Aufbauoperator wie S, V oder λ), und die B_i jene Begriffe bezeichnen, aus denen B aufgebaut werden soll. Von verschiedenen Definitionsbestandteilen kann abstrahiert werden, weswegen der Abstraktionsoperator einer der wichtigsten Operatoren ist. Wir wollen die Methodik der Nominaldefinition in den folgenden Beispielen ausführlich darlegen.

Beispiele

Die folgenden Beispiele behandeln Begriffe des Begriffskomplexes "Periodensystem". Ausgangspunkt dafür ist ein für das CUU-Programm "Cus-Chemie" erstelltes Logogramm (RIPOTA 1974).

Grundbegriffe

$$Hülle := \lambda e^{ZAHL}.S_1(e\ E) = \lambda e.\{e\ E\}$$

E ist eine freie Variable, weist also auf einen (zunächst noch uninterpretierten) Sachverhalt außerhalb des mathematischen Formalismus hin; sie wird als Realobjekt "Elektron" interpretiert. e ist eine gebundene Variable des Typs "Zahl"; sie kann also durch konkrete Zahlen-Werte ersetzt werden. Der Synthese-Operator S hat hier nur ein Argument, nämlich die physikalische Größe $(e\ E)$, die wir gemäß unseren früheren Ausführungen als Einheit (im formalen Sinn) auffassen. In der zweiten Darstellungsform (die wir meistens verwenden), hatten wir S durch sein Ergebnis, also durch eine Menge (angedeutet durch die geschweiften Klammern) ersetzt.

Reduktionen: (Hülle 2) = {2 E} = Helium-Hülle

$$Kern := \lambda p^{ZAHL}\ n^{ZAHL}.S_2(p\ P)(n\ N)= \lambda pn.\{p\ P,\ n\ N\}$$

P und N sind wieder freie Variable, die als "Proton" und "Neutron" interpretiert werden; und p und n gehören wieder zum Typ "Zahl". Der Synthese-Operator wird wiederum einmal, diesmal allerdings auf zwei Argumente, angewandt.

Reduktionen: (Kern: 2,2) = {2 P, 2 N} = Helium-Kern

$Atom := \lambda x^{KERN}\ y^{HÜLLE}.\{x,y\}$ & $(e=p) = \{\lambda pn.\{pP,nN\}\lambda p.\{pE\}\}$

Durch Globalisierung werden alle λ-Operatoren ganz nach links hinausgezogen, und es entsteht die Formel:

$$Atom := \lambda pn.\{\{pP,nN\},\{pE\}\}$$

Reduktionen: (Atom: 2,2) = {{2P,2N},{2E}} = He-Atom

Die Gleichheit der Protonen- und der Elektronenzahl ist eine Einschränkung, die wir zugunsten einer allgemeinen Definition auch fallenlassen können. Wir nennen den so entstehenden Begriff

$$Atomverband := \lambda pne.\{\{pP,nN\},\{eE\}\}$$

Sieht man genauer hin, dann erkennt man in diesem Begriff zwei andere Begriffe aus der Atomphysik, nämlich das Ion und das Isotop Im ersten Fall können wir die Verbindung zu gewohnten Definition dadurch herstellen, dass wir setzen: e := p + j. Dann ergibt die Variable *j* (die jetzt auch negative Werte annehmen kann), direkt die Wertigkeit des Ions:

$$Ion := \lambda pnj.\{\{pP,nN\},\{(p+j)E\}\}$$

Reduktionen:

(Ion: 2,2,.) führt zum teilreduzierten Begriff des Helium-Ions;

(Ion: 2,2,1) führt zum He-1$^+$-Ion,

(Ion: 2,2,-2) zum He-2$^-$-Ion, usw.

Beim Begriff "Isotop" gehen wir ähnlich vor.

Setzen wir n := p + j, dann erhalten wir die 'Isotop-Wertigkeit', ein Begriff, der nicht existiert, aber uns sehr brauchbar erscheint. Gemeint ist der Überschuss über die Protonenladung. Wir erhalten als Definitionsgleichung:

$$Isotop := \lambda pje.\{\{pP,(p+j)N\},\{eE\}\}$$

Dann ergibt z.B. (Iso: 2,.,.) die Helium-Isotope, (Iso: 2,0,2) das normale He-Atom, (Iso: 2,-1,2) das He^3-Isotop, usw.

Man ersieht aus diesen einfachen Beispielen schon die Begriffsvariabilität und die wechselseitige Herleitbarkeit von Begriffen allein mit Hilfe des Abstraktionsoperators, des Reduktionsoperators, und der gewöhnlichen Substitution (Einsetzung von Termen für Variable).

Als nächstes gehen wir eine Stufe höher, von den Atomen zu den Molekülen. Wir definieren ein homogenes Molekül (Molhom) als Synthese von *x* gleichen Atomen, mit *x* variabel:

$$Molhom := \lambda x^{ZAHL} y^{ATOM}.\{x\ y\}$$

(Beachte das Fehlen des Kommas - nur *ein* Argument!)

$$= \lambda xpn.\{x\{\{pP,nN\},\{pE\}\}\}$$

Reduktionen:

Gehen wir von der ersten Zeile der Definition aus, dann erhalten wir beispielsweise:

(Molhom: 2, H-Atom) = H_2-Molekül

(Molhom: 2, .) alle zweiatomigen, homogenen Moleküle

(Molhom: ., O-Atom) = alle Sauerstoffmoleküle, also gewöhnlicher Sauerstoff (O_2) und Ozon (O_3).

Der Ausdruck $x\,y$ ($x \in$ ZAHL, $y \in$ ATOM) stellt wieder den bekannten Ausdruck dar, der als 'physikalische Größe' interpretiert werden kann und korrekt durch (x y) wiedergegeben wird. Durch die Mengenklammern wird er zu einer Struktur (mit neuen Eigenschaften) hochsynthetisiert.

Die Definition des <u>heterogenen Moleküls</u> ist analog:

$$Molhet := \lambda x_1^{ZAHL}\; x_2^{ZAHL}\; y_1^{ATOM}\; y_2^{ATOM}.\{x_1\,y_1, x_2\,y_2\}$$

Auch hier wird der Synthese-Operator nur einmal, aber auf zwei Argumente angewandt. Die ausführliche Definition (die man durch Substitutionen erhält) wollen wir uns sparen. Es gibt natürlich nicht nur *ein* heterogenes Molekül, sondern beliebig viele, je nachdem, wie viele unterschiedliche Atome an der Molekülbildung beteiligt sind. Der oben definierte Begriff müsste korrekt "zweiatomiges heterogenes Molekül" heißen; die Verallgemeinerung sähe in vektorisierter Schreibweise so aus:

$$Molhet := \lambda x^{\rightarrow ZAHL}\; y^{\rightarrow ATOM}.\{x^{\rightarrow} \circ y^{\rightarrow}\}$$

$$= \lambda x_1 y_1 x_2 y_2... .\{x_1\,y_1,\; x_2\,y_2,\; ... \}$$

Reduktionen:

(Molhet: 1, N-Atom, 3, H-Atom) = NH_3 (Ammoniak)

(Molhet: n, C-Atom, 2n+2, H-Atom) = C_nH_{2n+1} = Kohlenwasserstoffe; usw.

Wenn wir nun zum wichtigen Begriff des <u>chemischen Elements</u> übergehen, müssen wir uns überlegen, ob wir dazu den Synthese-Operator auf bereits definierte Begriffe anwenden (wobei neue Eigenschaften entstehen), oder ob die "Verbandsbildung" (d.h. die rein zahlenmäßige Aneinanderreihung) genügt. Als Entscheidungskriterium dient die Frage, ob grundsätzlich neue Eigenschaften hinzukommen. Diese <u>Strukturdaten</u> müssen auch durch Strukturbildung (= Synthese) geschaffen werden, also mit Hilfe von **S**. Kommen dagegen keine neuen Eigenschaften hinzu, kann eine gewöhnliche Aneinanderreihung ("Potenzierung", Zusammenfassung durch runde Klammern) die Begriffsbildung erreichen.

Nun haben die chemischen Elemente Eigenschaften, die von der Anordnung ihrer Bausteine abhängen, z.B. kristallografische Eigenschaften, Schmelzpunkt, Dichte. Also wird die Verwendung des Strukturbildungsoperators (**S**) erforderlich. Fraglich bleibt noch, welches die Bestandteile der chemischen Elemente sind: Atome oder homogene Moleküle. Bei Metallen und Feststoffen sind es häufig erstere, bei den meisten Gasen letztere. Fassen wir "Atom" als Spezialfall des Begriffs "Molhom" auf (was nicht ganz stimmt, da bei "Molhom" ein zusätzlicher **S**-Operator auftritt), dann können wir den Begriff des (chemischen) Elements als Ansammlung unendlich vieler homogener Moleküle auffassen. Wir erhalten die Definitionsgleichung:

$$Element := \lambda a^{MOLHOM}.\{inf\ a\}$$

wobei "inf" als freie Variable eine sehr große Zahl bedeutet.

Reduktionen:

(Element: O_2-Mol) = Sauerstoff

Der Vorteil des λ-Kalküls liegt in den Analogien, die durch seine Formeln nahe gelegt werden. Ersetzen wir in der obigen Formel den Typ "MOLHOM" durch den Typ "MOLHET", dann ergibt sich ein weiterer wichtiger Begriff, nämlich der des *chemischen Stoffs*:

$$Stoff := \lambda a^{MOLHET}.\{inf\ a\}$$

Tatsächlich haben wir hier einige Vereinfachungen vorgenommen, die zur Einführung der Begriffe zwar gerechtfertigt sind, in der Natur aber nicht zutreffen. Ein chemisches Element ist nicht homogen aus Atomen oder aus Molekülen aufgebaut, sondern besteht aus Isotopen, die in einem ganz bestimmten Verhältnis zueinander stehen. Um dies zu berücksichtigen und den Begriff korrekt zu erweitern, müsste man *a* vektorisieren.

45

Das sähe dann so aus:

$$Element := \lambda x_1^{PZ}y_1^{IS}x_2^{PZ}y_2^{IS}x....\{inf\ ((x_1\ y_1),(x_2\ y_2)\ ...)\}$$
$$= \lambda x^{\rightarrow PZ}y^{\rightarrow IS}.\{inf \circ (x^{\rightarrow} \circ y^{\rightarrow})\}$$

Dabei bedeuten: *PZ* = Prozentzahl. Sie gibt die prozentuale Verteilung der einzelnen Isotope an. *IS* = Isotop. Das Element ist ja aus Isotopen eines Atoms aufgebaut.

Die erste und die letzte runde Klammer sind gewöhnliche Prioritätsklammern, d.h. "inf" ist hier als Multiplikator für alle innerhalb der Klammer stehenden Elemente aufzufassen. Der Ausdruck inf(A_1, A_2,...) bedeutet demnach inf A_1, inf A_2, ...

In der letzten Zeile der Definition sind wir wieder zur Vektorschreibweise übergegangen, was wir immer dann machen, wenn die Anzahl der Elemente unbestimmt bleibt, und haben außerdem die Konventionen für das innere Produkt verwendet (Kap. 5).

Die gleichen Erweiterungen können wir auch beim "Stoff" vornehmen, doch wollen wir für die folgenden Ausführungen die einfachen Definitionen zugrunde legen.

Die nächsthöhere Einheit bildet die Gruppe. Sie ist eine geordnete Zusammenfassung chemischer Elemente. 'Ordnung' bedingt den Vektor-Operator **V**, sodass wir den Begriff "Gruppe" ebenso wir den Begriff "Periode" folgendermaßen definieren können:

$$Gruppe := Periode := \lambda x_1^{EL}x_2^{EL}....<x_1, x_2, ...> = \lambda x^{\rightarrow EL}.<x^{\rightarrow}>$$

Die Auflösung nach den einzelnen Termbestandteilen (d.h. die Durchführung der Substitutionen) wollen wir uns sparen.

Reduktionen: (Gruppe: H, Li, Na, K, Rb, Cs, Fr) = Alkalimetalle; usw.

Als letztes definieren wir den Begriff des Periodensystems durch Vektorisierung des Begriffs Gruppe oder des Begriffs Periode:

$$Periodensystem\ (PS) := \lambda x^{\rightarrow GRUPPE}.<x^{\rightarrow}> = \lambda x^{\rightleftharpoons EL}.<<x^{\rightleftharpoons}>>$$

$x^{\rightleftharpoons}$ ist hier eine doppelt vektorisierte Größe, also ein Matrixelement. Die formale Ableitung der Definition durch Substitution und Vektorisierung wollen wir der Anschaulichkeit halber auch in umgekehrter Richtung zeigen. Der Funktionskörper (ohne den **λ**-Operator) sieht folgendermaßen aus: $<<x_{11},x_{12},...>,<x_{21},x_{22},...>,...> = <<x^\to_1>,<x^\to_2>,...> = <<x^\to>^\to> =$ $<<x^{\rightleftharpoons}>>$, wobei wir durch zwei Vereinfachungen (Einführung der abkürzenden Vektorschreibweise) wieder zum gleichen Ausdruck gelangten.

Aus unserer Definition ist übrigens nicht ersichtlich, dass es nur *ein* (oder nur *das*) Periodensystem gibt; durch verschiedene Reduktionen könnten auch verschiedene Periodensysteme erzeugt werden. Auch hier muss man die didaktischen Konsequenzen beachten. In dem Prozess der Definition im λ-Kalkül wird gezeigt, wie man von einfachen Elementen zu komplexen Gebilden gelangt. Am Beispiel des Periodensystems kann dieser Prozess veranschaulicht und interpretiert werden. Wesentlich ist dabei die begriffliche Vorgangsweise, die Ableitung, die Operation, nicht so sehr das Ergebnis. Im Anschluss an eine solche Definition wäre eine Diskussion über andere mögliche und sinnvolle Periodensysteme denkbar.

Wir wollen zum Abschluss noch zwei Strukturen definieren. Bei der Definition des Begriffs "Hülle" sind wir davon ausgegangen, dass der Elektronenverband nicht weiter strukturiert ist, was zunächst einmal durchaus angenommen werden kann. Will man jedoch tiefer eindringen, muss man auch den Schalenaufbau der Elektronenhülle berücksichtigen, was zu einer Neudefinition dieses Begriffes führt.

Wir definieren zunächst den Begriff der (abgeschlossenen) Schale als identisch mit dem der ursprünglichen Hülle, d.h.,

$$\boxed{\textit{Schale} := \boldsymbol{\lambda}\text{n}^{\text{ZAHL}}.\{\text{n E}\}}$$

n kann aber jetzt nur bestimmte Werte annehmen, nämlich 2, 8, 18 usw.

Reduktion: L-Schale = (Schale 8) = {8 E}

Die M-Schale hat aber genau die gleiche formale Struktur, d.h., die verschiedenen Schalen unterscheiden sich nur durch ihre räumliche Anordnung in der Elektronenhülle des Atoms, eine Tatsache, die in der Definition selbst nicht ausgedrückt werden kann. Wir definieren nun als Hülle$_{\text{neu}}$:

$$\boxed{\textit{Hülle} := \boldsymbol{\lambda}\text{x}^{\to\text{SCHALE}}.\{\text{x}^\to\} = \boldsymbol{\lambda}\text{n}^{\to\text{ZAHL}}.\{\{^\to\text{n}^\to \text{ E}\}^\to\} = \boldsymbol{\lambda}\text{n}_1\text{n}_2....\{\{\text{n}_1 \text{ E}\},\{\text{n}_2 \text{ E}\},...\}}$$

Beachte die Vektorisierung der inneren Mengenklammer, die sich durch Vektorisierung des Gesamtbegriffs "Schale" ergibt. Dadurch werden auch alle Definitionsbestandteile von "Schale" zu Vektoren (Ausnahme: *E*, da

47

es immer gleich bleibt, d.h. $E^\rightarrow = E$). Wäre die Mengenklammer nicht vektorisiert, dann hieße die Formel: $\lambda n_1 n_2 ... .\{\{n_1 E, n_2 E, ...\}\}$

Reduktionen: (Hülle: 2,8,2) = $\{\{2E\},\{8E\},\{2E\}\}$ = Ca-Hülle

Listen

Bis jetzt gelang es, alle Strukturen auf drei uninterpretierte freie Variable (Grundelemente) P, N und E zurückzuführen. In vielen Fällen ist eine solche Rückführung nicht möglich oder aus didaktischen Gründen nicht wünschenswert. Man kann sich aber immer damit behelfen, dass man gewisse Dinge aufzählt. So etwa sind die periodischen Eigenschaften (PE) eines Elements zu einem Vektor zusammenfassbar:

PE := $\mathbf{V}(p^\rightarrow)$ = <Atomradius, Ionenradius, Atomgewicht, ...>

Aus dieser Liste ist die i-te PE durch den Projektionsoperator $\mathbf{P}^i$ extrahierbar. PE (also die Liste) ist aber mangels gebundener Variabler keine Funktion im eigentlichen Sinn. Man kann den Begriff "Liste" allgemein definieren als

$$\boxed{Liste := \lambda x^\rightarrow.\ \mathbf{V}(x^\rightarrow) = \lambda x_1...x_n.<x_1,...,x_n>}$$

Der Listenbegriff entspricht also genau dem Vektoroperator, weshalb man diesen auch <u>Listen-Operator</u> nennen könnte. Beispiel für Listen:

(Liste: Ionen-Bindung, Atom-B., Metall-B., VanderWaals-B.) = Bindungen;

(Liste: Haupt-Quantenzahl, Neben-QZ, Magnet-QZ, Spin-QZ) = Quantenzahlen; usw.

Natürlich können auch höherdimensionale Listen erzeugt werden:

$$L^{(2)} := \lambda x^{\rightleftarrows}.\mathbf{V}(\mathbf{V}(x^{\rightleftarrows})) = \lambda x^{\rightleftarrows}.\mathbf{V}^2(x^{\rightleftarrows}) = \lambda x^{\rightleftarrows}.<<x^{\rightleftarrows}>>$$

Strukturdaten

Strukturdaten entstehen dadurch, dass elementare Gebilde durch den Synthese-Operator zu einer Struktur zusammengefasst werden. Aus den Elementen "Kern" und "Schale" (oder "Hülle") wird die Struktur "Atom" mit den Strukturdaten Atomgewicht, Atomradius, Ionisierungsenergie, usw. Diese Daten wurden aber nicht explizit hineingesteckt, sind daher auch nicht durch den Analyse-Operator extrahierbar.

Zu den Strukturdaten gelangt man im allgemeinen durch eine <u>Messung</u>. Wir müssen also eine Funktion *mess* folgendermaßen definieren:

$$\boxed{\textit{mess} := \lambda x^{\text{MESSVERFAHREN}} y^{\text{OBJEKT}}.[x(y)]^{\text{STRUKTURDATUM}}}$$

mit typ(mess) = (MV,OBJ) -> STD

x ist hier eine Funktion im mathematischen Sinne oder ein Operator, dessen Anwendung auf das Objekt ein Strukturdatum (oder eine Reihe von Strukturdaten) liefert. Beispiel:

(mess: Spektroskopie, .) = $\lambda y^{\text{OBJ}}.Sp(y)$

ist eine Definition der Spektroskopie und definiert allgemein den Begriff "Spektrogramm" als Ergebnis der Funktionsanwendung;

(mess: . , He-Atom) = $\lambda x^{\text{MV}}.x(\text{He-Atom})$

liefert alle Messungen an einen He-Atom;

(mess: Sp, He) liefert das Spektrogramm des He-Atoms; usw.

Die zweite Möglichkeit der Definition von Strukturdaten ist die Zusammenfassung in einer Liste. Das hat den Vorteil der sofortigen Verfügbarkeit, aber den Nachteil der fehlenden Unmittelbarkeit des Bestimmungsverfahrens. Z.B. kann man die Namen der Elemente in einer Liste zusammenfassen:

Elementenamen := <H, He, Li, Be, ... , U, ...>
und (P^3 EN) liefert den Namen "Li". Auch mehrfach indizierte Listen sind sinnvoll, beispielsweise die Zusammenfassung der Ionenradien in einer Matrix: IR := $<<x^{\rightleftharpoons}>> = \|x_{ij}\|$

mit i = Protonenzahl, j = Elektronenzahl

Dann ergibt z.B. ($P^{3,2}$ IR) den Ionenradius des einfach positiv geladenen Li-Ions.

Welcher Definition man den Vorzug gibt, hängt vom Verwendungszweck ab. Die erstere (mit *mess*) zeigt mehr den Vorgang der Datengewinnung, die zweite (mit *Liste*) liefert das gewünschte Ergebnis.

Phänomene und Gesetze

Phänomene und Gesetze entstehen als Zusammenfassung sprachlicher bzw. formaler Elemente zu einer sprachlichen bzw. formalen Struktur - also zu einer Verbalbeschreibung bzw. einem mathematischen Term. Wie bei den Strukturen müssen auch hier die Grundelemente, aus denen alle Phänomene und Gesetze aufgebaut werden sollen, vorher festgelegt werden, was etwas mehr Schwierigkeiten bereitet als bei den Strukturen. Man muss sich bei Objekten linguistischer Natur auf gewisse Grundelemente einigen; am besten dafür geeignet sind die in der Wissenschaft anerkannten Fachtermini. Aber gerade bei der (informellen) Beschreibung von Erscheinungen aus dem Objektbereich des betrachteten Wissensgebietes sind die verwendeten linguistischen Einheiten nicht immer genormt oder exakt.

Bei Anwendung des Synthese-Operators auf linguistische Einheiten (auf Worte, Phrasen und Sätze) entsteht die verbale Beschreibung eines <u>Phänomens</u> (Beispiel: Radioaktivität; chemische Bindung; freier Fall); bei Anwendung des Synthese-Operators auf formale Einheiten (mathematische Größen, Formeln und Gebilde) entsteht ein <u>Gesetz</u> (Beispiel: Zerfallsgesetz beim radioaktiven Zerfall; mathematische Beschreibung der quantentheoretischen Vorgänge bei der chemischen Bindung; Fallgesetz). Man nennt den letzteren Vorgang auch **Induktion** (Zusammenfassung von Einzelbeobachtungen zu einer verallgemeinerten Beschreibung, eben zu einem Phänomen oder Gesetz).

Setzen wir fest, dass *LING* die Kategorie der linguistischen Elemente, also der sprachlichen Äußerungen und Beschreibungen bedeuten soll, *FORM* die Kategorie der formalen Elemente, also der mathematischen Zeichen und Terme, dann können wir folgende Definitionen aufstellen:

$$\textit{Phänomen (phä)} := \tau\alpha^{\rightarrow LING}\lambda x^{\rightarrow\alpha\rightarrow}.\{x^{\rightarrow}\} = \tau\alpha_1\alpha_2...\,\lambda x_1^{\alpha_1}x_2^{\alpha_2}.\{x_1,x_2,...\}$$

$$\textit{Gesetz (ges)} := \tau\alpha^{\rightarrow FORM}\lambda x^{\rightarrow\alpha\rightarrow}.\{x^{\rightarrow}\}$$

Beispiele:

1.) <u>Freier Fall - Fallgesetz</u>

Der Freie Fall (FF) ist ein Phänomen, bei den Weg- und Zeit-verhalten eines frei fallenden Körpers beobachtet und verbal beschrieben werden. Er entsteht durch die Reduktion

(phä: KÖRPER, WEG, ZEIT), und hat die Form

$$FF = \lambda x_1^{K}x_2^{W}x_3^{Z}.\{x_1,x_2,x_3\}$$

Weitere Reduktionen ergeben Einzelbeobachtungen, z.B.

(FF: a, 5 m, 1 sec)

die Beobachtung, dass der Körper "a" in einer Sekunde den Weg von fünf Metern frei durchfällt. "K", "W" und "Z" gehören hier zum Bereich der linguistischen Elemente.

Der Übergang zum entsprechenden Gesetz (Fallgesetz, FG) könnte sich im einfachsten Fall durch bloße Anwendung des Typenänderungsoperators (**T**) bewerkstelligen lassen. Aus den linguistischen Elementen werden dabei formale, d.h. sprachliche Äußerungen werden durch Symbole ersetzt. In unserem speziellen Beispiel ist dies jedoch nicht möglich, da das Element "Körper" in der Formel für den freien Fall überraschenderweise gar nicht auftaucht. Ein Körper kann nun durch seine Masse charakterisiert werden, aber die Masse des fallenden Körpers hat keinen Einfluss auf sein Raum-Zeit-Verhalten. Wohl aber steckt die Masse der Erde indirekt in der Formel, und zwar durch die Beschleunigungskonstante g. Zum Fallgesetz gelangen wir aus der allgemeinen Gesetz-Definition demnach auf folgende Weise:

$$FG := (\text{ges: KONSTANTE, WEG, ZEIT})$$

Dies ist aber nicht notwendigerweise *das* Fallgesetz. Erst eine weitere Reduktion der ersten Variablen nach g liefert das uns bekannte und auf der Erde gültige Gesetz. Formal hat FG die gleiche Form wie PF, nur die Variablen sind anders und gehören anderen Typen an (beim FG dem Bereich der formalen Gebilde).

2.) Radioaktiver Zerfall

Das Phänomen des radioaktiven Zerfalls (RZ) kann folgendermaßen beschrieben werden:

$$RZ := \boldsymbol{\lambda} x_1^{\text{APR}} x_2^{\text{EPR}} x_3^{\text{NPR}} x_4^{\text{STR}} . \{x_1, x_2, x_3, x_4\}$$

mit: APR = Ausgangsprodukt (zerfallender Stoff)

EPR = Endprodukt

NPR = Nebenprodukt

STR = dabei auftretende Strahlung

Reduktionen:

(RZ: U ...) = RZ von Uran

(RZ: ... $\{\alpha, \beta, \gamma\}$) = auftretende Strahlung beim RZ

(RZ: U Pb He $\{\alpha, \beta, \gamma\}$) = vollständige Beschreibung des RZ von Uran

Wie man sieht, ist jede Art der Reduktion (Teilreduktionen und Vollreduktionen) möglich. Bei einer Vollreduktion reduziert sich das Phänomen auf eine <u>Einzelbeobachtung</u> die wiederum - nach unseren früheren Ausführungen - 'real' ist. Die Erscheinung des RZ an sich ist ein Abstraktum (mit verschiedenen Abstraktionsgraden, je nach Anzahl der gebundenen Variablen), die Einzelbeobachtung hingegen nicht mehr. Sie setzt auch, wissenschaftstheoretisch betrachtet, kein abstraktes Denkvermögen voraus. Jeder kann, sofern er die nötigen Hilfsmittel hat, die relevanten Tatsachen eines konkreten Vorgangs registrieren und zu einer linguistischen (sprachlichen) Einheit zusammenfassen - eben zu einer Beschreibung des konkreten Prozesses. Erst die Abstraktion verlangt jene geistige Betätigung, die wir mit 'Induktion' umschreiben - Auswahl und Inbezugsetzen der wesentlichen Parameter.

3.) <u>Gasgesetze</u>

Wir definieren das allgemeine Gasgesetz (GG) als

$$GG := \lambda x_1 \overset{\text{DRUCK}}{} x_2 \overset{\text{VOLUMEN}}{} x_3 \overset{\text{KONSTANTE}}{} x_4 \overset{\text{TEMPERATUR}}{} . \{x_1, x_2, x_3, x_4\}$$

GG ist also eine Struktur aus vier Elementen, die - wie bei Gesetzen üblich und hier nicht explizit angegeben - aus dem Bereich der formalen Objekte stammen. x_1 ist dabei eine Variable, die bei Reduktion durch solche konkrete Symbole ersetzt wird, welche sich auf das physikalische Phänomen "Druck" beziehen, also z.B. durch die physikalische Größe "1 at". Analoges gilt für die anderen Variablen.

Das Gasgesetz hat bekanntlich die Form

$$pv = nRT, \text{ wobei z.B. } x_3 = nR \text{ gilt.}$$

Ersetzt man die letzten beiden Variablen durch p_0 und V_0, dann erhält man das Boyle-Mariottsche Gesetz (BN). Formal lässt es sich aus dem GG durch einfache, aber nicht typengerechte Reduktion ableiten:

$$(GG: .. p_0 V_0) = BM ("pV = p_0V_0")$$

Umgekehrt kann man das allgemeine Gasgesetz aus den Boyle-Mariottschen Gesetz durch Abstraktion und Typisierung (oder Typenänderung mittels **T**) der Variablen erhalten:

$$GG := \lambda p_0 V_0 [\lambda x_1 x_2 . \{x_1, x_2, p_0, V_0\}] = \lambda x_1 ... x_4 . \{x_1, ..., x_4\} \text{ (durch gebundene Umbenennung)}$$

Die ursprünglich freien Variablen p_0 und V_0 werden gleichzeitig typisiert (in der Formel nicht angegeben), da bei freien Variablen die Typen in der Formel im allgemeinen nicht angegeben werden; sie ergeben sich automatisch aus deren Bedeutung.

Weitere Reduktionen:

(GG: p_0) ergibt eine Isobare;

(GG: ... T_0) ergibt eine Isotherme; usw.

In dem Beispiel "Thermodynamik" des 10. Kapitels kommen wir auf die Gasgesetze unter dem Aspekt der Attributivdefinition noch einmal zurück. Die Ausführungen dieses Abschnitts standen unter der Überschrift "Beispiel", obwohl die entwickelten Begriffe und Verfahren durchaus allgemeinen Charakter haben. In anderen Geistesdisziplinen ist es aber möglicherweise erforderlich, Strukturdaten, Phänomene und Gesetze mit anderen Mitteln zu definieren, sodass wir eine Verallgemeinerung hier nicht durchführen wollen. Im übrigen werden wir im Kapitel 14, beim "Aufbau der Welt", die in diesem Abschnitt entwickelten Definitionen und Konzepte wieder verwenden.

8. Graphische Darstellung

Wir haben gezeigt, dass mit Hilfe von 7 Operatoren bzw. Operationen **(S,A,V,P,T,Abs,Red)** Begriffe, Daten, Phänomene und Gesetze eines Wissensgebietes definiert und auseinander abgeleitet werden können. Diese Ableitungen sollten nun auch übersichtlich dargestellt werden, und dazu eignet sich am besten eine graphische Repräsentation. Dabei müssen wir auch Begriffe außerhalb des eigentlichen λ-Kalküls hinzunehmen, und zwar die Begriffe Ableitbarkeit ($\rightarrow$), Konjunktion (& bzw. $\wedge$) und Disjunktion (v bzw. $\vee$).

Wir interpretieren den Ausdruck $A \xrightarrow{X} B$ als: B ist mit Hilfe der Operation X aus A ableitbar. Durch Hinzunahme der logischen Operation und (& bzw. $\wedge$) und oder (v bzw. $\vee$) entstehen folgende Muster:

Ausdruck	wird dargestellt als
$A \wedge B \rightarrow C$	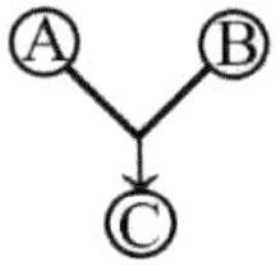
$A \vee B \rightarrow C$	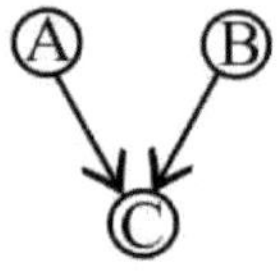
$A \wedge (B \vee C) \rightarrow D$	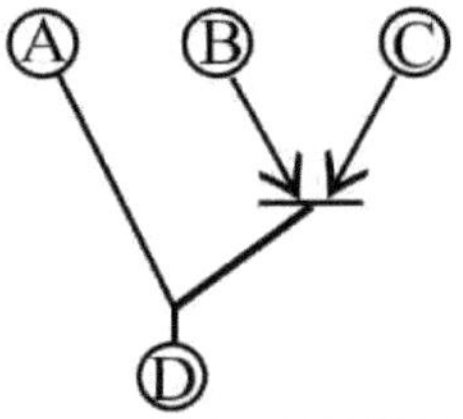
$A \vee (B \wedge C) \rightarrow D$	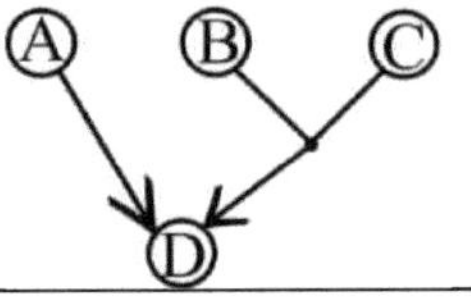

Abbildung 2: Grafische Darstellung logischer Verknüpfungen

Auf unsere Definitionen übertragen, erhalten wir in der Abbildung der folgenden Seite einen Ausschnitt aus der Definitionsebene für das Wissensgebiet "Periodensystem".

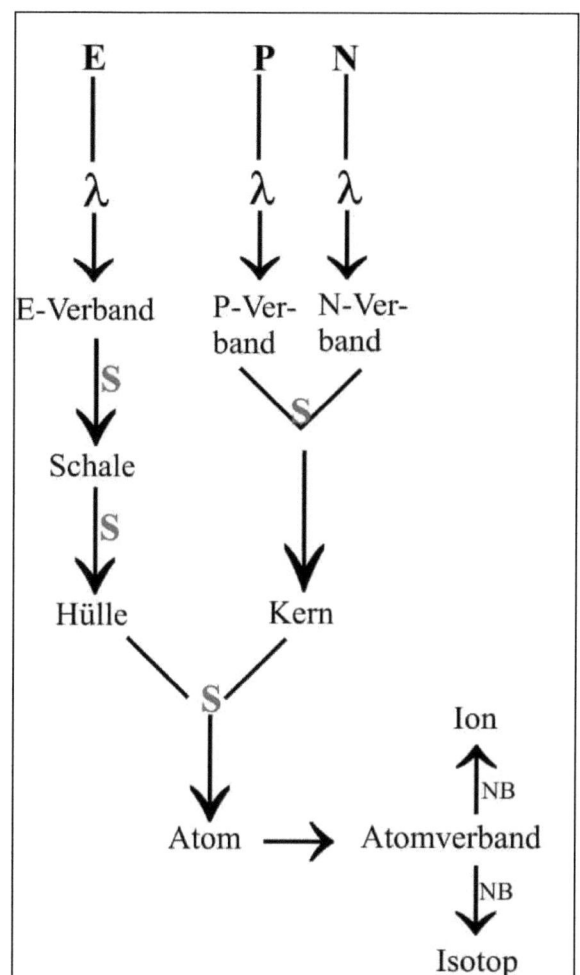

Abbildung 3a: Ausschnitt aus der Definitionsebene "Periodensystem"

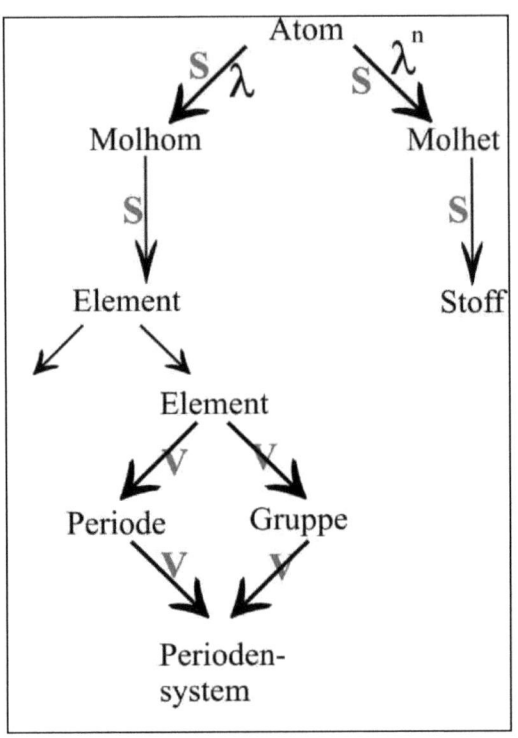

Abbildung 3b: Weiterführung der Definitionsebene "Periodensystem"

Diese graphische Darstellung (wir haben sie in anderen Arbeiten (RIPOTA 1968, RIPOTA 1974) als <u>Logogramm</u> bezeichnet) zeigt sehr schön die wechselseitige Ableitbarkeit fundamentaler Begriffe eines Wissenschaftsbereiches mit Hilfe der sechs Grundoperatoren sowie der Einschränkung (NB = Nebenbedingung). Da jeweils zwei Operatoren dual zueinander sind, genügen zur Darstellung nur drei der Operatoren, und zwar die <u>Aufbauoperatoren</u> λ, **S** und **V**. Dabei ergibt sich in Pfeilrichtung immer eine Steigerung der Komplexität, sei es, dass sich der Abstraktionsgrad durch λ erhöht, oder die Mengenstufe (Schicht) durch **S**, oder die Dimension durch **V**. Die Vorgangsweise bei der didaktischen Explikation eines solche Begriffsnetzes richtet sich nach den gewählten Verfahren: bei induktiver Erklärung in Pfeilrichtung, bei deduktiver Erklärung in Gegenpfeilrichtung. Es ist klar, dass - in diesem Beispiel! - die induktive Vorgangsweise vom didaktischen Standpunkt vorzuziehen ist, da sie mit nur drei uninterpretierten Ausgangselementen (den freien Variablen E, P und N) auskommt und (hier nicht eingezeichnet) bei den gebundenen

Variablen nur den Typus ZAHL verwendet. - Im Kapitel 14.1 behandeln wir diese Begriffe noch einmal von einem anderen Standpunkt, wobei wir weitere interne Beziehungen erhalten.

9. Wissenschaftstheoretische Grundlagen

Die Definition von Begriffen und das Problem ihrer wechselseitigen Ableitbarkeit greift tief in wissenschaftstheoretische Überlegungen ein. Wir wollen daher das Problem der Definition von dieser Seite aufrollen; dabei stützen wir uns hauptsächlich auf die Ausführungen BUNGEs (1967). Zuvor noch einige Ergänzungen.

Analyse - Synthese

Die <u>Synthese</u> besteht, wie im Kapitel 7.2 ausführlich dargelegt, in einer Zusammenfassung von Einzelbegriffen, -tatsachen oder -phänomenen zu einem übergeordneten Begriff. Das können wir schematisch so darstellen:

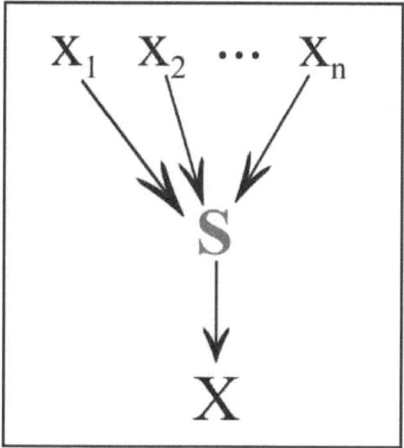

In der Wissenschaft entspricht der Synthese die <u>Induktion</u>, d.h. die Zusammenfassung von (meist empirisch gefundenen) Daten zu einem neuen Konzept. Dabei wird Information aus der Umgebung (die den Beobachter einschließt) in den neuen Begriff gepackt, sodass dadurch der Informationsgehalt des *Begriffs* zunimmt (*Intraktion* von Information).

Die <u>Analyse</u> besteht in einer Zerteilung des Begriffs, was wir schematisch so darstellen können:

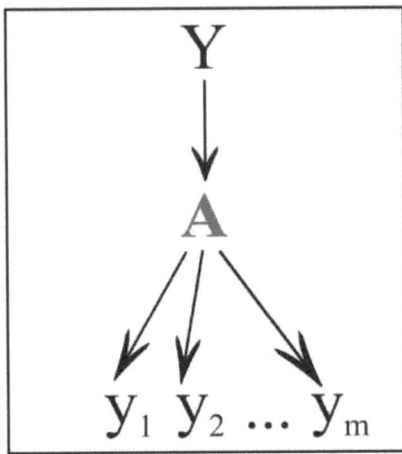

Der Analyse entspricht die <u>Deduktion</u>, d.h. die Zerlegung eines Begriffs durch (meist theoretische) Methoden in Teilkonzepte. Der Informationsgehalt des *Beobachters* nimmt dabei zu, da die im Begriff gespeicherte Information aus diesem herausgeholt wird (*Extraktion* von Information).

Informationstheoretischer Exkurs

Einer etwas müßigen Gedankenspekulation folgend, können wir die beiden Vorgangsweisen mit thermodynamischen Prozessen vergleichen. Der in einem Begriff enthaltenen Information $I_{i(nnen)}$ entspricht die innere Energie U; der in einem Begriff hinein- oder aus ihm herausgezogenen Information $I_{a(ußen)}$ entspricht die zu- oder abgeführte Wärme Q; und der in der Methode (Induktion oder Deduktion) enthaltenen Information I_M entspricht die Arbeit A. Eine Synthese vergleichen wir mit einer Erwärmung (Wärme/Information wird zugeführt), eine Analyse mit einer Abkühlung (Wärme/Information wird abgeführt). In Formeln sieht dies so aus:

(I) **Synthese** (Induktion)

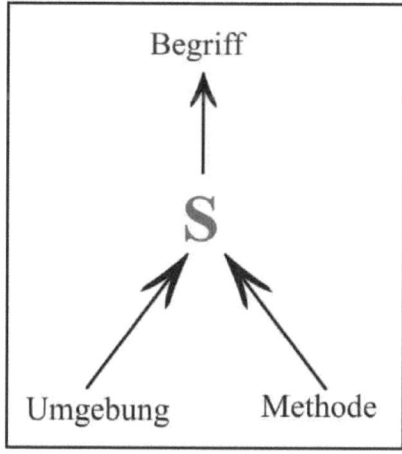

$$I^S_i = I^S_a + I^S_M => I^S_i > I^S_a$$

Die in einem Begriff durch induktive Definition steckende Information (I_i) setzt sich zusammen aus den Informationen, die in den definierenden Begriffen stecken (I_a) und der Information der Methode (I_M). Ausführlicher geschrieben:

$$I(X) = I(x_1) + I(x_2) + ... + I(x_n) + I_M \quad \text{oder}$$
$$I(X) > I(x_1) + I(x_2) + ... + I(x_n)$$

(II) **Analyse** (Deduktion)

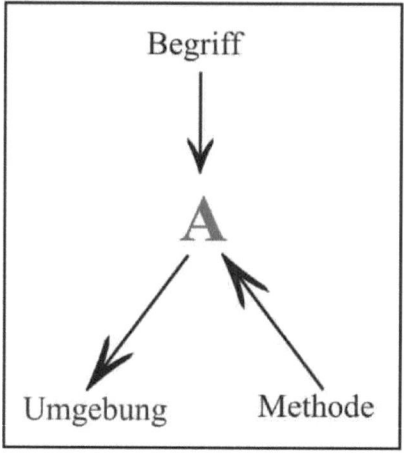

$$I^A_a = I^A_i + I^A_M => I^A_a > I^A_i$$

Die aus einem Begriff durch deduktive Methoden herausgezogene Information ist größer als die ursprünglich in ihm steckende. Ausführlich:

$$I(y_1) + I(y_2) + \dots + I(y_m) = I(Y) + I_M \quad \text{oder}$$
$$I(Y) < I(y_1) + I(y_2) + \dots + I(y_m)$$

Die <u>aufgewendete</u> Information ist also gleich $I^S_a + I^S_M + I^A_M$, die <u>gewonnene</u> Information beträgt I^A_a.

Machen wir jetzt die Annahme, dass

$$I^S_i \geq I^A_i \quad \text{oder} \quad I^S_i = I^A_i + d,$$ d.h., dass intrinsische Information (I_i) nie von selbst wachsen, sondern höchstens abnehmen kann (ein Analogon zum zweiten Hauptsatz der Thermodynamik), wobei d die verloren gegangene Information (den irreversiblen Informationsverlust) darstellt, dann können wir einen Nutzeffekt (Wirkungsgrad) des Synthese-Analyse-Prozesses definieren, indem wir zunächst für I_i jeweils einsetzen:

$$I^S_a + I^S_M \geq I^A_a - I^A_M, \quad \text{d.h.,} \quad I^A_a \leq I^S_a + \underbrace{(I^S_M + I^A_M)}_{I_M}$$

Definieren wir η als

$$\eta = \frac{I^A_a}{I^S_a + I_M} \leq 1$$

Mit anderen Worten: Der Nutzeffekt ist gleich dem Verhältnis von gewonnener (I^A_a) zu aufgewendeter ($I^S_a + I_M$) Information. Diese Überlegungen sind aber insofern praktisch wertlos, als es sehr schwierig sein dürfte, vernünftige Informationsmaße zu finden.

Intension - Extension

In wissenschaftstheoretischen Untersuchungen über die Definition von Begriffen taucht das Termini-Paar *Intension-Extension* sehr häufig auf. Es existieren sogar Schulen, die der einen oder der anderen Definitionsweise den Vorzug geben bzw. sie als allein seligmachende Methode hinstellen. Für die Untersuchungen im Rahmen dieser Arbeit ist die Unterscheidung nicht so wichtig; dennoch erscheint es uns nützlich, den Bezug zwischen den wissenschaftstheoretischen Begriffen und den Verfahren des λ-Kalküls zumindest ansatzweise aufzuzeigen. Bei unseren Ausführungen halten wir uns wieder an die Darstellungen von BUNGE (1967).

Unter der <u>Intension</u> eines Begriffs B versteht man die Aufzählung der ihn charakterisierenden Eigenschaften (Attribute, Prädikate), also

$$\boxed{\text{Int}(B) := \{P_1, P_2, ..., P_n\}}$$

Als *Kernintension* bezeichnet man die Eigenschaften, die zur Unterscheidung von anderen Begriffen notwendig, für den eigentlichen Begriff B aber nicht unbedingt wesentlich sind. Beispielsweise kann die Unterscheidung einer Säugetierrasse von einer anderen, nahe verwandten, in der unterschiedlichen Anordnung der Zähne liegen - Eigenschaften, die wir normalerweise nicht unbedingt als wesentlich, charakteristisch oder begriffsdefinierend betrachten.

Die *intensionale Differenz* ist die Mengendifferenz der Intensionen zweier Begriffe. Sie gibt die wesentlichen Unterschiede wider, dient also der Differenzierung.

Unter der <u>Extension</u> eines Begriffs B versteht man die Aufzählung der durch ihn bezeichneten Objekte (Gegenstände, Personen, Sachverhalte), also

$$\boxed{\text{Ext}(B) := \{x: x \in B\}}$$

mit B = Menge der x, die ein B sind.

Die Extension scheint ein etwas zirkelhafter Begriff zu sein und ist außerdem immer von der Intension abhängig (durch sie bestimmt), d.h., es gilt:

$$\text{Int}(B_1) = \text{Int}(B_2) => \text{Ext}(B_1) = \text{Ext}(B_2)$$

Das Umgekehrte gilt nicht, wie man am Beispiel des Einhorns und des Zentauren sieht: Beides sind intensional verschiedene Begriffe, haben aber die gleiche Extension, nämlich die Nullmenge (da ihnen keine realen Dinge entsprechen).

Daraus können wir zwei Maße ableiten, den <u>Intensionsgrad</u> (*ing*) und den <u>Extensionsgrad</u> (*exg*) als Kardinalzahlen der entsprechenden Mengen:

$$\text{ing}(B) := |\text{Int}(B)|$$

$$\text{exg}(B) := |\text{Ext}(B)|$$

Eine solche Definition ist aber nur sinnvoll, wenn Intension und Extension exakt bestimmbar sind. Dies ist bei den sogenannten attributiv definierten Begriffen der Fall, weshalb wir auf das entsprechende Kapitel (13.4) dieser Arbeit verweisen.

Intension und Extension verhalten sich umgekehrt zueinander: Je größer die eine, desto kleiner die andere. Je mehr Eigenschaften die intensionale Definition enthält, desto weniger Objekte werden unter diesen Begriff fallen. Umgekehrt: Je mehr Objekte unter einen Begriff eingereiht werden können, desto weniger Eigenschaften dürfen in seiner Definition vorkommen, desto "leerer" bzw. abstrakter muss er sein. Wir haben hier das berühmte Reziprozitätsgesetz der Wissenschaftstheorie vorgestellt: Je kleiner die Intension eines Begriffes, desto größer seine Extension, und umgekehrt. Beispielsweise ist "Ding" ein sehr allgemeiner, abstrakter Begriff. Praktisch gehört alles dazu, und es gibt kaum irgendwelche Eigenschaften, die diesen Begriff charakterisieren. Dagegen hat der Verfasser dieser Arbeit eine sehr kleine Extension - nämlich nur sich selbst - , aber es bedarf einer großen Menge von Charakteristika, um ihn eindeutig festzulegen und gegen andere abzutrennen.

Für unsere Überlegungen von Wichtigkeit ist der Prozess des Übergangs von der Intension zur Extension und umgekehrt. Im ersteren Fall gelangt man von einem abstrakten Begriff (der bei uns immer als Funktion aufgefasst wird) zu einer Menge konkreter Gegenstände; dies entspricht der funktionalen Applikation. Im letzteren Fall werden verschiedene Gegenstände auf ihre Gemeinsamkeiten untersucht und unter diesem Gesichtspunkt zusammengefasst; dem entspricht die Abstraktion. Diese Überlegungen können wir im folgenden Schema zusammenfassen:

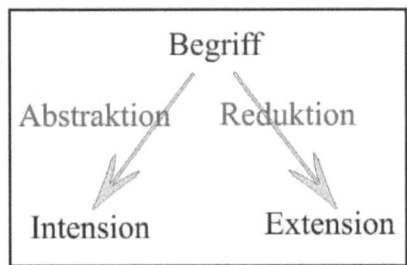

(siehe Kapitel 13.4).

Grundtypen

In der Wissenschaftstheorie ist es üblich (siehe wiederum BUNGE), drei Welten der Erkenntnisgewinnung anzunehmen. Die erste Welt ist die der Sprache, und zwar sowohl die der formalen als auch die der gewöhnlichen. Zu ihr gehören Worte (Namen) und Sätze (Aussagen); bei formalen Sprachen Terme und Formeln.

Die zweite Welt ist die der Begriffe. Sie bilden das Gerüst für wissenschaftliche Theorien. Die dritte Welt ist die der realen Erscheinungen, also die Realität. Schematisch:

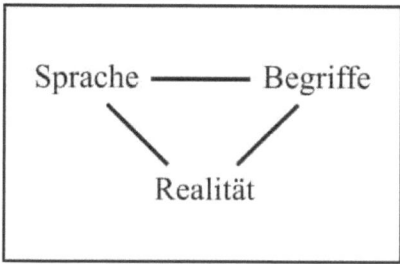

Die drei Ebenen wollen wir mit s, b und r bezeichnen (s ersetzt das frühere FORM(al) und LING(uistisch), r = REAL, und b ist eine Neu-Einführung). Die Linien zwischen den Ebenen deuten Beziehungen beim Übergang von einer Ebene zur anderen an. Da wir an solchen Übergängen besonders interessiert sind (der Prozess wissenschaftlicher Erkenntnis und Definition ist meistens ein Übergang vom Realen zum Sprachlichen, vom Einfachen zum Komplexen, vom Konkreten zum Abstrakten, usw.), wollen wir die einzelnen Übergänge nun genauer untersuchen.

Nehmen wir zuerst als Ausgangsbasis einen konkreten Gegenstand (ein Objekt). Wenn wir uns von diesem Gegenstand ein geistiges Bild formen, entsteht dadurch ein Begriff; den zugehörigen (geistigen) Prozess wollen wir **Begriffsbildung** nennen. Der umgekehrte Vorgang - der Übergang vom Begriff zum zugehörigen Gegenstand - wird allgemein als die **Bedeutung** des Begriffs bezeichnet. Also erhalten wir das Schema:

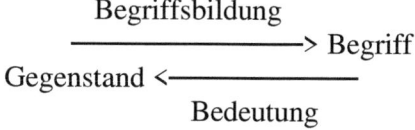

Ein Begriff muss aber ein sprachliches Abbild haben, und das ist der Name des Gegenstands. Der Übergang vom Gegenstand zum Namen ist daher eine **Benennung**. Den umgekehrten Prozess nennen wir Verweisung oder **Referenz**: Das Wort (der Name) verweist auf den Gegenstand.

Zuletzt gibt es noch zwei Beziehungen zwischen Name und Begriff. Die Bezeichnung des Begriffs durch einen Namen ist seine **Definition** (Übergang Begriff - Name). Jetzt fehlt nur noch der umgekehrte Prozess, der Bezug des Namens zum Begriff, der durch ihn bezeichnet wird. Diese Relation bezeichnen wir als **Sinn** des Namens. Somit erhalten wir das Schema der Abb. 4.

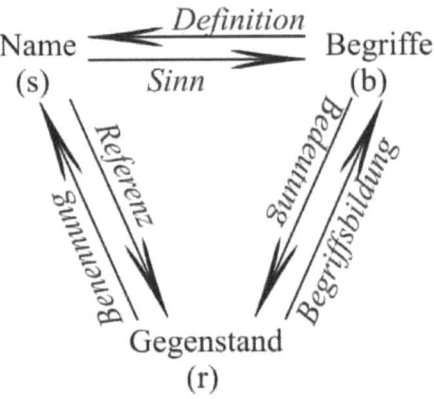

Abb. 4: Beziehungen zwischen den Ebenen

Gehen wir jetzt nicht von einem einzelnen Gegenstand, sondern von einem System (bestehend aus Elementen und deren Beziehungen) aus, das wir Sachverhalt nennen wollen, dann gelangen wir über die **Hypothesenbildung** zu einer Hypothese über den Sachverhalt (das Analogon zum Begriff), während der umgekehrte Übergang von einer Hypothese zu einem realen System als **Modellbildung** bezeichnet werden kann. Die sprachliche Formulierung der Hypothese ist eine **Formalisierung** oder Verbalisierung derselben, während der umgekehrte Bezug wiederum den **Sinn** der(verbalen oder formalen) Beschreibung darstellt. Der so erhaltene verbale Ausdruck (Satz) wird zur Wirklichkeit über eine **Interpretation** in Bezug gesetzt, während der umgekehrte Prozess jetzt eine **Beschreibung** liefert. Somit erhalten wir das Schema der Abb. 5.

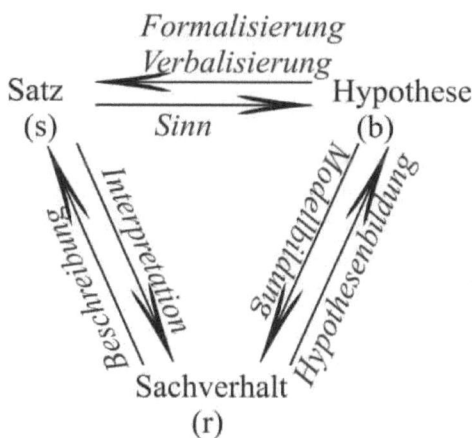

Abb. 5: wie oben, aber für andere Konzepte

Die drei Ebenen wollen wir außerdem so charakterisieren, dass wir *s* als die höchste, *b* als die mittlere und *r* als die niedrigste bezeichnen (wobei wir annehmen, dass es einen Übergang von der 'niedrigen' Materie (*r*) über die geistige Erkenntnis (*b*) bis zur sprachlichen Formulierung (*s*) gibt). Unser Typenoperator **T** liefert nun den Übergang zwischen diesen Ebenen. Es bedeuten dann z.B.:

$\mathbf{T}^{r \to s}(a)$ die *Benennung* des Objekts *a*,

$\mathbf{T}^{s \to b}(b)$ den *Sinn* des Satzes *b*, usw.

Tab. 3 fasst die Bedeutung der verschiedenen **T**-Operatoren zusammen.

x↓ y→	s	b	r
s	Umbenennung; Synonyme	Sinn	Referenz; Interpretation
b	Definition; Formalisierung, Verbalisierung	begriffliche Identifikation	Bedeutung; Modellbildung
r	Benennung; Beschreibung	Begriffs- oder Hypothesen- bildung	experimentelle Identifikation

Tab. 3: Der Typenoperator $T^{x \to y}$ und seine Interpretation
  s = sprachlich-formale Ebene
  b = begriffliche Ebene
  r = reale Ebene

10. Attributiv-Definitionen

Viele Wissenschaften enthalten Teilgebiete, die hierarchisch gegliedert werden können. Dies gilt insbesondere für die Biologie (Systematik des Tier- und Pflanzenreichs), aber auch für zahlreiche Wissenschaften in kleinerem Rahmen. Jede Taxonomie oder Systematik kann grundsätzlich hierarchisch gegliedert werden. Darum kommt der Definition von Begriffen in Hierarchien besondere Bedeutung zu. In diesem Kapitel wollen wir die Grundlagen derartiger Definitionsmechanismen behandeln und durch ein Beispiel illustrieren.

Grundlagen

Die formale Erfassung einer hierarchisch gegliederten Menge kann nach verschiedenen Gesichtspunkten erfolgen. In der Datenverarbeitung z.B. werden in listenverarbeitenden Sprachen wie LISP alle Knoten eines Baums benannt und die Abhängigkeiten durch Klammernschachtelung dargestellt. Eine zweite, mehr an der üblichen mathematischen Notation orientierte Darstellungsweise zeigt Abb. 6, wo bei einer Verzweigungstiefe bis zur dritten Stufe die Knoten einzeln durch Zahlen benannt sind, sodass man von jedem Knoten erkennen kann, welches seine Vorgänger, seine Brüder und seine Nachfolger sind. So gilt für die Darstellung eines Elements in der Tiefe t:

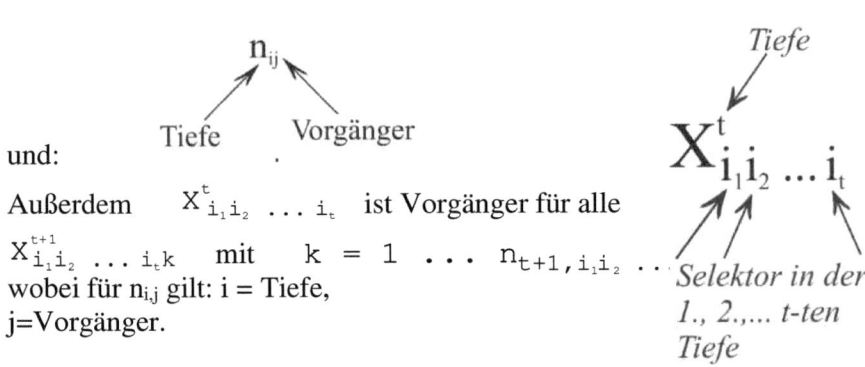

und:

Außerdem $X^t_{i_1 i_2 \ldots i_t}$ ist Vorgänger für alle $X^{t+1}_{i_1 i_2 \ldots i_t k}$ mit $k = 1 \ldots n_{t+1, i_1 i_2 \ldots}$ wobei für $n_{i,j}$ gilt: $i = $ Tiefe, $j = $ Vorgänger.

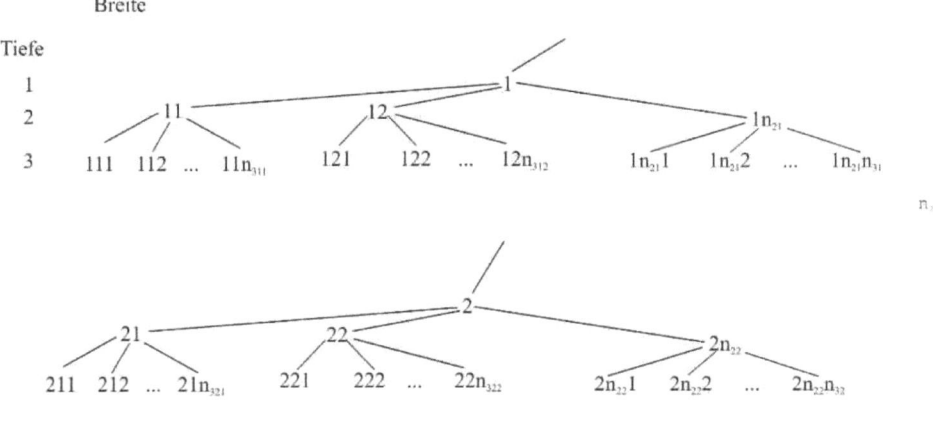

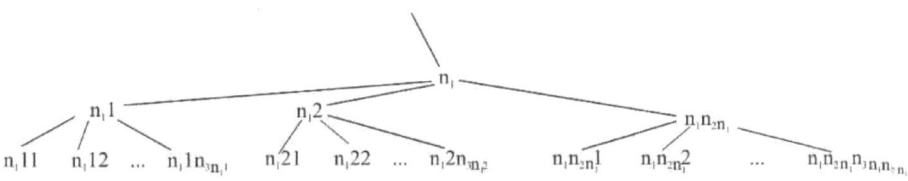

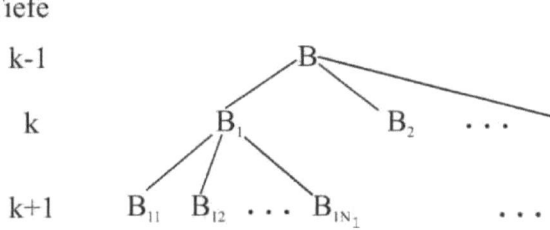

Abb. 6: Nummerierung der Elemente einer Hierarchie

Da dieses Schema etwas zu kompliziert und für unsere Darlegungen in dieser Ausführlichkeit auch nicht nötig ist, wollen wir im folgenden einen Teilausschnitt zugrunde legen, den wir folgendermaßen bezeichnen:

Tiefe

k-1		B	
k	B_1	B_2	...
k+1	B_{11} B_{12} ... B_{1N_1}	...	

B ist also Oberbegriff (und damit definierendes Element) für die Begriffe B_1 bis B_N; B_1 ist Oberbegriff für B_{1i} mit $i=1...N_1$, usw.

Nun könnte man B rein mit Hilfe des Vektoroperators definieren, d.h.

$$B := \langle B_1, B_2, ... B_N \rangle$$

wie wir es im Kap. 7.2 bei der Definition des Periodensystems und seiner Unterabteilungen taten. Diese Definitionsweise ist aber in mehrfacher

Hinsicht unbefriedigend. Erstens sagt sie nichts über das Wesen von *B* oder seine Unterbegriffe. Zweitens kann die Definition jederzeit willkürlich verändert werden, indem neue Elemente entdeckt oder anderen die Zugehörigkeit zu *B* im Licht neuerer Forschungen abgesprochen wird, wie es in der biologischen Systematik ja häufig genug vorkommt. Und drittens enthält diese Definition keinen λ-Operator, sodass man dazu den ganzen technischen Apparat, wie er in dieser Arbeit entwickelt wird, nicht benötigt.

Die Verwendung des λ-Operators zur Definition von Begriffen ist aber mehr als ein technischer Kunstgriff. Sie führt vielmehr auf innere Zusammenhänge und die Schöpfung neuer Konzepte, die ohne ihn nicht möglich wären. Wenn wir eine befriedigende Definitionsweise für diese Art von Begriffen haben wollen, müssen wir von der rein <u>extensionalen</u> Aufzählung zu einer <u>intensionalen</u> (auf Eigenschaften oder Attribute orientierten) Betrachtungsweise übergehen. Dabei müssen wir etwa den Begriff B als Funktion so definieren, dass seine Anwendung auf bestimmte freie Variablen alle seine Unterbegriffe liefert.

Nun gehen wir von der Annahme aus, dass alle B_i durch die gleichen <u>Eigenschaftskategorien</u> beschrieben werden können, dass sie sich aber in der konkreten Realisierung dieser Kategorien (d.h. in der jeweiligen Kombination konkreter Eigenschaften) unterscheiden. Die Annahme ist dadurch gerechtfertigt, als die verschiedenen Begriffe etwas gemeinsam haben müssen - sonst könnten sie nicht unter einem Oberbegriff zusammengefasst werden. Zur Definition der Begriffe B_i verwenden wir jedoch nur diejenigen Eigenschaften, die zur Unterscheidung der einzelnen B_i dienen, die sogenannten *diskriminierenden Eigenschaften*. Sie bilden das, was wir früher als *Kernintension* bezeichnet haben.

Nehmen wir an, wir hätten 10 verschiedene Tassen T_1 bis T_{10}. Sie alle gehören zum Oberbegriff T (= "Tasse"), aber wir müssen nun Attribute finden, die zu ihrer Unterscheidung dienen können. Da ist zunächst die <u>Farbe</u>, wobei wir feststellen, dass nur drei Farben (weiß, rosa, braun) vorkommen. Als zweites Unterscheidungsmerkmal nehmen wir die <u>Form</u> (es gibt runde und eckige Tassen). Das ist aber immer noch zu wenig, und so nehmen wir als dritte Eigenschaftskategorie das <u>Zubehör</u> (einige haben einen Henkel, andere nicht). Also haben wir drei diskriminierende Eigenschaftskategorien,

E_1 = Farbe = {weiß, rosa, braun}
E_2 = Form = {rund, eckig}

E_3 = Zubehör = {henkelig, henkellos}

Mit diesen Eigenschaften können wir $3 \times 2 \times 2 = 12$ Objekte unterscheiden. Wir haben aber nur 10 - die anderen beiden sind theoretisch möglich, kommen aber in Wirklichkeit nicht vor. Ob sie dennoch sinnvoll sind, muss von Fall zu Fall entschieden werden; in unserem Beispiel aus dem Bereich des Periodensystems werden wir einen solchen Fall genauer untersuchen.

Wir würden also den Begriff "Tasse" folgendermaßen definieren:

$$T := \lambda\, x_1^{E_1} x_2^{E_2} x_3^{E_3} . \{x_1, x_2, x_3\}$$

Dann ergibt z.B. (T weiß rund henkelig) eine weiße, runde und henkelige Tasse.

Wenn wir nun nicht alle Variablen reduzieren, sondern z.B. x_3 offenlassen, erhalten wir einen Begriff, der abstrakter als eines der T_i, aber konkreter als T ist. Mit anderen Worten: Wir haben in der Hierarchie eine Zwischenkategorie geschaffen, die natürlich wieder auf ihren Sinn untersucht werden muss.

Schreiben wir etwa: (T weiß rund), dann erhalten wir (als einstellige Funktion) die Kategorie aller weißen und runden Tassen, wobei wir über das Zubehör keine Aussage machen. In diesem Fall wäre der neue Zwischenbegriff vielleicht sogar sinnvoll, da Tassen dieser Kategorie möglicherweise zu einem Service gehören.

Diese informellen Gedanken müssen wir nun formalisieren.

Definitionen

Ein Begriff B, der als <u>Oberbegriff</u> für eine Reihe von Unterbegriffen B_1 bis B_N aufgefasst werden kann, wird <u>attributiv</u> folgendermaßen definiert:

$$B := \lambda\, x_1^{E_1} \ldots x_n^{E_n} . \{x_1, \ldots, x_n\} = \lambda \vec{x}^{\vec{E}} . \{\vec{x}\}$$

$$\text{mit } E_i := \{e_1^i, e_2^i, \ldots, e_{n_i}^i\}$$

E_i = i-te Eigenschaftskategorie (Typ)

e_k^i = k-te Eigenschaft der i-ten Eigenschaftskategorie

Die Menge aller Eigenschaftskategorien E_i bezeichnen wir mit $\mathfrak{E}$, d.h.

$$\mathfrak{C} = \{E_1, E_2, ..., E_n\}$$

Durch Applikation von B auf jeweils n Eigenschaften aus jeweils einer Kategorie entstehen die Unterbegriffe B_1 bis B_N. Dabei sind theoretisch $N_E = n_1 \times ... \times n_n$ Unterbegriffe möglich (gemäß der Zahl möglicher Eigenschaftskombinationen), aber in Wirklichkeit wird meist nur ein Bruchteil realisiert sein, d.h., es wird meist gelten

$$N \ll N_E$$

Alle Eigenschaftskategorien können auf alle Unterbegriffe sinnvoll angewendet werden; diese unterscheiden sich nur in der konkreten Realisierung mindestens einer Eigenschaft.

Alle einfachen Variablen (x_1 bis x_n) sind bei Attributivdefinitionen in hierarchisch gegliederten Stoffgebieten gebunden; die einzigen freien Variablen sind die Typen E_1 bis E_n.

Hinzufügen und Binden einer neuen Variablen (x_{n+1}) erhöht den Abstraktionsgrad um 1. Dadurch entsteht ein Begriff, aus dem theoretisch noch mehr Unterbegriffe abgeleitet werden können. Der Abstraktionsgrad ist hier als ein Maß für den Abstand zweier Stufen in der Hierarchie aufzufassen. Auf diese Art könnte man ein taxonomisches System mit einer Metrik überlagern, indem man die Abstände der Knoten (in vertikaler Richtung) proportional dem Abstraktionsgrad des Oberbegriffs macht. In horizontaler Richtung können wir als Abstandsmaß die Anzahl unterschiedlicher Eigenschaften verwenden, d.h. die intensionale Differenz.

Formal:

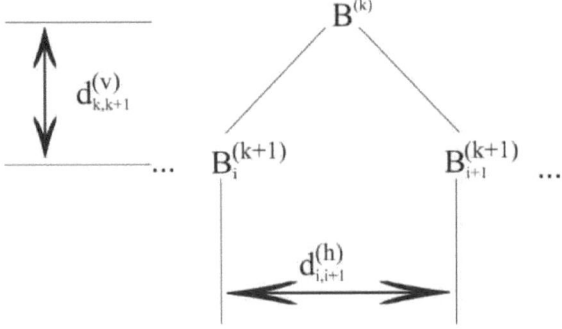

$d^{(v)}_{k,k+1} := AG(B^{(k)})$ (genauere Definition siehe folgende Seite)

$$d^{(h)}_{i,i+1} := *Int(B_i) - Int(B_{i+1})* = ing(B_i) - ing(B_{i+1})$$

Gehen wir in der Hierarchie einen Schritt nach unten und definieren beispielsweise B_l durch die für seine Unterbegriffe diskriminierenden Eigenschaften (die Attributiv-Definition gilt ja jeweils für die darunter liegende Stufe), dann erhalten wir:

$$B_l := \lambda \vec{x}^{\vec{F}}.\{\vec{x}\}$$

Die Menge aller Eigenschaftskategorien F_i bezeichnen wir mit 𝔉, d.h.

$$\mathbf{𝔉} := \{F_1, F_2, ..., F_m\}$$

In einer *strengen Hierarchie* gilt:

$$\mathbf{ℭ} \cap \mathbf{𝔉} = \varnothing,$$

d.h., 𝔆 und 𝔉, sind disjunkt, haben also kein Element gemeinsam, was weiterhin bedeutet, dass die zur Diskrimination in benachbarten Ebenen verwendeten Eigenschaftskategorien (Typen) einander völlig fremd sind. Anders ausgedrückt: Der Oberbegriff wird jeweils mit völlig anderen Eigenschaften beschrieben als seine Unterbegriffe (die ihrerseits wieder als Oberbegriffe für die Begriffe der Stufe darunter fungieren).

Fassen wir diese Überlegungen durch folgendes Schema zusammen:

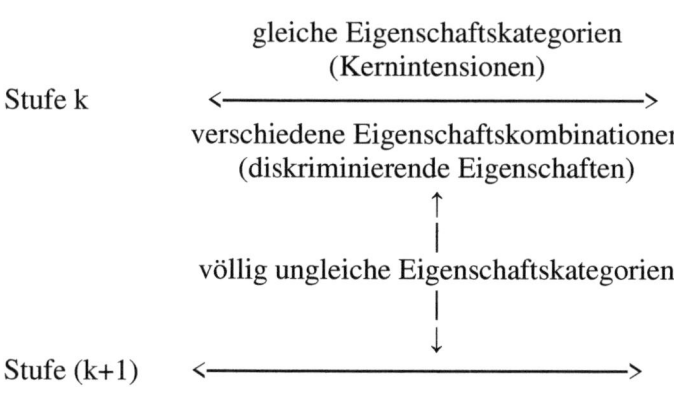

Reduktionen

Wir unterscheiden Vollreduktionen 1. und 2. Stufe sowie Teilreduktionen.

Eine **Vollreduktion erster Stufe** besteht darin, dass für alle gebundenen Variablen Eigenschaften so eingesetzt werden, dass Begriffe entstehen, die eine Entsprechung in der Realität besitzen:

$$\text{Voll-Reduktion 1. Stufe}$$
$$B \xrightarrow{\hspace{5cm}} B_i$$

mit $1 \leq i \leq N$

Eine **Vollreduktion zweiter Stufe** oder **Neu-Reduktion** besteht darin, dass eine Eigenschaftskombination eingesetzt wird, die zu einem neuen (in der ursprünglichen Hierarchie nicht vorgesehenen) Begriff führt, d.h.,

$$\text{Neu-Reduktion}$$
$$B \xrightarrow{\hspace{2.5cm}} B_j$$

mit $j > N$ (neuer Begriff)

Der neue Begriff ist den anderen hierarchisch gleichwertig, steht also auf der gleichen Stufe. (Er hat den gleichen Abstraktionsgrad wie die bereits vorhandene B_i, nämlich AG = 0.)

Bei einer **Teilreduktion** werden nicht alle gebundenen Variablen durch konkrete Eigenschaften ersetzt. Der Abstraktionsgrad des so entstehenden Begriffs ist kleiner als der des ursprünglichen Oberbegriffs, aber größer als Null. Es entsteht also ein Begriff B' in einer <u>Zwischenebene</u>. B' ist Ausgangspunkt für einige (aber nicht notwendigerweise für alle) der darunterliegenden B_i.

Führt man B' in die Systematik als selbständigen Begriff ein, dann müssen (in einer strengen Hierarchie) die nichtreduzierten Variablen aus der Definition von B gestrichen werden, soferne alle B_i nur noch von B' abhängen. Der Abstraktionsgrad von B vermindert sich dabei um den Betrag des Abstraktionsgrades von B'.

Abb. 7 zeigt den Vorgang bei Neu-Reduktion (eingekreist = neue Begriffe), Abb. 8 und 9 die Möglichkeiten der Teilreduktion, wobei wir jeweils N=5 angenommen haben. Nun können wir zu den Maßen zurückkehren und den Begriff "strenge Hierarchie" genauer definieren.

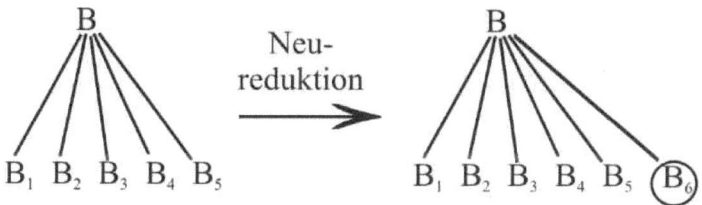

Abb. 7: Neu-Reduktion

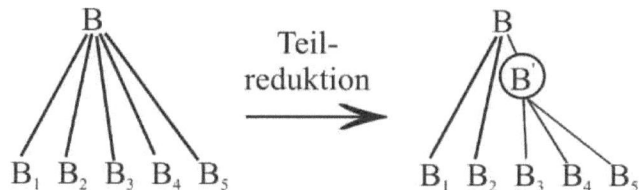

Abb. 8: Teil-Reduktion, lockere Hierarchie

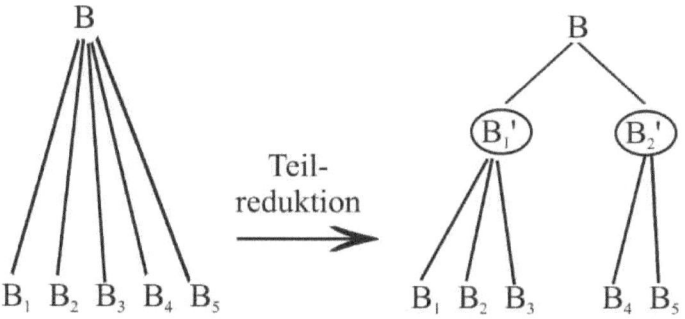

Abb. 9: Teil-Reduktion, strenge Hierarchie

Maße

Die Zugehörigkeit eines Begriffs B zu einer Ebene ergibt sich erstens aus seinem Oberbegriff und zweitens aus seinem Abstraktionsgrad. Begriffe, die aus der gleichen Funktion (dem gleichen Oberbegriff) durch Reduktion der gleichen Variablen entstanden, gehören derselben Ebene (Stufe, Tiefe) an.

73

Wenn alle Begriffe zu einem Oberbegriff in der gleichen Ebene liegen, sprechen wir von einer *strengen Hierarchie* (Abb. 9), ansonsten von einer *lockeren Hierarchie* (Abb. 8). In einer strengen Hierarchie gilt die Fremdheit der Eigenschaftskategorien ($\mathfrak{C} \cap \mathfrak{F} = \varnothing$), in einer lockeren Hierarchie dagegen nicht. Im letzteren Fall müssen wir den Abstand in vertikaler Richtung etwas anders definieren.

Aus Abb. 8 ersieht man, dass der Abstand von B zu B_1 größer ist als zu B'; der Abstraktionsgrad von B bleibt aber gleich. Wir müssen daher den Abstraktionsgrad von B in Bezug setzen zu den Abstraktionsgraden der Unterbegriffe. Dabei dürfen wir aber nur die Eigenschaften berücksichtigen, die allen Begriffen gemeinsam sind. Denn die sind ja als Oberbegriffe selbst wieder abstrakte Gebilde (also Funktionen), aber ihre gebundenen Variablen sind von denen ihres gemeinsamen Oberbegriffs B völlig verschieden.

Wir definieren nun den *vertikalen Abstand* zweier Begriffe als

$$d^{(v)} = \left| g(B^{(k)}) \right| - \left| g(B^{(k)}) \cap g(B^{(k+1)}) \right|$$

$B^{(k)}$ = Oberbegriff für $B^{(k+1)}$, k, k+1 = Stufe (Tiefe) In der Hierarchie,

$\left| g(B) \right|$ = Anzahl der gebundenen Variablen bei der Definition von X = AG(X)

Mit anderen Worten: Der vertikale Abstand ist gleich der Anzahl gebundener Variablen des Oberbegriffs (also sein Abstraktionsgrad), vermindert um die Anzahl <u>gemeinsamer</u> gebundener Variablen des Ober- und Unterbegriffs. In einer strengen Hierarchie ist der zweite Term immer gleich Null (es gibt keine gemeinsamen Eigenschaftskategorien und daher auch keine gemeinsamen gebundenen Variablen), in einer lockeren Hierarchie dagegen nicht. Die Identifikation der gebundenen Variablen erfolgt nach ihrem Typ.

Den *horizontalen Abstand* zweier durch einen gemeinsamen Oberbegriff verbundenen Begriffe definieren wir als intensionale Differenz, d.h.

$$\boxed{d^{(h)} = Int(B_i) - Int(B_j)}$$

mit $1 \le i,j \le N$

d.h. als Anzahl konkreter Eigenschaften, in denen sich die beiden Begriffe unterscheiden. Aus der Definition des horizontalen Abstands ergibt sich, dass die Metrik nichtlinear ist, d.h., dass die Begriffe B_1 bis B_N *nicht* in einer Linie angeordnet werden können, obwohl dies aus Gründen der bequemen Darstellung fast immer geschieht. Eine korrekte Darstellung müsste die N zusammengehörigen Begriffe in einem N-1-dimensionalen Raum darstellen, was natürlich unmöglich ist.

Beispiele. *Beispiel 1: Periodensystem*

Um die Ausführungen des letzten Kapitels anschaulich zu untermauern, beginnen wir mit einem Beispiel aus einer Hierarchie, bei dem wir unsere neuen Definitionsmechanismen anwenden können.

Abb. 10 zeigt eine mögliche (hierarchische) Einteilung der Elemente des Periodensystems. Ausgehend vom allgemeinsten Begriff "Element" gelangen wir auf der nächsten Stufe zu den "Metallen" und "Nicht-Metallen". Erstere können wir in "Hauptreihenmetalle", "Nebenreihenmetalle" und "Übergangsmetalle" aufspalten. Die letzteren bestehen aus den "Lanthaniden" und den "Aktiniden". Die nächste Stufe bestände in einer Aufzählung der entsprechenden Elemente, und eine Stufe weiter (in der 6. Ebene) könnte man die Isotope eines jeden Elements aufzählen, womit dann wohl Schluss wäre.

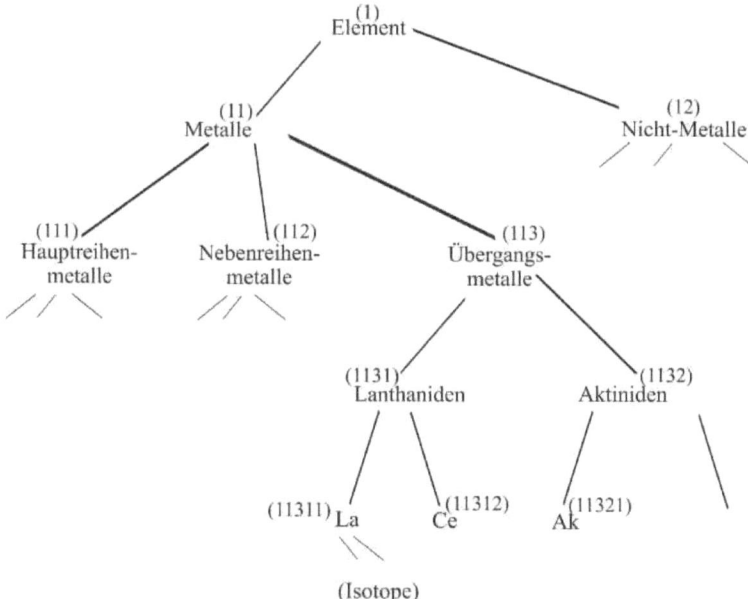

Abb. 10: Hierarchisches Schema des Stoffkomplexes "Periodensystem". In Klammern die Nummerierung nach dem Schema der Abb. 6

75

Wir wollen nur bis zur 2. Stufe gehen und dabei die Prozesse der Definition, der Vollreduktionen 1. und 2. Stufe und der Neu-Reduktion durchführen.

"Element" als Oberbegriff für "Metalle" und "Nicht-Metalle" muss so definiert werden, dass bei Reduktion gerade die beiden Unterbegriffe erscheinen. Bei zwei Unterbegriffen würde eine Eigenschaftskategorie mit zwei konkreten Eigenschaften genügen. Schlägt man ein Chemie-Buch auf, so findet man jedoch bedeutend mehr Unterschiede zwischen Metallen und Nicht-Metallen. Metalle, so sagt man, seien (im allgemeinen) gute Leiter, hätten eine positive Elektronenaffinität, bildeten basische Oxide, seien kristallin und metallisch gebunden, hätten eine glänzende Oberfläche und konstante Atomwärme, usw. Alle diese Eigenschaften dienen zur Unterscheidung von den Nicht-Metallen, denn bei denen trifft in jeder Kategorie das Gegenteil zu.

Gehen wir einmal von diesen Kategorien aus und definieren sie wie folgt:

E_1 := Leitereigenschaften = {g(ut),s(chlecht)}
E_2 := Elektronenaffinität = {p(ositiv), n(egativ)}
E_3 := Oxid-Charakter = {b(asisch), s(auer)}
E_4 := innere Struktur = {k(ristallin), a(morph)}
E_5 := Bindungsart = {m(etallisch), n(ichtmetallisch)}
E_6 = Oberfläche = {g(länzend), m(att)}
E_7 := Atomwärme = {k(onstant), v(ariabel)}

Und jetzt geht's los.

Definition

$$El(ement) := \lambda\ x_1^{E_1} ... x_7^{E_7} . \{x_1,...x_7\}$$

Vollreduktionen

Es gibt nur zwei Vollreduktionen 1. Stufe, nämlich
(El g p b k m g k) liefert die Metalle, und
(El s n s a n m v) liefert die Nicht-Metalle.

Insgesamt existieren aber $2^7 = 128$ Eigenschaftskombinationen, von denen nur 2, also etwa 1.5%, realisiert sind. Es müssten eigentlich noch andere sinnvolle Eigenschaftskombinationen (Vollreduktionen 2. Stufe) existieren. Eine davon findet man, wenn man für $x_1 = g$, für alle anderen x_i

die Eigenschaften der Nicht-Metalle einsetzt - man erhält die Kategorie der <u>Halbleiter</u> (Neu-Reduktion). Jetzt wollen wir einige Abstände berechnen.

Da (bis jetzt) eine strenge Hierarchie vorliegt, ist der vertikale Abstand der ersten von der zweiten Ebene gleich dem Abstraktionsgrad von "Element", also gleich 7. Der horizontale Abstand zwischen "Metalle" und "Nicht-Metalle" beträgt ebenfalls 7, da sich die beiden Begriffe in 7 konkreten Eigenschaften unterscheiden. Der Abstand zwischen "Metalle" und "Halbleiter" beträgt 6, weil sie nur die erste Eigenschaft (guter Leiter zu sein) gemeinsam haben; der zwischen "Halbleiter" und "Nicht-Metalle" beträgt 1, da sie sich nur in der Leitereigenschaft unterscheiden. Zufällig erhalten wir eine lineare Ordnung, da gilt:

d(Metalle - Halbleiter) + d(Halbleiter - Nicht-Metalle) = d(Metalle - Nicht-Metalle)

Die bis jetzt erhaltenen Hierarchien samt Abständen sind in Abb. 11 & 12 dargestellt. Der erfahrene Chemiker findet vielleicht noch andere sinnvolle Neu-Reduktionen.

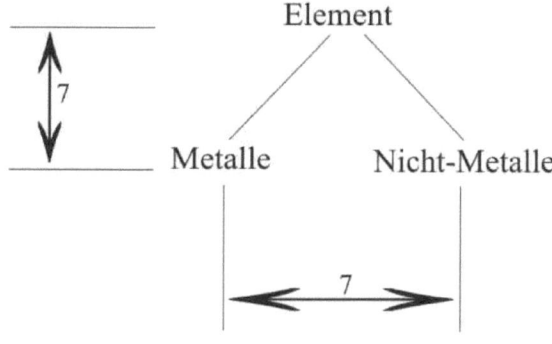

Abb. 11: Stufe 1 und 2

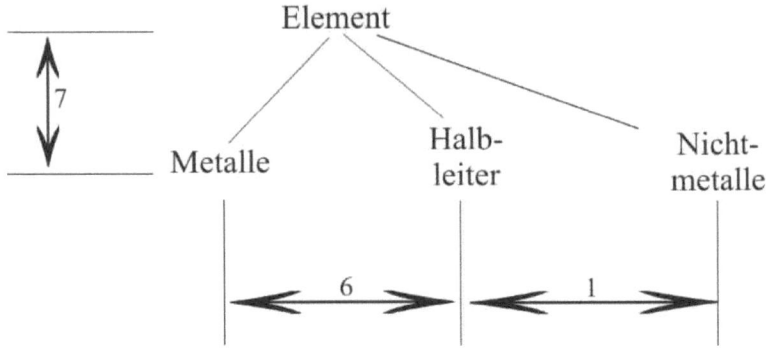

Abb. 12: Neureduktion

Teil-Reduktionen

Da die Begriffe "Halbleiter" und "Nichtmetalle" einander so ähnlich sind (sie unterscheiden sich nur in einer Eigenschaft), wird es nicht schwierig sein, einen gemeinsamen Oberbegriff durch Teilreduktion des Begriffs "Element" zu finden. Tatsächlich unterscheiden sie sich (in unserer Definition) nur durch die Leitereigenschaft (x_1).Reduzieren wir also "Element" nach dieser Variablen *nicht*, nach allen anderen Variablen gemäß den beiden Begriffen "Halbleiter" und "Nicht- Metalle", dann erhalten wir als neuen Oberbegriff etwas, was wir vorläufig als "Leiter$_1$" bezeichnen wollen. Seine Definition sieht folgendermaßen aus:

$$L_1 := \lambda x_1^{E_1} . \{x_1\}$$

und es ergibt (L_1 g) die Halbleiter, (L_1 s) die Nicht-Metalle.

Wir haben jetzt eine lockere Hierarchie vorliegen. Der vertikale Abstand zwischen "Element" und "Leiter$_1$" errechnet sich als Differenz aus der Anzahl gebundener Variablen in "Element" (7) minus der Anzahl gebundener Variablen, die in beiden Begriffen vorkommen (1, nämlich $x_1 \in E_1$), ist also gleich 6. Der Abstand zwischen "Leiter$_1$" und seinen beiden Unterbegriffen beträgt 1. Somit erhalten wir die Hierarchie der Abb. 13.

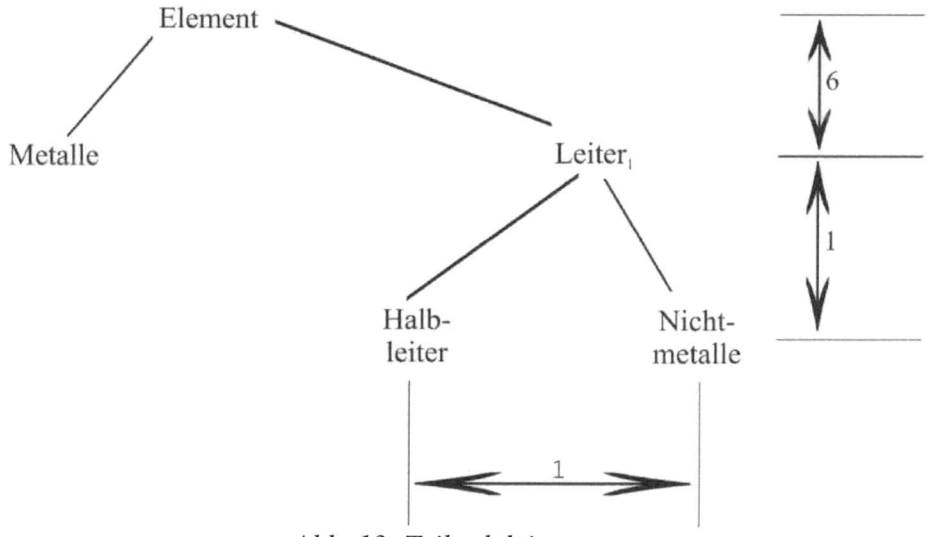

Abb. 13: Teilreduktionen

Wir können aus der lockeren Hierarchie eine strenge machen, indem wir einen zweiten Oberbegriff, "Leiter$_2$", einführen, der aus "Element" durch Teilreduktion nach den Variablen x_2 bis x_7 so entsteht, dass für diese Variablen die Werte für "Metalle" eingesetzt werden. Ansonsten ist "Leiter$_2$" genauso definiert wie "Leiter$_1$"; er hat außerdem nur einen Unterbegriff, nämlich "Metalle". Aber die Variable x_1 muss jetzt aus der Definition von "Element" entfernt werden (sie ist dort auch überflüssig geworden), d.h. es gilt jetzt:

$$\mathrm{El'} := \lambda\, x_2^{E_2} {\scriptstyle ...} x_7^{E_7} . \{x_{2,...,}x_7\}$$

und wie vorhin

$$L_1 = L_2 := \lambda\, x_1^{E_1} . \{x_1\}$$

Der Abstraktionsgrad von El' beträgt jetzt 6, und da wieder eine strenge Hierarchie vorliegt, kann der vertikale Abstand sehr einfach aus dem Abstraktionsgrad des Oberbegriffs berechnet werden: $d^{(v)}$(Element - Leiter$_{1,2}$) = 6, $d^{(v)}$(Leiter$_{1,2}$ - zugehörige Unterbegriffe) = 1. Der horizontale Abstand zwischen L_1 und L_2 beträgt 6 (auf Grund der Reduktionen von El'), und zwischen "Metalle" und "Halbleiter" kann in dieser Hierarchie kein Abstand berechnet werden (siehe Abb. 14). Zur besseren Orientierung haben wir in Tabelle 4 die verschiedenen Definitionen zusammengefasst. Ein

79

Strich (-) bedeutet Abstraktion von dieser Kategorie, ein Kreuz (x), dass diese Kategorie in der Definition des Begriffs nicht vorkommt. Die E_i und die Bedeutung der Buchstaben wurden auf S. 100 erklärt.

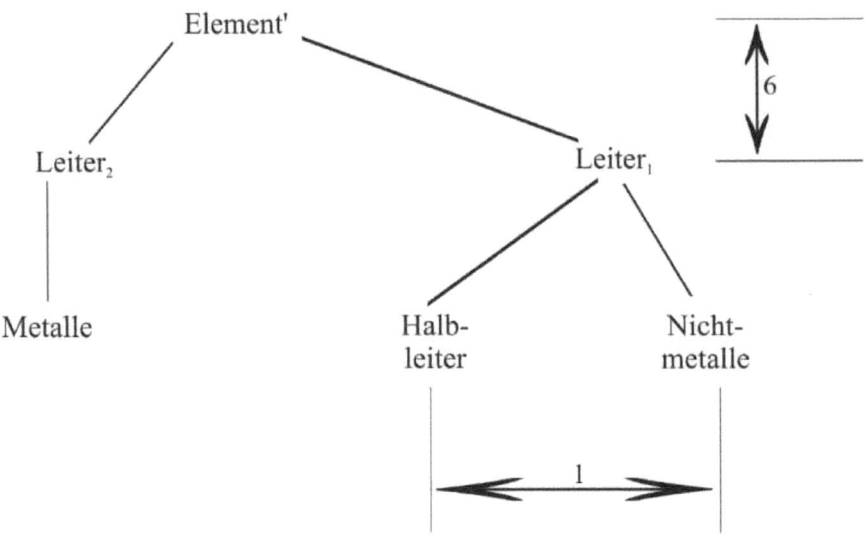

Abb. 14: 2. Teilreduktion

Eigenschaftskategorie → Begriff ↓	Leiter-Eigenschaften	Elektronen-Affinität	Charakter der Oxide	innere Struktur	Bindungsart	Oberfläche	Atomwärme	Abstraktionsgrad
Element	-	-	-	-	-	-	-	7
Metalle	g	p	b	k	n	g	k	0
Nichtmetalle	s	n	s	a	n	n	v	0
Halbleiter	g	n	s	a	n	n	v	0
Leiter$_1$ (lockere Hierarchie)	-	n	s	a	n	n	v	1
Leiter$_1$ (strenge Hierarchie)	-	X	X	X	X	X	X	1
Leiter$_2$	-	X	X	X	X	X	X	1
El'	X	-	-	-	-	-	-	6

Tab. 4: Definition der Hierarchie-Elemente

.- gebundene Variable,

g,p,... freie (reduzierte) Variable, X kommt in der Definition nicht vor

Beispiel 2: Thermodynamik

Die Thermodynamik ist ein weitreichend formalisiertes Gebiet, dessen Darstellung in unserem Kalkül keine Schwierigkeiten bereitet. Am Beispiel der Zustandsgleichungen sind aber sehr schön die Prozesse der (geistigen) Abstraktion und (mathematischen) Reduktion zu zeigen.

Auf eine explizite Darstellung in Formeln des λ-Kalküls wollen wir hier verzichten, da sie keinen besonderen Erkenntnisgewinn bringt. Wichtig sind hier die interkonzeptionellen Abhängigkeiten, die auf zwei Abbildungen, Abb. 15 und 16 zusammengefasst sind. Die Erklärung der Buchstaben findet man in Tab. 5. Dabei haben wir folgende Konventionen getroffen:

Alle formal-sprachlichen Elemente (Terme einer formalen Sprache) wurden eingekreist, alle verbal-sprachlichen Elemente (Terme der

Umgangssprache) wurden durch Kästchen charakterisiert. Beide gehören zu unserer Kategorie "s".

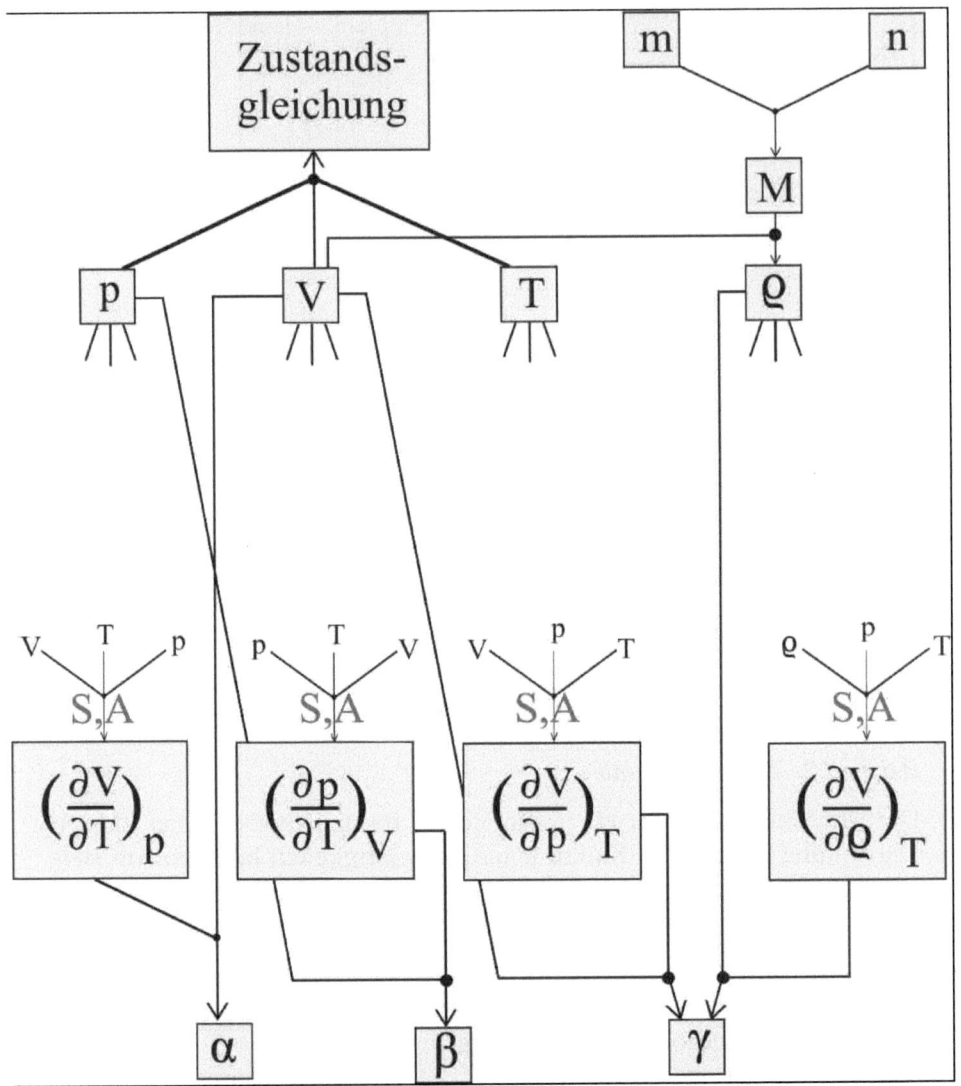

Abb. 15: 1. Logogramm für das Stoffgebiet "Thermodynamik". Alle Pfeile bedeuten S, außer die Pfeile zu den Differentialen, die auch noch A enthalten

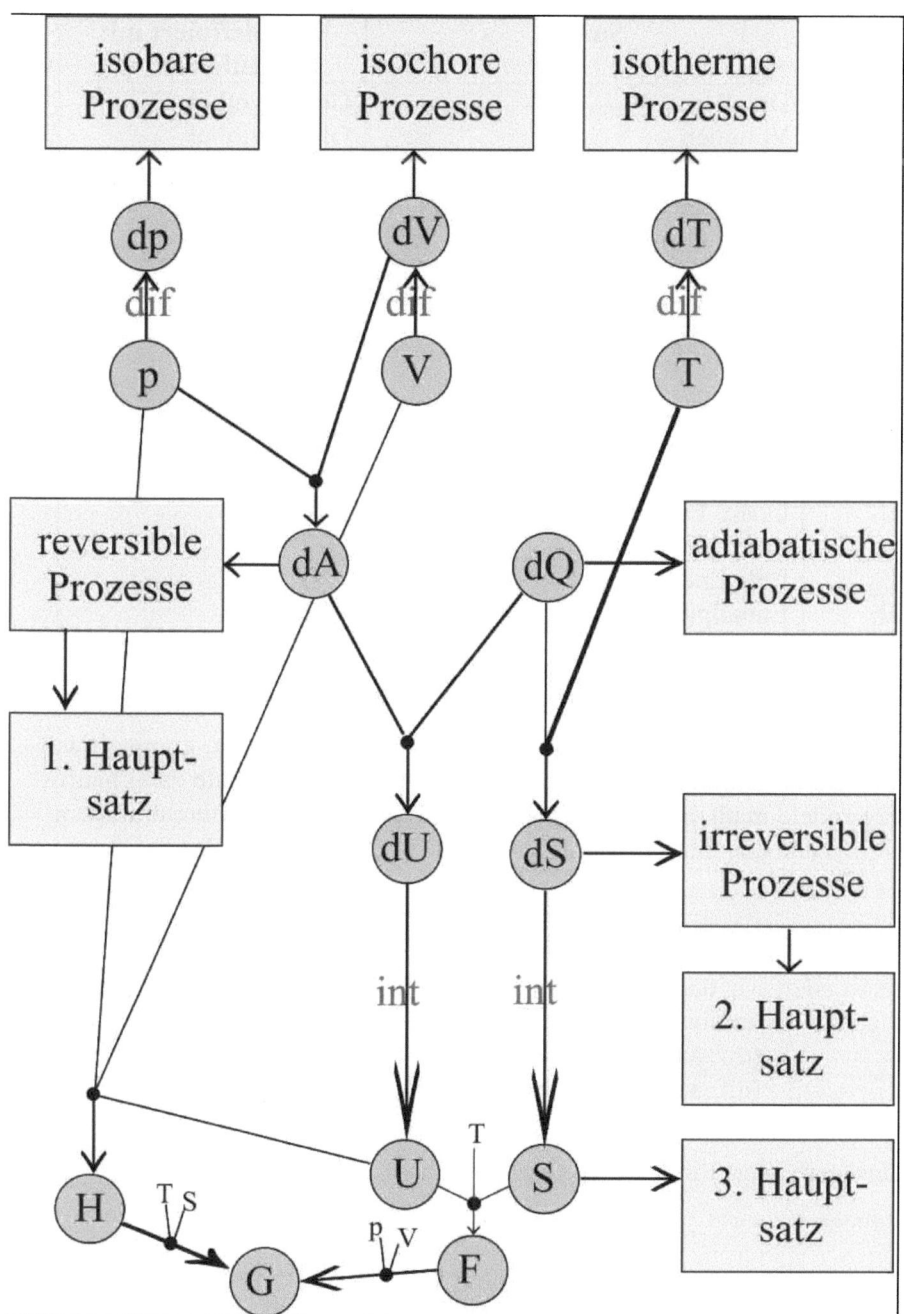

Abb. 16: 2. Logogramm

Sym bol	Name	wird definiert mit Hilfe von
p	Druck	Grundsymbol
V	Volumen	Grundsymbol
T	Temperatur	Grundsymbol
α	thermischer Ausdehnungskoeff.	$V, (\partial V/\partial T)_p$
β	Spannungskoeffizient	$p, (\partial p/\partial T)_V$
γ	isotherme Kompressibilität	$V, (\partial V/\partial p)_T$
n	Zahl der Mole	Grundsymbol
m	molare Masse	Grundsymbol
M	Masse	n, m
ρ	Massendichte	M, V
Q	Wärmeenergie	Grundsymbol
A	Arbeit	p, V
U	innere Energie	A, Q
S	Entropie	Q, T
F	freie Energie	U, T, S
H	Enthalpie	U, p, V
G	freie Enthalpie	F, p, V oder H, T, S

Tabelle 5: thermodynamische Fachausdrücke

Da die Thermodynamik eine stark formalisierte Theorie ist, kommen wir mit unseren Grundoperatoren nicht aus. Wir müssen deshalb zwei häufig verwendete mathematische Operatoren einführen, den Differentialoperator (*dif*) und den Integraloperator (*int*), die wir folgendermaßen definieren:

$$\text{dif} := \lambda xyz.(\partial x/\partial y)_{z=\text{const.}}$$

Verwenden wir das Zeichen "*" für das leere Wort, dann ergeben sich folgende Reduktionen:

$$(\text{dif: } a,b,c) = (\partial a/\partial b)_c$$
$$(\text{dif: } a,b,*) = da/db$$
$$(\text{dif: } a,*,*) = da$$

(Das leere Wort löscht sozusagen die anderen Zeichen aus.)

Weiters:

$$\text{int} := \lambda xyz_1z_2.\int_{z_1}^{z_2} y\, dx$$

84

Reduktionen:

$$(\text{int: } t,f,a,b) = \int_a^b f \, dt \qquad \text{(bestimmtes Integral)}$$

$$(\text{int: } t,f,*,*) = \int f \, dt \qquad \text{(unbestimmtes Integral)}$$

$$(\text{int: } A,*,*,*) = \int dA \qquad \text{(totales oder Hüllenintegral)}$$

Wo wir in den Abbildungen keine Bezeichnung zu einem Pfeil fügten, wird der **S**-Operator verwendet. Aus der Abb. 15 ist z.B. ersichtlich, dass die *isotherme Kompressibilität* auf zwei Arten definiert werden kann (oder-Verknüpfung zweier und-Verknüpfungen). Das gleiche gilt für die *freie Enthalpie* in Abb. 16. In dieser Abbildung hätten wir noch weitere mathematische Operatoren einführen können. Wir haben aber auf diese Feindarstellung verzichtet und lieber den **S**-Operator als vielseitigstes Kitt–Element zur Vereinfachung der Darstellung verwendet.

Nun wollen wir uns noch mit den Zustandsgleichungen beschäftigen. Die Zustandsgleichung (ZG) für das ideale Gas wurde empirisch als funktionaler Zusammenhang zwischen den Grundgrößen p, T und V gefunden, wobei wir der Einfachheit halber die Konstanten zunächst vernachlässigen. In unserem Kalkül hat die ZG folgende Form:

$$ZG := \lambda x_1{}^p x_2{}^V x_3{}^T . \{x_1, x_2, x_3\}$$

Durch Einsetzen konkreter Werte (d.h. physikalischer Größen) für die Variablen ergeben sich numerische Beziehungen, die Sachverhalte der Realität beschreiben.

Nun gibt es aber nicht nur ideale Gase, sondern eine ganze Reihe anderer physikalischer Systeme, die ebenfalls durch Zustandsgleichungen beschrieben werden können. Eine Verallgemeinerung der obigen Form liegt auf der Hand:

Zuerst abstrahieren wir von den Typen (p, V und T), dann abstrahieren wir auch noch von der Anzahl der in der Gleichung vorkommenden Variablen (was durch Einführung von Vektorgrößen erreicht wird). Wir erhalten daher die allgemeinste Form der Zustandsgleichung, wenn wir schreiben:

$$\boxed{ZG := \tau \, \bar{T} \; \lambda \vec{x}^{\,\vec{T}} . \{ \vec{x} \}}$$

Durch Reduktion nach den Typen erhält man eine Reihe von Zustandsgleichungen, von denen einige in Tab. 6 aufgeführt sind. Abb. 17 macht den Prozess der Synthese von Erkenntnissen ($\rightarrow$ ZG für ideale Gase), der Abstraktion ($\rightarrow$ allgemeine ZG) und den der darauffolgenden funktionalen Applikation ($\rightarrow$ einzelne, spezielle Zustandsgleichungen) noch einmal deutlich.

Dabei bedeuten:

$\lambda(x,y,z)$: Abstraktion nach den Variablen x,y,z;

$\tau(x,y,z)$: Abstraktion nach den Typen x,y,z;

$\rho(...)$: Reduktion nach den Variablen;

$\sigma(...)$: Reduktion nach den Typen;

T^+	ZG für/Name der ZG
$(p,V,const)$	BOYLE-MARIOTTsches Gesetz
$(V,T,const)$	GAY-LUSSACsches Gesetz
(p,V,T,n)	AVOGADROsches Gesetz
(p,V,T,n,R)	ideale Gase
(p,V,T,a,b,n,R)	reale Gase
$(p/p_k,V/V_k,T/T_k)$	reduzierte ZG
$(p,V,T,A,B,C,D,...)$	andere thermische ZGen
(E_n,n,k,T)	allgemeine thermische ZG
(U,C_V,T), (H,C_p,T)	kalorische ZGen
(p_0,p_q,n,N)	verdünnte Lösungen (RAOULT-sches Gesetz)
(p_{os},V,b,R,T)	konzentrierte Lösungen (NERNSTsches Gesetz)

Tab: 6: Ableitung einiger Zustandsgleichungen durch Reduktion nach den Typen

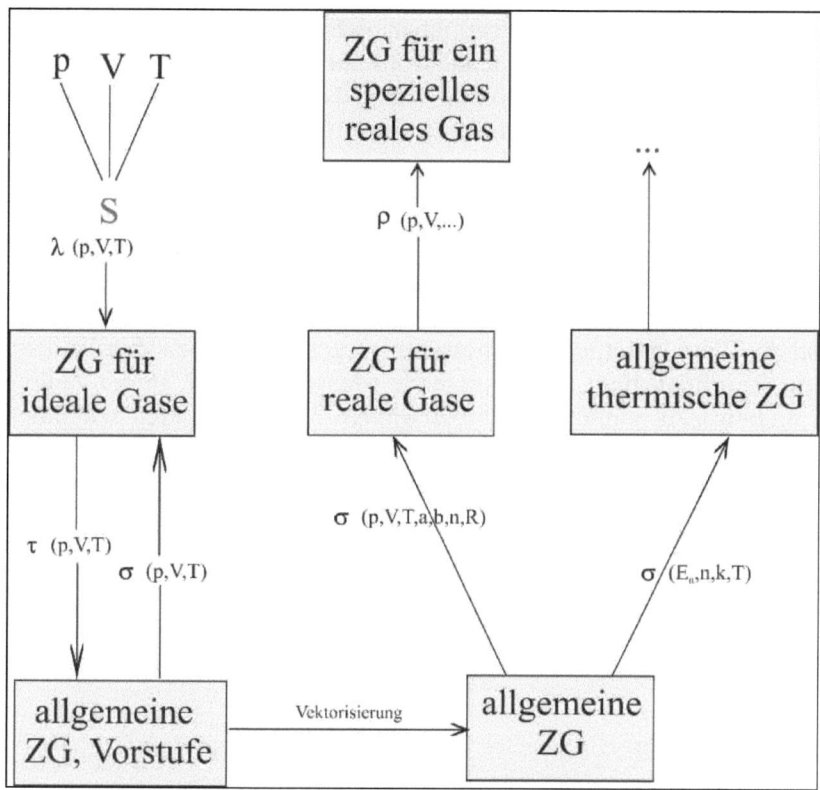

Abb. 17: Ableitungen einiger Zustandsgleichungen

Beispiel 3: Leben

Im dritten Beispiel wollen wir eine neue technische Vorrichtung, den Konzept-Generator einführen.

Beginnen wir historisch. Zu Beginn der wissenschaftlichen Biologie teilte man das Reich des Lebendigen in zwei große Abschnitte ein: die *Tiere* und die *Pflanzen*. Zu ihrer Unterscheidung genügt eine Eigenschaftskategorie mit zwei Ausprägungen, und das ist in diesem Fall die Photosynthese. Pflanzen haben diese Fähigkeit, Tiere nicht.

Aber es gibt auch (degenerierte) Pflanzen ohne Photosynthese, nämlich die Pilze. Also brauchen wir noch mindestens eine weitere Eigenschaft. Man nahm früher dazu die Beweglichkeit. Tiere sind beweglich, Pflanzen nicht. Jetzt erhalten wir theoretisch 2 x 2 = 4 Begriffe. Pflanzen haben

Eigenschaft 1 (E_1 = Photosynthese), aber nicht Eigenschaft 2 (E_2 = Beweglichkeit). Tiere besitzen E_1 nicht, wohl aber E_2. Pilze besitzen beide nicht. Als viertes bleibt eine Gruppe von Lebewesen, die beide Eigenschaften besitzen, und das sind manche einzelligen Algen.

Als man sich dann begann, sich mit der Entstehung des Lebens auf der Erde zu beschäftigen, erkannte man die Wichtigkeit der Vererbung zur Charakterisierung lebendiger Materie. Dabei ist die erbübertragende Masse in den meisten Lebewesen im Zellkern konzentriert; solche Lebewesen heißen *Eukaryonten*. Gewisse primitive Lebewesen wie die Bakterien und die Blaualgen (auch Cyanobakterien genannt) haben aber keinen Zellkern. Bei ihnen liegt die erbtragende Masse irgendwo in der Zelle. Solche Lebewesen nennt man *Prokaryonten*. Mithin erhalten wir eine weitere wichtige diskriminierende Eigenschaft, das Vorhandensein oder Nichtvorhandensein eines <u>Zellkerns</u>.

Schließlich machte man bei den Eukaryonten noch eine wesentliche Unterscheidung: Man trennte sie in Ein- und Vielzeller. Also ergibt sich als vierte (und für unsere Zwecke letzte) Eigenschaftskategorie die "<u>Zelligkeit</u>". Jetzt können wir ein System der Lebewesen mit unserem Kalkül aufstellen, das modernen Vorstellungen weitgehendst entgegenkommt. (siehe Abb. 18).

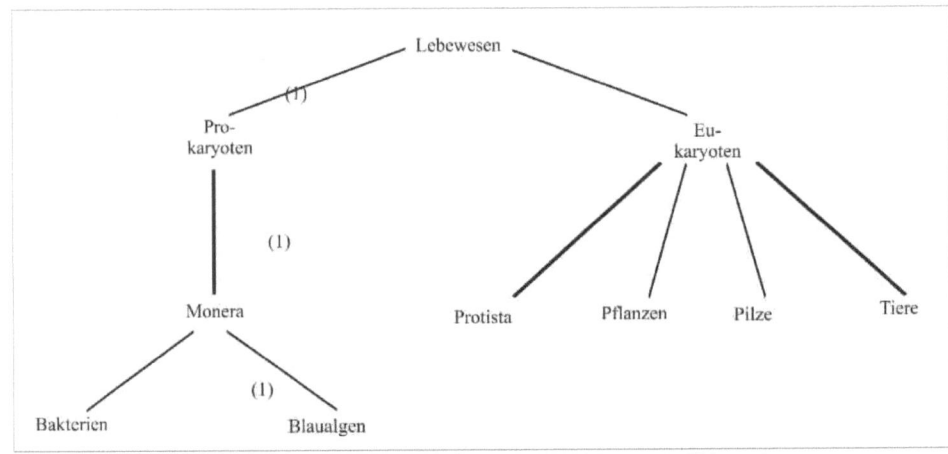

Abb. 18: System der Lebewesen

Im folgenden bedeutet "v" = "vorhanden", "n" = "nichtvorhanden; "x_1" bedeutet "$x_1 \in E_1$", usw.

$$E_1 := \text{Zellkern} = \{v,n\}$$
$$E_2 := \text{Aufbau} = \{\underline{e}\text{inzellig}, \underline{v}\text{ielzellig}\}$$

$$E_3 := \text{Fotosynthese} = \{v,n\}$$
$$E_4 := \text{Beweglichkeit} = \{v,n\}$$

Die erste Einteilung nach Abb. 18 besteht zwischen Pro- und Eukaryonten, also nach E_1. Es genügt also, den Begriff "Lebewesen" allein nach dieser Eigenschaftskategorie zu definieren:

$$\text{Lebewesen} := \lambda x_1 E_1 . \{x_1\} \quad (1)$$

und es ergibt (L n) die Pro-Karyonten, (L v) die Eu-Karyonten.

Auf der nächsten Stufe haben wir E_2, den Aufbau, als diskriminierende Eigenschaft. Also können wir die beiden soeben durch Reduktion erhaltenen Begriffe auf der nächsten Stufe allein durch E_2 definieren:

$$\text{Pro(karyonten)} = \text{Eu(karyonten)} := \lambda x_2 E_2 . \{x_2\}$$

und es ergibt (Pro e) die Monera, (Eu e) die Einzeller und (Eu v) die Vielzeller. (Die Monera sind natürlich auch einzellig.)

Auf der nächsten Stufe schließlich verwenden wir die verbleibenden Eigenschaftskategorien als definierende Elemente. Damit erhalten wir:

$$\text{M(onera)} = \text{Ein(zeller)} = \text{Viel(zeller)} := \lambda x_3 x_4 . \{x_3, x_4\}$$

Jetzt ergibt sich folgendes:

> (M n v) => Bakterien
>
> (M v v) => Blaualgen
>
> (Ein v v) => pflanzliche Einzeller (bestimmte Algen)
>
> (Ein n v) => tierische Einzeller (Urtierchen)
>
> (Viel v n) => Pflanzen
>
> (Viel n n) => Pilze
>
> (Viel n v) => Tiere

(siehe Abb. 19), oder, als Schema:

Begriff	E_1	E_2	E_3	E_4	Index	AG
Lebewesen	-	x	x	x	-	1
Prokaryonten	n	-	x	x	1	1
Eukaryonten	v	-	x	x	2	1
Monera (Schizophy-ten)	x	e	-	-	11	2
Einzeller	x	e	-	-	21	2
Vielzeller	x	v	-	-	22	2
Bakterien	x	x	n	v	111	0
Blaualgen	x	x	v	v	112	0
pflanzliche EZ	x	x	v	v	211	0
tierische EZ	x	x	n	v	212	0
Pflanzen	x	x	v	n	221	0
Pilze	x	x	n	n	222	0
Tiere	x	x	n	v	223	0

Tabelle 7: System der Lebewesen. x = in der Definition nicht vorhanden, - = abstrahierte Eigenschaft, AG = Abstraktionsgrad

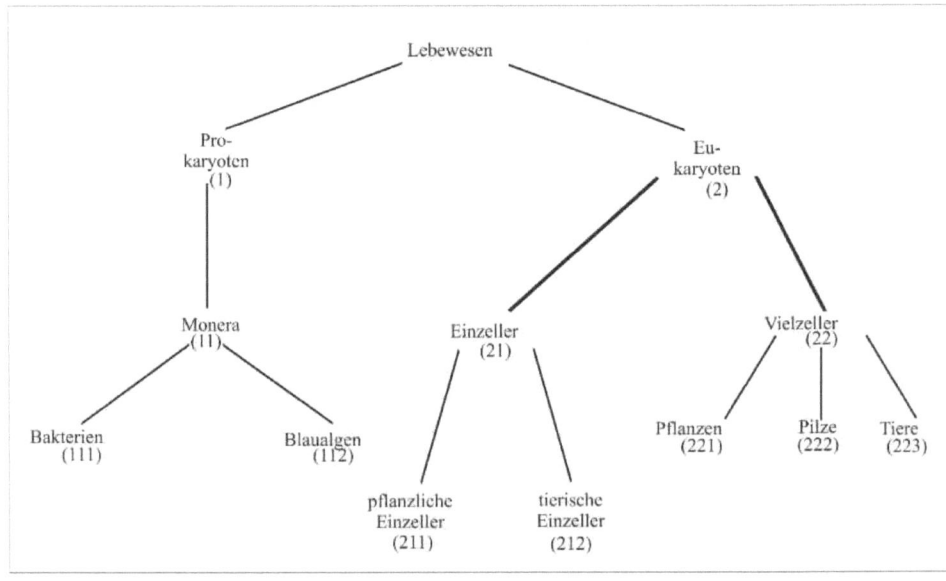

Abb. 19: System der Lebewesen nach unserem Kalkül

90

Somit haben wir mit nur vier Eigenschaftsklassen (wovon die vierte, die Beweglichkeit, nur zur Definition der Tiere gebraucht wurde) ein hübsches System der Lebewesen erhalten. Beachte, dass die auf unterster Ebene stehenden Begriffe den Abstraktionsgrad (AG) 0 haben, in unserem Sinn also "real" sind.

Anstatt nun weiter nach unten zu gehen (das Reich der Lebewesen immer feiner aufzuteilen), wollen wir den viel gewagteren Schritt unternehmen und unsere Begriffshierarchie nach oben hin erweitern. Mit anderen Worten: Wir müssen uns fragen, wodurch sich Lebewesen von nicht-lebendiger Materie unterscheiden, und welche Begriffe sich daraus und aus unserem Kalkül ergeben. Dazu brauchen wir eine Theorie der Entstehung des Lebens.

Die derzeit geschlossenste und vielversprechendste Theorie ist die des sowjetischen Biochemikers OPARIN (1968). *Oparin* unterscheidet vier Stufen beim Übergang der unbelebten zur belebten Materie:

      1.) unorganisierte Materie

      2.) Koazervate

      3.) Protobionten

      4.) Lebewesen

Uns geht es hier um definierende und diskriminierende Eigenschaften. Es ist nicht ganz leicht, diese in aller Klarheit aus den Werken Oparins oder anderer Autoren herauszuarbeiten. Da es uns hier auch nicht um biochemisch-philosophische Überlegungen geht, sondern um ein besonders interessantes Beispiel zur Illustration der Fähigkeiten unseres Kalküls, wollen wir - mehr oder minder willkürlich - sieben Eigenschaftskategorien herausgreifen, die zur Definition der oben angeführten Begriffe besonders wichtig sind. Mit Hilfe dieser Kategorien und unter Verwendung eines halb-algorithmischen Verfahrens wollen wir dann weitere Stufen der Entwicklung des Lebens herleiten.

Diese Eigenschaften sind:

1.) die *Systemeigenschaft* (isoliert, geschlossen oder offen),

2.) die *Komplexität* (niedrig, hoch),

3.) die *Interaktion mit der Umwelt* (passiv, aktiv),

4.) das Vorhandensein von *natürlicher Auslese*,

5.) das Vorhandensein einer Individuenkonstanz (= *Selbsterhaltung*),

6.) das Vorhandensein einer Artkonstanz (= *Selbstreproduktion*), und

7.) die Art des *Reaktionssystems* (geordnet, ungeordnet).

Koazervate sind geschlossene Systeme von niederer Komplexität, passiver Interaktion und ohne natürliche Auslese. Es gibt bei ihnen - ebenso wie bei den Protobionten - keine Individuen- und Artkonstanz. Das Reaktionssystem ist (ebenfalls wie bei den Protobionten) ungeordnet.

Protobionten unterscheiden sich von den Koazervaten durch die offene Systemeigenschaft (d.h., dynamisches anstelle des statischen Gleichgewichts), eine hohe Komplexität, eine aktive Interaktion mit der Umwelt und das Vorhandensein einer natürlichen Auslese (beim letzten Punkt streiten sich die Geister).

Lebewesen schließlich haben den Protobionten das geordnete Reaktionssystem sowie die Selbsterhaltung und Selbstreproduktion voraus.

Anstatt dass wir nun die drei Begriffe im λ-Kalkül definieren, machen wir es gleich als Tabelle. Das sieht dann so aus:

E_1 := System-Eigenschaft = {isoliert, geschlossen, offen}
E_2 := Komplexität = {niedrig, hoch}
E_3 := Interaktion = {aktiv, passiv}
E_4 := natürliche Auslese = {v, n}
E_5 := Individuenkonstanz (Selbsterhaltung) = {v, n}
E_6 := Artkonstanz (Selbstreproduktion) = {v, n}
E_7 := Reaktionssystem = {ungeordnet, geordnet}

Begriff	E_1	E_2	E_3	E_4	E_5	E_6	E_7
Materie	-	-	-	-	-	-	-
Koazervate	g	n	p	n	n	n	u
Protobionten	o	h	a	v	n	n	u
Lebewesen	o	h	a	v	v	v	g

Tabelle 8: Definition wichtiger Stufen auf dem Weg zur Entwicklung des Lebens. Farben bedeuten Übereinstimmungen

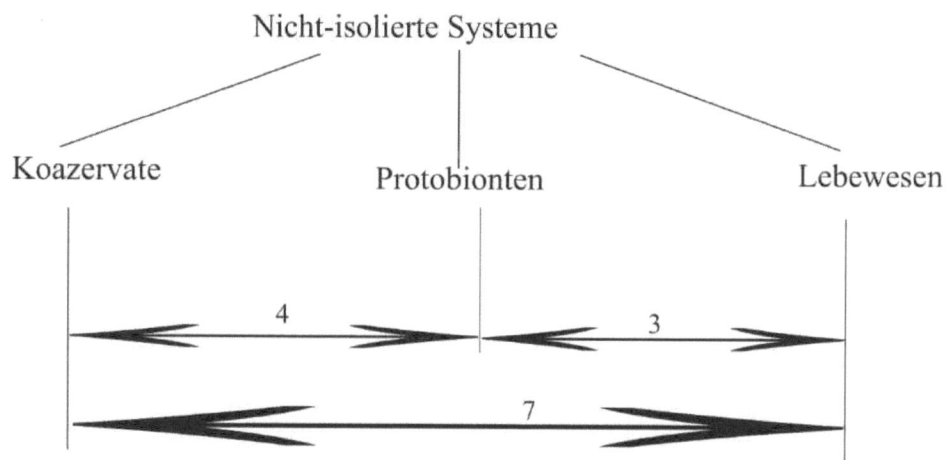

Abb. 20: Entwicklung der Lebewesen aus nicht-isolierten Systemen

Der Abstand zwischen "Koazervaten" und "Protobionten" beträgt 4, d.h., die beiden Begriffe unterscheiden sich in vier Eigenschaften. Da die zugehörigen Eigenschaftskategorien (E_1 bis E_4) je zwei Ausprägungen besitzen, existieren insgesamt $2^4 = 16$ Reduktionsmöglichkeiten (wir können auch sagen: Kombinationsmöglichkeiten), von denen 2 - die Eckbegriffe - bereits vorhanden sind. Zwischen "Koazervat" Und "Protobiont" sind 14 weitere Begriffe einschiebbar, die aber nicht alle sinnvoll sind.

Um nun zu den sinnvollen Begriffen zu kommen, führen wir eine <u>Verträglichkeitsmatrix der Eigenschaften</u> ein. Damit hat es folgende Bewandtnis: Nicht alle Eigenschaften sind frei kombinierbar. So ist es sicher nicht sinnvoll, E_1(g) (also "System im statischen Gleichgewicht") mit E_3(a) (also "aktive Interaktion mit der Umwelt") zu kombinieren. Machen wir nun eine Matrix mit allen Eigenschaften, und tragen wir bei Verträglichkeit ein "+", bei Unveträglichkeit ein "-" ein, so ergibt sich für die ersten vier Eigenschaftskategorien folgendes Schema:

		E_2 n h	E_3 p a	E_4 v n
E_1	g	+ +	+ -	- +
	o	+ +	+ +	- +
E_2	n		+ -	- +
	h		+ +	+ +
E_3	p			- +
	a			+ +

Tabelle 9: Verträglichkeitsmatrix der Eigenschaften E_1 bis E_4

Nun können wir ein Programm entwickeln oder - wie hier - selbst die Aufgabe in Angriff nehmen, alle 14 möglichen Zwischenbegriffe systematisch zu erzeugen und auf Grund der Verträglichkeitsmatrix die unmöglichen aussondern. Insgesamt bleiben nur 4 Zwischenprodukte Z_1 bis Z_4 übrig, nämlich:

Z_1 = (o,n,p,n) = Systeme im dynamischen Gleichgewicht, aber von niedriger Komplexität

Z_2 = (g,h,p,n) = Systeme im statischen Gleichgewicht, aber von hoher Komplexität

Z_3 = (o,h,p,n) = offene, komplexe Systeme (eine Kombination derEigenschaften von Z_1 und Z_2)

Z_4 = (o,h,a,n) = wie Z_3, aber zusätzlich mit aktiver Interaktion mit der Umgebung

Z_4 unterscheidet sich von den Protobionten nur noch durch das Fehlen einer natürlichen Auslese. Die Buchstaben in Klammern bezeichnen natürlich die Ausprägungen der Eigenschaftsklassen E_1 bis E_4. Wir geben schließlich noch die Abstandsmatrix der 6 Begriffe an. (Die Begriffe liegen in einer Ebene.)

	Z_1	Z_2	Z_3	Z_4	**Proto-bionten**
Koazervate	1	1	2	3	4
Z_1		2	1	2	3
Z_2			1	2	3
Z_3				1	1

Tabelle 10: Abstandsmatrix

Wie man sieht, handelt es sich um eine nicht-lineare Ordnung.

Versuchen wir das gleiche mit dem Übergang zwischen Protobionten und Lebewesen (wo es $2^3 - 2 = 6$ mögliche Zwischenstufen gibt), dann können wir etwa folgende Verträglichkeitsmatrix aufstellen:

		E_6 n v	E_7 u g
E_5	n	+ -	+ +
	v	+ +	- +
E_6	n		+ +
	v		- +

Tabelle 11: Verträglichkeitsmatrix der Eigenschaften E_5 bis E_7

Die Tabelle besagt unter anderem, dass "Selbstreproduktion" ($E_6(v)$) und "ungeordnetes Reaktionssystem" ($E_7(u)$) miteinander unverträglich sind. Von den 6 möglichen Zwischenbegriffen (Neu-Reduktionen) bleiben zwei übrig, nämlich:

T_1 = (n,n,g) = Protobionten mit geordneten Reaktionssystemen

T_2 = (v,n,g) = 'Lebewesen' ohne Selbstreproduktion

... mit folgenden Abständen:

	T_1	T_2	Lebewesen
Protobionten	1	2	3
T_1		1	2
T_2			1

Tabelle 12: Abstandsmatrix

Als letztes versuchen wir allein auf Grund der Abstände ein Schema der zeitlichen Entwicklung des Lebens von der Stufe der Koazervate mit allen in diesem Abschnitt abgeleiteten Zwischenstufen. Um dem ganzen einen etwas wissenschaftlicheren Anhauch zu geben, haben wir die trockenen Indexgrößen in behauchte Namen umgewandelt. Es bedeuten:

Z_1 Dreegs

Z_2 Krools

Z_3 Zemphyrs

Z_4 Anabasen

T_5 Ixtls

T_6 Trifids

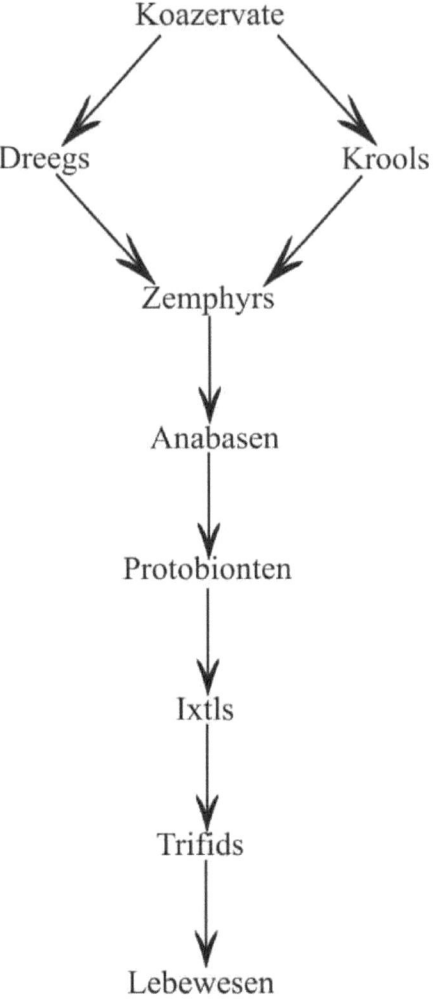

Abb. 21: Entwicklung des Lebens

Jeder Pfeil bezeichnet einen Abstand von 1.

Die Bedeutung des soeben explizierten Verfahrens liegt darin, dass eine Reihe neuer, sinnvoller Begriffe aus gegebenen Eigenschaften bei Vorliegen gewisser Randbedingungen (Verträglichkeiten) rein mechanisch erzeugt und dass auf Grund der Abstandsmaße sogar eine gewisse zeitlich-evolutionäre Ordnung in die verschiedenen Begriffe gebracht werden kann.

Begriff	System-Eigenschaft	Komplexität	Interaktion	natürl. Auslese	Selbsterhaltung	Selbstreproduktion	Reaktionssystem
Koazervate	geschl.	niedrig	passiv	nein	nein	nein	ungeordnet
Krools	geschl.	hoch	passiv	nein	nein	nein	ungeordnet
Dreegs	offen	niedrig	passiv	nein	nein	nein	ungeordnet
Zemphyrs	offen	hoch	passiv	nein	nein	nein	ungeordnet
Anabasen	offen	hoch	aktiv	nein	nein	nein	ungeordnet
Protobionten	offen	hoch	aktiv	ja	nein	nein	ungeordnet
Ixtls	offen	hoch	aktiv	ja	nein	nein	geordnet
Trifids	offen	hoch	aktiv	ja	ja	nein	geordnet
Lebewesen	offen	hoch	aktiv	ja	ja	ja	geordnet

Tab. 13: Eigenschaften verschiedener Systeme

11. Konzeptgenerator

Im Beispiel 3 des vorigen Abschnitts wurde ein Verfahren eingeführt, aus Attributivdefinitionen neue Begriffe zu generieren, wobei Verträglichkeitsmatrizen die Anzahl der Möglichkeiten einschränken und nur die sinnvollen Kombinationen zulassen. Mit diesem Gegenstand wollen wir uns jetzt ausführlich beschäftigen und insbesondere ein Programm entwickeln, das die Generierung unter Berücksichtigung der Verträglichkeiten bzw. der Abhängigkeiten automatisch durchführt.

Rekapitulieren wir: Ein Begriff wurde (attributiv) definiert als Struktur (= Menge) von Eigenschaftskategorien (Attributen), deren jede eine bestimmte Anzahl von Eigenschaften (Ausprägungen) enthält:

$$B := \lambda x_1^{E_1} ... x_n^{E_n} . \{x_{1,...}x_n\} = \lambda \vec{x}^{\vec{E}} . \{\vec{x}\}$$

$$\text{mit } E_i := \{e_1^i, e_2^i, ..., e_{n_i}^i\}$$

Nun gibt es zwei Arten der Konzeptgenerierung:

1.) die Erzeugung von <u>Endhierarchien</u> durch <u>Vollreduktion</u>
2.) die Erzeugung von <u>Vollhierarchien</u> durch <u>Teilreduktion</u>

(Man stoße sich nicht an den Begriffen: durch Teilreduktionen entstehen wesentlich mehr Elemente als durch Vollreduktionen. "Vollhierarchie" ist eine Abkürzung für "vollständige Hierarchie".)

Durch die Beschäftigung mit Vollhierarchien gelangen wir zu dem so fruchtbaren Konzept des <u>Verbands</u> und zu den extensionalen Modellen des λ-Kalküls nach SCOTT. Bei Endhierarchien entstehen nur 'reale' Objekte, also Begriffe mit dem Abstraktionsgrad 0.

Umfang

Welche Größe haben derartig generierte Hierarchien, d.h. wie viele Begriffe entstehen durch den Konzeptgenerator? Bei Endhierarchien ist die Zahl leicht zu finden. Wir dürfen aus jeder der Eigenschaftsklassen jeweils je ein Element nehmen - in der Terminologie der Kombinatorik handelt es sich um ein <u>Multiplett</u>. Die Anzahl der in einer Endhierarchie (ohne Einschränkungen) erzeugten Begriffe beträgt daher

$$N_{end} = n_1 \times n_2 \times ... \times n_k = \prod_i n_i$$

mit n_i = Zahl der Eigenschaften in der i-ten Eigenschaftsklasse.

Etwas schwieriger wird die Angelegenheit bei vollständigen Hierarchien. Hier existieren k-Tupel, wobei *k* von 0 bis *n* reicht. Das 0-Tupel ist der Begriff selbst; die 1-Tupel sind alle Begriffe, die nach nur einer Variablen reduziert sind; und die n-Tupel ergeben die Endbegriffe (die vollreduzierten Terme). Bezeichnen wir mit $N^{(k)}$ die Anzahl der k-Tupel, dann gilt:

$$N^{(0)} = 1, \ N^{(1)} = \sum n_i, \ N^{(2)} = \sum_{i \neq j} n_i n_j, \ N^{(n)} = \prod n_i$$

$$\text{usw., und } N = \sum_0^n N^{(k)}$$

Aber wie groß ist diese Summe?

Zu dem Wert gelangt man über einen kleinen Trick. Wir fügen in jeder Eigenschaftsklasse eine weitere Eigenschaft, die leere Eigenschaft, hinzu, die wir z.B. durch einen "-" kennzeichnen. Diese leere Eigenschaft ist gleichbedeutend mit 'unreduziert'. Bilden wir jetzt wieder alle möglichen

Kombinationen nach dem Multiplett-System, dann erhalten wir sämtliche möglichen Teilreduktionen einschließlich des ursprünglichen Begriffs und aller Vollreduktionen. Mit anderen Worten:

$$N_{voll} = (n_1 + 1) \cdot (n_2 + 1) \cdot \ldots = \prod_i (n_i + 1)$$

Beispiel: 3 Attribute mit je 3, 2 und 2 Ausprägungen, d.h.

$n_1 = 3$, $n_2 = 2$, $n_3 = 2$. Dann ist:

$N^{(0)} = 1$, $N^{(1)} = 3+2+2 = 7$, $N^{(2)} = 3 \cdot 2 + 3 \cdot 2 + 2 \cdot 2 = 16$

$N^{(3)} = 3 \cdot 2 \cdot 2 = 12$ $(= N_{end})$

$N = \sum N^{(k)} = 1 + 7 + 16 + 12 = 36$. Andrerseits: $N = (3+1)(2+1)(2+1) = 36$

Bei 4 Kategorien mit $n_1=4$, $n_2=3$, $n_3=5$, $n_4=3$ ergibt sich N zu $N = 5 \cdot 4 \cdot 6 \cdot 4$ = 480

Ist für jede der *n* Eigenschaftsklassen nur jeweils eine Ausprägung möglich, dann vereinfacht sich die Formel zu

$N_{voll} = 2^n$. Die $N^{(k)}$ ergeben sich nach dem binomischen Lehrsatz.

Bei Einschränkung durch Unverträglichkeiten oder Bindungen ist die Anzahl generierter Begriffe natürlich kleiner; sie kann aber nicht mehr explizit berechnet werden.

Realisierung

Die Realisierung des Konzeptgenerators durch ein Programm steht vor der Schwierigkeit, alle Kombinationen *systematisch* zu erzeugen. Dies gelingt wieder durch einen Trick, aber auf den muss man kommen. Er soll an einem vereinfachten Beispiel erläutert werden.

Nehmen wir an, wir hätten 3 Klassen mit Alternativeigenschaften, d.h., $n_1=n_2=n_3=2$. Eine systematische Aufzählung aller Kombinationen (hier: der Endbegriffe) geschieht sehr einfach durch die Zahlenfolge

$0,1,2,\ldots,2^{n-1}$ im <u>Zweiersystem</u> (Dualsystem):

x_{10}	x_2	Kombination von Eigenschaften
0	0 0 0	$e_0^1 \; e_0^2 \; e_0^3$
1	0 0 1	$e_0^1 \; e_0^2 \; e_1^3$
2	0 1 0	$e_0^1 \; e_1^2 \; e_0^3$
3	0 1 1	$e_0^1 \; e_1^2 \; e_1^3$

Das Schema ist klar: Man zerlegt die Zahl des Dualsystems (x_2) in ihre Ziffern und nimmt diese als Indices für die Eigenschaftsklassen. Beginnt dort die Zählung nicht bei 0 sondern (wie üblich) bei 1, so addiert man einfach zu allen Zahlen von x_2 eine 1. Das ist alles. Die Modifikationen für ungleiche n_i sowie für die Generierung von vollständigen Hierarchien sind offensichtlich, wenn man sie einmal herausgefunden hat.

Das entwickelte Programm mit Namen CONGEN gibt dem Benutzer außerdem die Möglichkeit, *Unverträglichkeiten* und *Folgerungen* (Bindungen) in beliebiger Reihenfolge und Anzahl einzugeben.

Unverträglichkeiten bedeuten: wenn *a*, dann *nicht b*. Folgerungen (Bindungen) bedeuten: wenn *a*, dann (auf jeden Fall) *b*.

Das Programm wurde in BASIC, der dafür wohl ungeeignetsten, aber am besten verfügbaren Sprache geschrieben. Es lief am Rechner der Fachhochschule Furtwangen, der an dieser Stelle für diese Möglichkeit gedankt sei (auch wenn sie nie etwas davon erfuhr). Alle Daten werden im Dialog eingegeben, die Resultate sofort ausgedruckt und zusätzlich in einer Datei gespeichert, die als Protokolldatei über den Schnelldrucker ausgedruckt werden kann. Sie wird in den Beispielen meist verwendet. - Was das Programm natürlich *nicht* liefert, sind *Namen* für die generierten Begriffe. Sie werden als Vorschläge vom Benutzer jeweils hinzugefügt.

Beispiele

Beispiel 1 stammt aus BLANKE (1973). Es generiert das Begriffsfeld "Gewässer" und zeigt unter anderem, dass in unseren Breiten viel mehr Namen für Süßwässer (insbesondere fließende) als für Salzwässer bestehen. Der Konzeptgenerator erzeugt aber alles, was mit den Randbedingungen (Unverträglichkeiten oder Bindungen) erreichbar ist. Eine solche Liste kann bei Übersetzungen von Interesse sein; es ist ja bekannt, dass andere Völker bei einigen Begriffen viel stärker differenzieren als wir (die Eskimos beispielsweise beim Begriffsfeld 'Schnee'). Zum Vergleich bringen wir BLANKEs Tabelle (Beispiel 1)

Beispiel 1: Gewässer

Seme→ *Lexeme* ↓	fließend	stehend	natürlich	künstlich	sehr groß	groß	klein	sehr klein	linear	flächig
Strom	+	-	+	-	+	-	-	-	+	-
Fluss	+	-	+	-	-	+	-	-	+	-
Bach	+	-	+	-	-	-	+	-	+	-
Rinnsal	+	-	+	-	-	-	+	+	+	-
Kanal	-	+	-	+	-	-	-	-	+	-
Graben	-	+	-	+	-	-	+	-	+	-
Meer	-	+	+	-	+	-	-	-	-	+
See	-	+	+	-	+	-	-	-	-	+
Tümpel	-	+	+	-	-	-	+	-	-	+
Pfütze	-	+	+	-	-	-	+	+	-	+
Teich	-	+	+	-	-	-	-	-	-	+
Becken	-	+	-	+	-	-	-	+	-	+

Beispiel 2 stammt aus Kapitel 10 unserer Arbeit und behandelt die Entstehung des Lebens. In der Version A gab es zu viele Einschränkungen (die hier als Folgerungen formuliert wurden), sodass keine Protobionten generiert wurden. In Version B wurde eine Bindung fallen gelassen, was gleich zu doppelt so vielen Begriffen führte. Da das Programm interaktiv arbeitet, kann der Wissenschaftler auf diese Weise die Sinnfälligkeit seiner Randbedingungen auf einfache Weise überprüfen; sind sie zu schwach, entsteht zu viel, sind sie zu stark, fehlt manches.

Beispiel 3 stammt aus der Linguistik. Hier wird die vollständige Hierarchie der $2^5 = 32$ Begriffe geschaffen, in denen je eine linguistische Kategorie besetzt oder unbesetzt ist. Nr. 1 ist dabei der abstrakte Begriff eines normierten Satzes; Nr. 9 könnte ein Imperativ ("Geh!") sein und Nr. 29 der Prototyp des einfachsten, vollständigen Satzes mit einem transitiven Verb.

Beispiel 4 generiert alle Relationen, die sich aus den Reflexivitäts-, Symmetrie-, Transitivitäts- und Linearitätseigenschaften bei Beachtung mathematisch bedingter Restriktionen ergeben. Einige der so erzeugten Relationen haben Namen, andere nicht. Das Beispiel enthält alle Ordnungsrelationen, die hier systematisch aufscheinen. Diese Systematik könnte unter anderem dazu verwendet werden, die sehr widersprüchliche Terminologie zu vereinheitlichen.

Beispiel 5 stammt ebenfalls aus Kapitel 1O und zeigt die aus drei Kategorien mit 3, 2 und 2 Ausprägungen generierbaren Begriffe, die hier als "Tassen" interpretiert werden können. Auf dieses Beispiel wird in abstrakter Form in den nächsten Kapiteln häufig Bezug genommen.

Beispiel 1: Gewässer, Kategorien und Unverträglichkeiten. Typ: eingeschränkte End-Hierarchie:
5 Eigenschaftsklassen (Kategorien)

Fluß:	1 1	fließ
	1 2	steh
Typ:	2 1	natürl
	2 2	künstl
Größe:	3 1	sehr groß
	3 2	groß
	3 3	mittel
	3 4	klein
	3 5	sehr klein
Dimension:	4 1	linear
	4 2	flächig
Wasser:	5 1	süß
	5 2	salzig

Unverträglichkeiten:

Wenn *fließ* dann nicht *flächig*
Wenn *künstl* dann nicht *sehr groß*
Wenn *fließ* dann nicht *salzig*
Wenn *fließ* dann nicht *sehr groß*
Wenn *steh* dann nicht *linear*

Und hier die durch CONGEN erzeugten Kombinationen:

```
Gewässer (End-Hierarchie, vollreduziert)|
        Fluss        Typ          Größe        Dimension    Wasser    Bezeichnung
----------------------------------------------------------------------------------
    1   fließend     natürlich    groß         linear       süß       Strom
    2   fließend     künstlich    groß         linear       süß       Fluss
    3   fließend     natürlich    mittel       linear       süß       Bach
    4   fließend     künstlich    mittel       linear       süß       Rinnsal
    5   fließend     natürlich    klein        linear       süß       Kanal
    6   fließend     künstlich    klein        linear       süß       wie 5
    7   fließend     natürlich    sehr klein   linear       süß       Graben
    8   fließend     künstlich    sehr klein   linear       süß       wie 6
    9   stehend      natürlich    sehr groß    flächig      süß       See
   10   stehend      natürlich    groß         flächig      süß       Meer
   11   stehend      künstlich    groß         flächig      süß       wie 9
   12   stehend      natürlich    mittel       flächig      süß       Salzsee
   13   stehend      künstlich    mittel       flächig      süß       Teich
   14   stehend      natürlich    klein        flächig      süß       wie 12
   15   stehend      künstlich    klein        flächig      süß       Tümpel
   16   stehend      natürlich    sehr klein   flächig      süß       wie 12
   17   stehend      künstlich    sehr klein   flächig      süß       Pfütze
   18   stehend      natürlich    sehr groß    flächig      salzig    wie 12
   19   stehend      natürlich    groß         flächig      salzig    Stausee
   20   stehend      künstlich    groß         flächig      salzig    Sole
   21   stehend      natürlich    mittel       flächig      salzig    wie 19
   22   stehend      künstlich    mittel       flächig      salzig    wie 20
   23   stehend      natürlich    klein        flächig      salzig    wie 19
   24   stehend      künstlich    klein        flächig      salzig    wie 20
   25   stehend      natürlich    sehr klein   flächig      salzig    Swimming Pool
   26   stehend      künstlich    sehr klein   flächig      salzig    wie 20
----------------------------------------------------------------------------------
```

Beispiel 2A: Entstehung des Lebens. Typ: eingeschränkte End-Hierarchie:
7 Eigenschaftsklassen (Kategorien)
System: 1 1 geschl
                   1 2 offen
Komplexität: 2 1 einf
                   2 2 kompl
Interaktion: 3 1 passiv
                   3 2 aktiv
Reaktionssystem: 4 1 chaos
                   4 2 ordn
Natürliche Auslese: 5 1 ohne NA
                   5 2 mit NA
Individuenkonstanz: 6 1 ohne IK

Artkonstanz: 7 1 ohne AK
           7 2 mit AK

Regeln:

Wenn mit *Artenkonstanz* dann mit *Individuenkonstanz*
Wenn mit *Artenkonstanz* dann mit *Natürliche Auslese*
Wenn mit *Individuenkonstanz* dann mit *Natürliche Auslese*
Wenn *geordnet* dann *aktiv*
Wenn *aktiv* dann *offen*
Wenn mit *Natürliche Auslese* dann *komplex*
Wenn mit *Natürliche Auslese* dann *geordnet*
Wenn *aktiv* dann *komplex*

```
Leben 1 (End-Hierarchie, vollreduziert)
        System       Komplexität  Interaktion  Reaktionssyste Natürliche Aus Individuenkons Artkonstanz
-----------------------------------------------------------------------------------------------------------
1       geschlossen  einfach      passiv       chaotisch      ohne NA        ohne IK        ohne AK
2       offen        einfach      passiv       chaotisch      ohne NA        ohne IK        ohne AK
3       geschlossen  komplex      passiv       chaotisch      ohne NA        ohne IK        ohne AK
4       offen        komplex      passiv       chaotisch      ohne NA        ohne IK        ohne AK
5       offen        komplex      aktiv        chaotisch      ohne NA        ohne IK        ohne AK
6       offen        komplex      aktiv        geordnet       ohne NA        ohne IK        ohne AK
7       offen        komplex      aktiv        geordnet       mit NA         ohne IK        ohne AK
8       offen        komplex      aktiv        geordnet       mit NA         mit IK         ohne AK
9       offen        komplex      aktiv        geordnet       mit NA         mit IK         mit AK
-----------------------------------------------------------------------------------------------------------
```

Ausdruck des CONGEN-Programms zu Lebensformen

Vorschläge für Namen (zum Teil aus der Biologie, zum Teil aus der SF-Literatur):

1	Koazervate
2	Krools
3	Dreegs
4	Zemphyrs
5	Anabasen
6	Floater
7	Ixtls
8	Trifids
9	Lebewesen

Beispiel 2B: Entstehung des Lebens, andere Folgerungen:
7 Eigenschaftsklassen (Kategorien)

System: 1 1 geschl
              1 2 offen

Komplexität: 2 1 einf
              2 2 kompl

Interaktion: 3 1 passiv
              3 2 aktiv

Reaktionssystem: 4 1 Chaos
                   4 2 Ordn

Natürliche Auslese: 5 1 - NA
                     5 2 + NA

Individuenkonstanz: 6 1 - IK
                     6 2 + IK

Artkonstanz: 7 1 - AK
           7 2 + AK

Folgerungen:

Wenn +AK   dann +IK
Wenn +AK   dann +NA
Wenn +IK   dann +NA
Wenn Ordn dann aktiv
Wenn aktiv dann offen
Wenn +NA   dann kompl
Wenn aktiv dann kompl

Leben 2 (End-Hierarchie, vollreduziert)

	System	Komplexität	Interaktion	Reaktionssyste	Natürliche Aus	Individuenkons	Artkonstanz
1	geschlossen	einfach	passiv	Chaos	ohne NA	ohne IK	ohne AK
2	offen	einfach	passiv	Chaos	ohne NA	ohne IK	ohne AK
3	geschlossen	komplex	passiv	Chaos	ohne NA	ohne IK	ohne AK
4	offen	komplex	passiv	Chaos	ohne NA	ohne IK	ohne AK
5	offen	komplex	aktiv	Chaos	ohne NA	ohne IK	ohne AK
6	offen	komplex	aktiv	Ordnung	ohne NA	ohne IK	ohne AK
7	geschlossen	komplex	passiv	Chaos	mit NA	ohne IK	ohne AK
8	offen	komplex	passiv	Chaos	mit NA	ohne IK	ohne AK
9	offen	komplex	aktiv	Chaos	mit NA	ohne IK	ohne AK
10	offen	komplex	aktiv	Ordnung	mit NA	ohne IK	ohne AK
11	geschlossen	komplex	passiv	Chaos	mit NA	mit IK	ohne AK
12	offen	komplex	passiv	Chaos	mit NA	mit IK	ohne AK
13	offen	komplex	aktiv	Chaos	mit NA	mit IK	ohne AK
14	offen	komplex	aktiv	Ordnung	mit NA	mit IK	ohne AK
15	geschlossen	komplex	passiv	Chaos	mit NA	mit IK	mit AK
16	offen	komplex	passiv	Chaos	mit NA	mit IK	mit AK
17	offen	komplex	aktiv	Chaos	mit NA	mit IK	mit AK
18	offen	komplex	aktiv	Ordnung	mit NA	mit IK	mit AK

Vorschläge für Namen (zum Teil aus der Biologie, zum Teil aus der SF-Literatur):
1 = Koazervate, 2 = Krools, 6 = Dreegs, 7 = Zemphyrs,
= Anabasen, 16 = Ixtls, 17 = Trifids, 18 = Lebewesen,
23 = Protobionten,

Beispiel 3: Linguistische Einheiten

Typ: uneingeschränkte Voll-Hierarchie

5 Eigenschaftsklassen (Kategorien):
wer: 1 1 Subjekt
macht: 2 1 Verb
wen/was: 3 1 dir Obj
wem: 4 1 ind Obj
womit: 5 1 Instr

Kombinationen (nur Vollreduktion = Teil-Hierarchie):

```
-------------------------------------------------------------------------
Ling (End-Hierarchie, vollreduziert)
       wer           macht         wen/was       wem           womit

   1   Subjekt       Verb          dirObj        indObj        Instr
   2   Subjekt       Verb          dirObj        indObj        Instr
   3   Subjekt       Verb          dirObj        indObj        Instr
   4   Subjekt       Verb          dirObj        indObj        Instr
   5   Subjekt       Verb          dirObj        indObj        Instr
   6   Subjekt       Verb          dirObj        indObj        Instr
-------------------------------------------------------------------------
```


Beispiel 4: Mathematische Relationen

Typ: eingeschränkte Voll-Hierarchie

4 Eigenschaftsklassen (Kategorien):
R: 1 1 ref(lexiv)
    1 2 irr(eflexiv)
S: 2 1 sym(metrisch)
    2 2 asym(metrisch)
    2 3 anti(symmetrisch)
T: 3 1 trans(itiv)
C: 4 1 lin(ear)

Regeln:

----

1 Wenn *asym* dann *irr*
2 Wenn *sym* und *trans* dann *ref*
3 Wenn *anti* und *lin* dann *ref*

Kombinationen (Teilreduktion = Voll-Hierarchie):

```
-----------------------------------------------------------
Mathe (Voll-Hierarchie, teilreduziert; MaxKomb = 48)
         R            S            T            C
-----------------------------------------------------------
 1       ---          ---          ---          ---
 2       ref          ---          ---          ---
 3       irr          ---          ---          ---
 4       ---          symm         ---          ---
 5       ref          symm         ---          ---
 6       irr          symm         ---          ---
 7       irr          asym         ---          ---
 8       ---          anti         ---          ---
 9       ref          anti         ---          ---
10       irr          anti         ---          ---
11       ---          ---          trans        ---
12       ref          ---          trans        ---
13       irr          ---          trans        ---
14       ref          symm         trans        ---
15       irr          asym         trans        ---
16       ---          anti         trans        ---
17       ref          anti         trans        ---
18       irr          anti         trans        ---
19       ---          ---          ---          lin
20       ref          ---          ---          lin
21       irr          ---          ---          lin
22       ---          symm         ---          lin
23       ref          symm         ---          lin
24       irr          symm         ---          lin
25       irr          asym         ---          lin
26       ref          anti         ---          lin
27       ---          ---          trans        lin
28       ref          ---          trans        lin
29       irr          ---          trans        lin
30       ref          symm         trans        lin
31       irr          asym         trans        lin
32       ref          anti         trans        lin
-----------------------------------------------------------
```

Bezeichnungen (Beispiele):

  7: z.B. $\in$
12: Quasi-Ordnung (z.B. $\subseteq$)
14: Äquivalenz (z.B. =)
15: strenge Teilordnung
17: Teilordnung
24: z.B. $\neq$
31: strenge Vollordnung (z.B. <)
32: Voll-Ordnung (Kette, z.B. $\leq$)

Beispiel 5: Tassen. Typ: End-Hierarchie, vollreduziert:
3 Eigenschaftsklassen (Kategorien)
Farbe: 1 1 weiß
        1 2 rosa
        1 3 braun
Form: 2 1 rund
        2 2 eckig
Zubehör: 3 1 mit Henkel
         3 2 ohne Henkel

```
Tassen (End-Hierarchie, vollreduziert)
          Farbe          Form           Zubehör
-----------------------------------------------------
   1      weiß           rund           Henkel
   2      rosa           rund           Henkel
   3      braun          rund           Henkel
   4      weiß           eckig          Henkel
   5      rosa           eckig          Henkel
   6      braun          eckig          Henkel
   7      weiß           rund           ohne
   8      rosa           rund           ohne
   9      braun          rund           ohne
  10      weiß           eckig          ohne
  11      rosa           eckig          ohne
  12      braun          eckig          ohne
-----------------------------------------------------
```

Verbände

Allgemeines

Begriffshierarchien sind mathematische Strukturen; es fragt sich nur, welche. Aus der Fülle der möglichen Strukturen sollte man jene heraussuchen, die gewisse wünschenswerte Eigenschaften (in technischer und in didaktischer Sicht) besitzen. Graphen sind zur Beschreibung von Beziehungsgeflechten immer geeignet; sie sind aber zu allgemein und strukturlos. Es zeigt sich nun, dass Begriffshierarchien auf sehr einfache Art zu Verbänden gemacht werden können, einen Vorgang, den wir in Anlehnung an das englische Wort 'lattice' für Verband als lattisieren bezeichnen wollen. Bevor wir diesen Prozess im nächsten Kapitel aufzeigen, wollen wir die Eigenschaften von Verbänden zusammenfassend darstellen und ihre Bedeutsamkeit für didaktische Zwecke beleuchten (siehe dazu GERICKE 1968).

Verbände haben, graphisch repräsentiert, immer folgende Form:

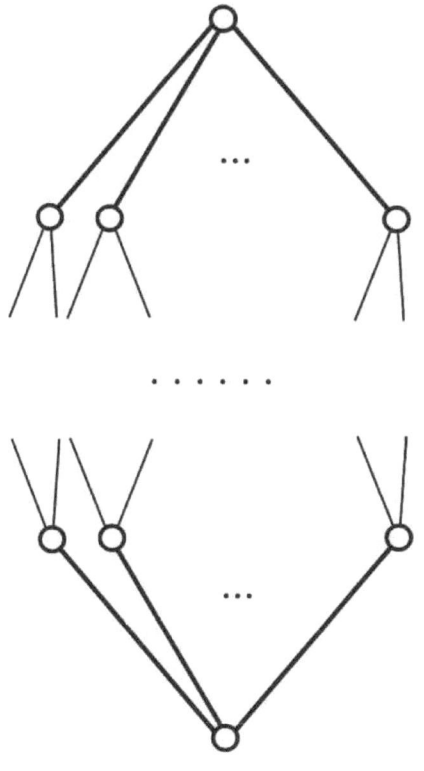

Die Knoten bezeichnen die Elemente des Verbands, die Kanten die einzige Relation zwischen ihnen. Sie wird dargestellt durch

$$a \sqsubseteq b \quad \text{oder} \quad a \rightarrow b \quad \text{und bedeutet:}$$

a ist Teil von *b*, *a* ist in *b* enthalten. Es handelt sich um eine Relation, die Teilordnungen erzeugt, wie z.B. "kleiner/gleich" oder "wenn - dann". Die Relation ist nicht symmetrisch; man müsste also statt der (ungerichteten) Kanten (gerichtete) Pfeile zeichnen. Das ist aber deshalb nicht nötig, weil es hier (im Gegensatz zu Graphen) auf die räumliche Anordnung der Elemente ankommt: wenn, dann steht *a* immer <u>unterhalb</u> von *b*. Die Relation wird außerdem als <u>transitiv</u> angenommen, d.h.,

$$\text{wenn } a \sqsubseteq b \text{ und } b \sqsubseteq c \text{ dann } a \sqsubseteq c$$

Nicht alle Elemente des Verbands sind auf diese Weise untereinander vergleichbar (keine vollständige Ordnung).

Wie man der graphischen Darstellung entnimmt, gibt es bei den von uns verwendeten Verbänden zwei ausgezeichnete Elemente:

das Eins-Element (1, U, MAX), und

das Null-Element (0, ∅, MIN)

Alle Elemente sind Teil des Einselements (das auch 'Universum' genannt wird), während das Nullelement Teil eines jeden anderen Elements ist.

Die dritte Eigenschaft von Verbänden, die aus der Skizze nicht ersichtlich wird, liegt in dem Vorhandensein zweier dualer Operationen, die mit ⊔ ("cup" = Tasse) und ⊓ ("cap" = Mütze) bezeichnet werden, welche je zwei Elemente zu genau einem dritten verbinden. Es können also alle Elemente miteinander paarweise verknüpft werden, und diese Verknüpfung (ob mit ⊔ oder mit ⊓) führt stets zu genau einem Element des Verbands. Die Operationen (Verknüpfungen) werden interpretiert als:

a ⊔ b ergibt das kleinste gemeinsame Oberelement (*Supremum*)

a ⊓ b ergibt das größte gemeinsame Unterelement (*Infimum*)

Verbände sind z.B. die ganzen positiven Zahlen mit ⊑ = "ist Teiler von", ⊔ = kleinstes gemeinsames Vielfaches, ⊓ = größter gemeinsamer Teiler, ∅ die Zahl 1, 1 = die betrachtete Zahl; die Untermengen einer Menge (Potenzmenge) mit ⊑ = "Untermenge von", ⊔ = Vereinigung, ⊓ = Durchschnitt, ∅ = Nullmenge; usw.

Außerdem gibt es noch spezielle Verbände wie <u>distributive</u> und <u>modulare</u> Verbände. Darauf soll hier nicht eingegangen werden.

Verbände können auf zwei Arten miteinander verknüpft werden, wobei jedes Mal die beiden Minimal- und die Maximalelemente miteinander identifiziert werden:

Die <u>Summe</u> zweier Verbände ist ihre mengentheoretische Vereinigung. Es werden einfach die Elemente des 2. Verbands zum 1. dazugegeben und eventuell neue Relationen (zwischen den Elementen der beiden Verbände) geschaffen (das muss aber nicht sein; die Elemente der beiden Verbände können auch völlig unvergleichbar sein).

Das (direkte) <u>Produkt</u> zweier Verbände enthält als Elemente nun alle Paare $\langle x \in V_1, y \in V_2 \rangle$. Die Vergleichsrelation $\sqsubseteq$ gilt dann zwischen Paaren, wenn sie zwischen x_1 und x_2 und zwischen y_1 und y_2 gilt.

Schließlich bezeichnet man die Elemente auf der Stufe 1, d.h. über dem Null-Element, als <u>Atome</u> des Verbands. Aus ihnen kann der Verband sozusagen (mittels "$\sqcup$") aufgebaut werden.

SCOTTs Theorie

SCOTT (trotz des Vornamens 'Dana' ein σ) hat in verschiedenen Publikationen eine Interpretation des λ-Kalküls durch Einbettung seiner Terme in einen Verband gegeben. Das sieht so aus:

$x \sqsubseteq y$ bedeutet: x <u>approximiert</u> y, x enthält weniger Informationen als y

MIN ist das unvollständige Objekt

MAX ist das überbestimmte, widersprüchliche Objekt

$x \sqcup y$ enthält die Informationen in x und die Informationen in y

$x \sqcap y$ enthält die den Elementen x und y gemeinsame Information

Wenn $x \sqcup y = U$, dann widersprechen x und y einander.

Wenn $x \sqcap y = \emptyset$, dann sind x und y unabhängig voneinander.

Mit der Approximation als Verbandsrelation definiert SCOTT - ähnlich wie in der Analysis - unendliche Folgen von Elementen, die einem Grenzwert zustreben. Auf diese Folgen können weiterhin Funktionen angewandt werden, die unter bestimmten Bedingungen ebenfalls einem

Grenzwert zustreben. Aufbauend darauf werden Funktionenräume immer höherer Ordnung aufgebaut, die mit den Methoden der Topologie beschrieben werden können. - Uns interessieren hier nur die Grundideen, die als Leitgedanken für die Entwicklung eigener Theorien dienen.

Anwendung

Bevor wir im nächsten Kapitel den Zusammenhang zwischen Begriffshierarchien und Verbänden untersuchen, wollen wir einige Vorüberlegungen machen. Zunächst erhebt sich die Frage:

Welche Vorteile bieten Verbandsstrukturen?

Verbände scheinen ein gutes Mittel zur Beschreibung von Begriffen zu sein, wie sie in dieser Arbeit definiert werden. Es gibt einen Oberbegriff, aus dem alle anderen Begriffe abgeleitet werden können, und den wir mit dem maximalen Element des Verbands identifizieren können (für das Minimalelement haben wir zunächst keine Entsprechung). Verbände bilden symmetrische Strukturen, die man in beiden Richtungen durchlaufen kann, wobei man sicher ist, zu einem Endpunkt (MAX oder MIN) zu gelangen. Verbände haben ein festes Schema, wodurch die Fülle möglicher Zusammenhänge von vornherein eingeschränkt wird. Alle Erkenntnisse, die wir für einen Verband erlangen (und es sind nicht nur mathematische, sondern auch didaktische Erkenntnisse), können auf weitere Strukturen dieser Art angewandt werden. Das Chaos der Möglichkeiten wird auf angenehme Art in einen schön strukturierten Kosmos verwandelt.

Die Begriffe der Verbandstheorie können zwanglos im Umfeld der Begriffe interpretiert werden, wie noch zu zeigen ist. Es kann auf einen reichen Erfahrungsschatz zurückgegriffen werden (sowohl in der 'mainstream' Mathematik als auch in der 'computer science'). Verbände können systematisch durchlaufen werden (z. B. von unten nach oben), wobei immer nur zwei Elemente verknüpft werden müssen, die jeweils genau ein drittes Element ergeben.

Die didaktischen Konsequenzen dieser Eigenschaft sind nicht zu unterschätzen: Man hat eine einfache, 'lineare' Vorgangsweise zum Aufbau von Begriffskomplexen, wobei man mit den 'Atomen' beginnt und immer höher fortschreitet, bis zum allumfassendem Oberbegriff (induktive Methode) oder aber den umgekehrten Weg geht (deduktive Methode). Da zwei Begriffe, miteinander verknüpft, stets genau einen weiteren Begriff ergeben, kann man gute lernpsychologische Experimente durchführen:

Der Lernprozess ist auf das Minimum beschränkt. Schließlich können verschiedene Verbände durch Summen- und Produktbildung miteinander verknüpft werden, wodurch eine nach mathematischen Gesichtspunkten orientierte Erweiterung von Begriffsfeldern möglich ist.

Nicht zu unterschätzen ist die einfache und anschauliche graphische Repräsentationsmöglichkeit, die für didaktische Zwecke besonders gut geeignet erscheint. Und es braucht nicht extra erwähnt zu werden, dass eine Rechnerimplementierung infolge der mathematischen Exaktheit der Prozesse keine weiteren Schwierigkeiten bereitet.

13. Begriffsverbände

Lattisierung von Attributivdefinitionen

Wir wollen als Vorstufe einen vollständigen Begriffsverband explizit aufzeichnen. Dazu nehmen wir drei Eigenschaftsklassen mit 3, 2 und 2 Ausprägungen. Einen Begriff schreiben wir abkürzend in der Form ... , wobei für jeden Punkt eine Zahl (Eigenschaft) oder ein "-" (unreduziert) eingesetzt wird. Z.B. bedeutet 1-2, dass die erste Eigenschaftsklasse nach $e_1{}^1$, die dritte Eigenschaftsklasse nach $e_2{}^3$ reduziert wurden, während die zweite Eigenschaftsklasse unreduziert bleibt. Dieser Begriff hat daher die Abstraktionsstufe 1 (eine gebundene Variable, nämlich x_2). "---" ist der Oberbegriff, aus dem alle anderen abgeleitet werden können.

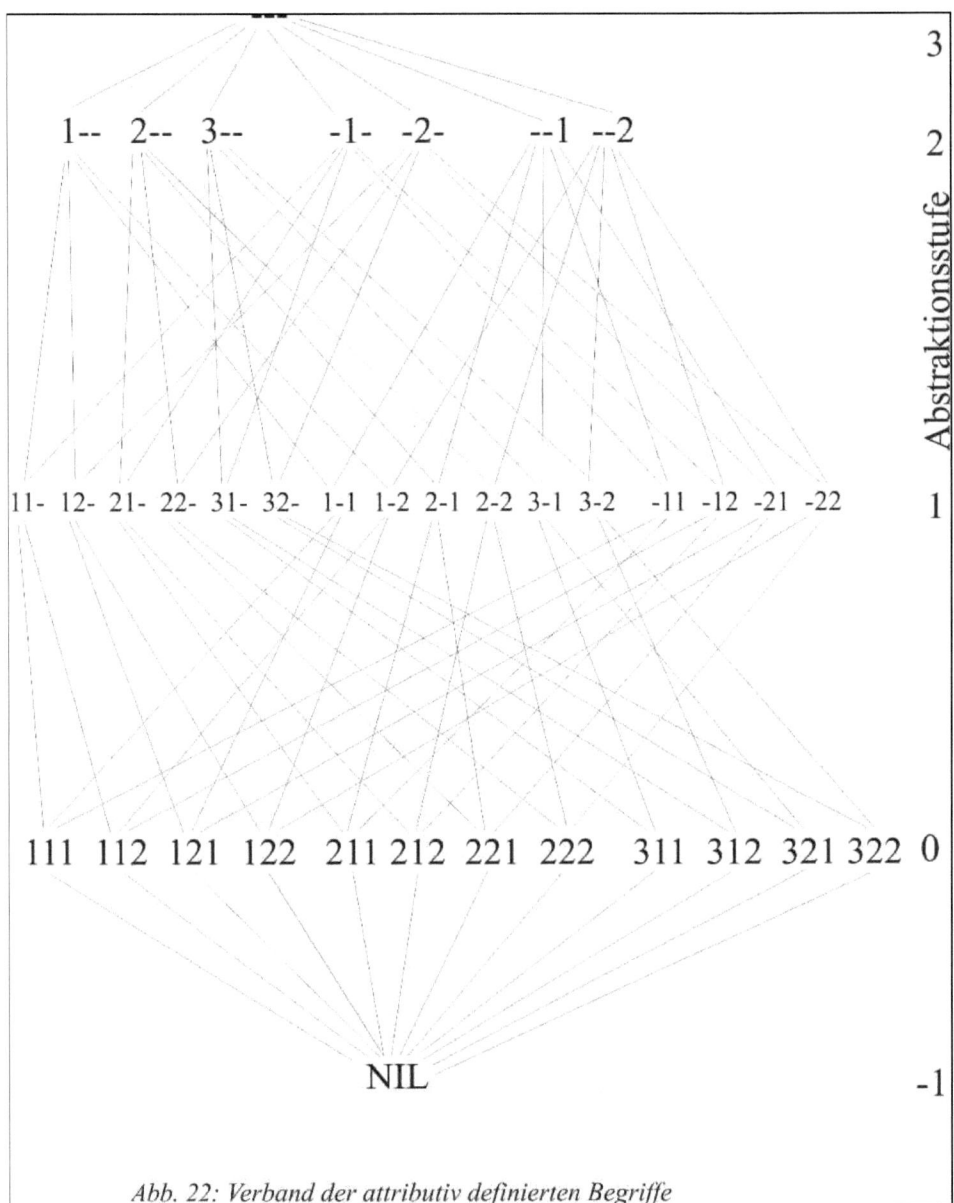

Abb. 22: Verband der attributiv definierten Begriffe

In Abb. 22 wurden alle Begriffe des gleichen Abstraktionsgrads in einer Ebene gezeichnet. Da alle Begriffe durch Reduktion (von oben gesehen) oder Abstraktion (von unten gesehen) entstehen, ergibt sich als Relation zwischen den einzelnen Begriffen natürlicherweise die Reduzierbarkeit auf oder die Abstrahierbarkeit von. Eine Kante zwischen zwei Begriffen bedeutet also, von unten nach oben gelesen: Abstrahierbarkeit; von oben nach unten gelesen: Reduzierbarkeit. So z.B. ist der Begriff 1-2 aus den Begriffen 1-- und --2 durch Reduktion ableitbar; im ersteren Fall wird nach der 3., im letzteren Fall nach der 1. Variablen reduziert.

Auf diese Art haben wir schon mehrere Voraussetzungen für einen Verband: ein maximales Element (den Oberbegriff); eine transitive Relation. Was fehlt, ist ein minimales Element sowie die Definition und Eindeutigkeit der beiden Verknüpfungen.

Das minimale Element können wir - etwas künstlich, aber sehr wirksam - als den leeren Begriff interpretieren und einführen. Er ist (ähnlich der Nullmenge) überbestimmt, widersprüchlich und Bestandteil eines jeden Begriffs. Wir setzen fest, dass jeder Begriff der Abstraktionsstufe 0 direkt auf ihn reduziert werden kann (dies ist eine reine Konvention). Wir bezeichnen ihn mit NIL, in Analogie zu dem entsprechenden LISP-Begriff.

Der leere Begriff ist die einzige Künstlichkeit, die einzige bewusste Aktion zur Lattisierung. Denn auch die beiden Operationen ergeben sich ganz natürlich (ebenso wie ihre Eindeutigkeit). Interpretieren wir "≤" als 'nächster (kleinster) gemeinsamer Oberbegriff' und "′" als 'nächster (größter) gemeinsamer Unterbegriff' so haben wir unseren Verband komplett. Die Eindeutigkeit der Operationen ist leicht nachgewiesen:

Für zwei Einzelelemente x_1 und x_2 (die entweder eine Zahl oder den Bindestrich bezeichnen) gilt:

$$
\begin{array}{l}
\quad\quad\quad x_1,\ \text{wenn}\ x_1 = x_2 \\
\quad\quad\ / \\
(1)\ x_1 \leq x_2 = \\
\quad\quad\ \backslash \\
\quad\quad\quad \text{"-", wenn}\ x_1\ \text{oder}\ x_2 = \text{"-"} \\
\quad\quad\quad x_1,\ \text{wenn}\ x_1 = x_2\ \text{oder}\ x_2 = \text{"-"} \\
\quad\quad\ / \\
(2)\ x_1\,'\,x_2 = \\
\quad\quad\ \backslash \\
\quad\quad\quad x_2,\ \text{wenn}\ x_1 = \text{"-"}
\end{array}
$$

115

In allen anderen Fällen ist die Operation nicht ausführbar, d.h. es führen keine Kanten zu einem Element der nächsthöheren bzw. nächsttieferen Stufe; $x_1 \leq' x_2$ ist dann gleich MAX oder MIN. Die Operationen werden der Reihe nach für alle Elemente der beiden Begriffe durchgeführt. Sie sind eindeutig, da sie immer nur zu höchstens einem Element führen.

⊔	a	-		⊓	a	-
a	a	-		a	a	a
-	-	-		-	a	-

Tab. 14: Ergebnis der Operationen "≤" und "⁁". a = beliebige freie Variable, "-" = unreduzierte (gebundene) Variable. Die Tabelle entspricht den Operationen für das logische "oder" und "und".

Auf diese Weise gewinnt man aus Attributivdefinitionen Begriffsverbände. Die Entsprechungen (Interpretationen) sind in Tab. 15 zusammengestellt.

Verbandstheorie	SCOTT	RIPOTA
Verband	extensionales Modell des λ - Kalküls	Begriffsfeld
Atome	-	reale (konkrete) Objekte
Verbands-Relation ($\sqsubseteq$)	x approximiert y	y ist auf x reduzierbar, $Ext(x) \leq Ext(y)$
Maximal-Element **(1, U, MAX)**	überdefiniertes, widersprüchliches Element	oberster Oberbegriff, Generatorbegriff (Int = 0)
Minimal-Element **(0, ∅, MIN)**	unvollständiges Objekt	leerer Begriff (NIL) (Ext = 0)
Supremum (⊔)	Vereinigung der Informationen	nächster gemeinsamer Oberbegriff
Infimum (⊓)	Durchschnitt der Informationen	nächster gemeinsamer Unterbegriff
x ⊔ y = MAX	x und y widersprechen einander	x und y haben keine gemeinsamen Eigenschaften ($Int(x)$ $\cap Int(y) = \emptyset$)

$x \sqcap y = MIN$	x und y sind unabhängig voneinander	x und y beschreiben verschiedene Ausschnitte der Wirklichkeit (Ext(x) $\cap$ Ext(y) = $\varnothing$

Tabelle 15: Interpretationen und Vergleiche. Int(x) = Bedeutung von x ('Intension'), Ext(x) = Ausdehnung von x ('Extension') (siehe nächstes Kapitel "Operationen mit Verbänden")

Operationen mit Verbänden

Wir unterscheiden bei einem Verband seine Breite (seine horizontale Ausdehnung) und seine Tiefe (Höhe oder Dimension) (seine vertikale Ausdehnung). Die Breite ist in jeder Ebene verschieden. Oberste und unterste Ebene haben die Breite 1. Unter Breite schlechthin verstehen wir die Breite auf der Ebene der realen Dinge, eine Stufe oberhalb von NIL.

Je nach Art der Operation verändern sich Breite oder Tiefe oder beides. In unserer Begriffsfeld-Interpretation von Verbänden entspricht der Breite der Begriffsumfang, der vom Umfang der Eigenschaftsklassen abhängt. Je umfangreicher diese Klassen (d.h. je mehr konkrete Eigenschaften jede Klasse enthält), desto umfangreicher der Begriff. Didaktisch entspricht dies einer größeren Gedächtnisleistung, da auf jeder Ebene mehr Begriffe existieren und gelernt werden müssen. Der Tiefe entspricht die Abstraktionsstufe, d.h. die Anzahl der gebundenen Variablen (= Eigenschaftsklassen). Je mehr Klassen, desto abstrakter wird der Begriff, desto mehr Begriffsstufen (weitere abstrakte Begriffe) können aus ihm abgeleitet werden. Didaktisch entspricht dies einer größeren Denkleistung; durch die Schaffung zusätzlicher Abstraktionsstufen wird das Abstraktionsvermögen des Schülers mehr in Anspruch genommen.

Beschränkungen

Ein vollständiger Verband ist infolge seiner vielen Relationen etwas unübersichtlich. Durch Einschränkungen kann man Teilstrukturen herstellen, die immer noch die Verbandseigenschaften besitzen, aber weniger Knoten oder Kanten oder beides besitzen. Eine solche Teilstruktur ist eine Hierarchie. Sie zeichnet sich dadurch aus, dass zu jedem Knoten, von oben betrachtet, genau eine Kante führt (ausgenommen zum leeren Begriff), d.h., bei zwei Knoten auf derselben Höhe führt die Infimum-Operation stets zu NIL:

$a \sqcap b = NIL$. Gegenüber dem ursprünglichen Verband nimmt die Breite, nicht aber die Tiefe ab: Hierarchien haben gleich viel Abstraktionsstufen wie die Verbände, aus denen sie entstehen.

Die Erzeugung einer Hierarchie geschieht nach einem einfachen Gesetz:

Man reduziert zunächst nur nach der Variablen x_i und nach keiner anderen. Auf der nächsttieferen Stufe reduziert man wieder nur nach einer einzigen Variablen x_j ($j \neq i$), usw., bis man zur Stufe 0 (vollreduzierte Terme) gelangt. Die Auswahl der Variablen geschieht nach didaktischen Gesichtspunkten, indem man den verschiedenen Eigenschaftsklassen (die syntaktisch alle gleichberechtigt sind) unterschiedliche Wichtigkeit im Lernprozess zuordnet.

Im Beispiel der Abb.23 wurde aus dem Verband der Abb.22 eine Hierarchie erzeugt, indem auf Stufe 2 nur nach der 1. Variablen, in Stufe 1 nur nach der 2. Variablen und in Stufe 0 nach der verbleibenden 3. Variablen reduziert wurde.

Die Anzahl der aus einem Verband der Tiefe n generierbaren Hierarchien ist, wie man sich leicht überzeugt, gleich $n!$; aus unserem Beispiel sind also $3! = 6$ Hierarchien generierbar.

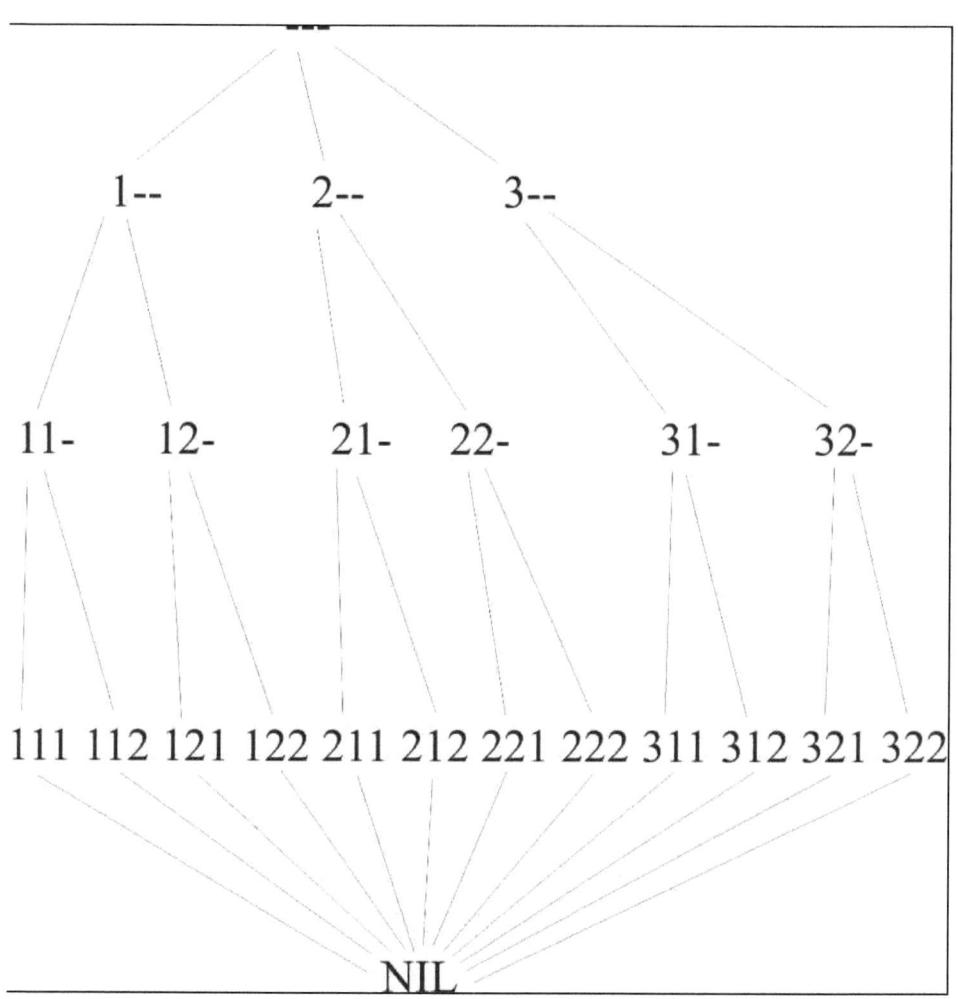

Abb. 23: Bildung einer Hierarchie aus einem Verband durch Einschrän-
kung. Es wird jeweils nur nach der 1., dann nach der 2. usw. Variablen
reduziert.

Addition von Verbänden

Durch die Addition von Verbänden wird die Breite vergrößert, während die Tiefe des Summenverbands gleich der größeren Tiefe der Einzelverbände ist. Eine Addition von Begriffsverbänden ist im allgemeinen nur sinnvoll, wenn beide Verbände die gleiche Tiefe haben. Didaktisch bedeutet dies die Vereinigung von Begriffsfeldern, die vom *gleichen* Generatorbegriff geschaffen wurden, wobei die einzelnen Eigenschaftskategorien aber unterschiedliche Elemente enthielten. Als Beispiel wählen wir wieder den Verband der Abb. 22, den wir jetzt aus zwei Teilverbänden additiv erzeugen.

Bei V_1 setzen wir: $E_3 := \{e_1{}^3\}$

Bei V_2 setzen wir: $E_3 := \{e_2{}^3\}$

Wir spalten die dritte Eigenschaftsklasse also in zwei Gruppen auf, beide mit nur einem Element. Die so generiert Verbände haben wir in Abb. 24 & 25 dargestellt. Man sieht, dass sich die Verbände in einigen Elementen gleich sind, in anderen nicht. Die Atome sind alle voneinander verschieden.

Bei der Addition entsteht der ursprüngliche Verband der Abb. 22 wieder dadurch, dass identische Elemente (z.B. -2-), also Elemente, die in beiden Verbänden auftreten, identifiziert werden und nur einmal aufgeführt werden. Es handelt sich also um eine simple Mengenvereinigung.

Man sieht auch die Beziehung zu den Hierarchien: So wie die Hierarchien durch Subtraktion aus dem vollständigen Verband entstehen, kann der vollständige Verband durch Addition seiner aus ihm erzeugbaren Hierarchien hergestellt werden.

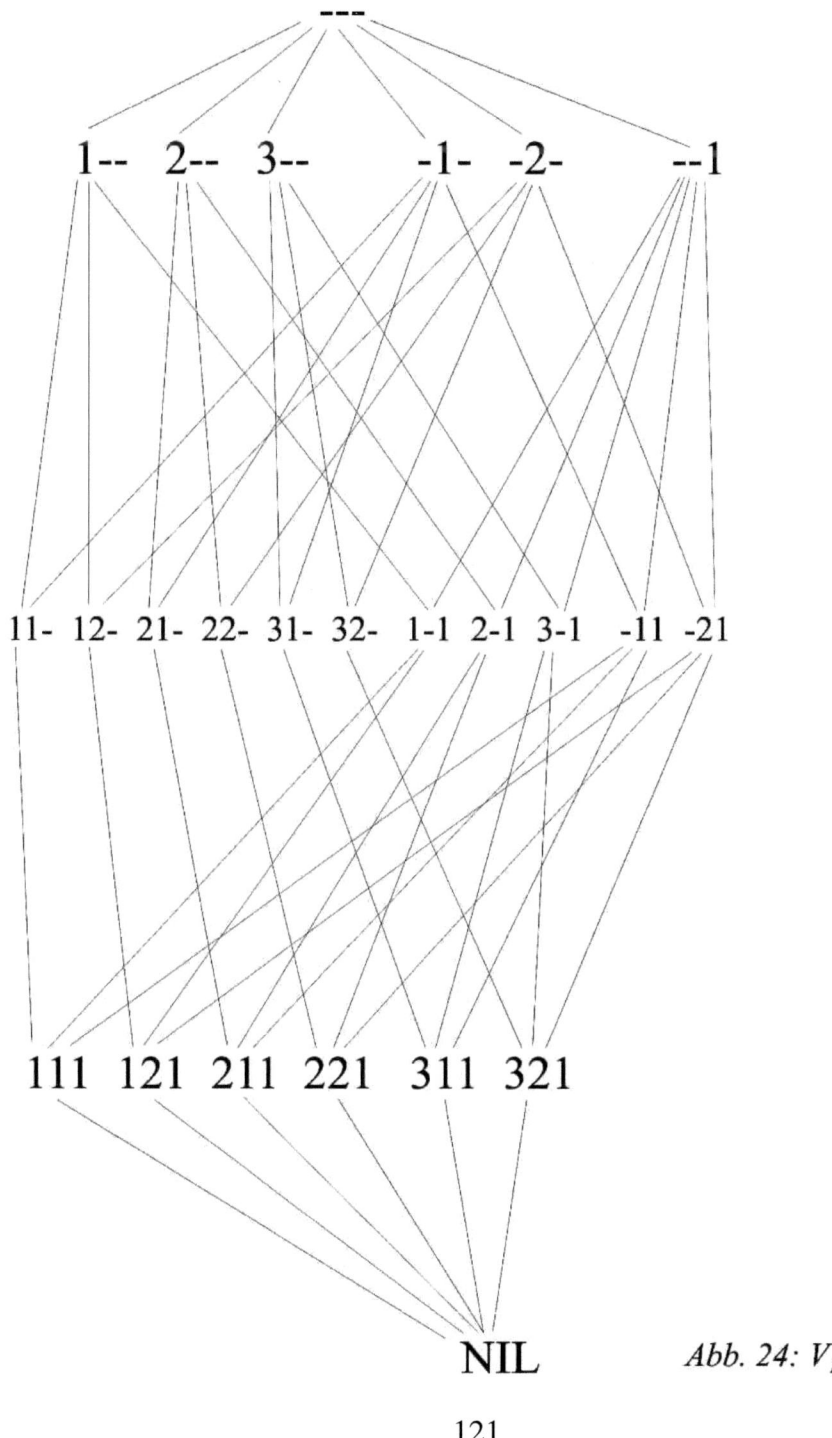

Abb. 24: V₁

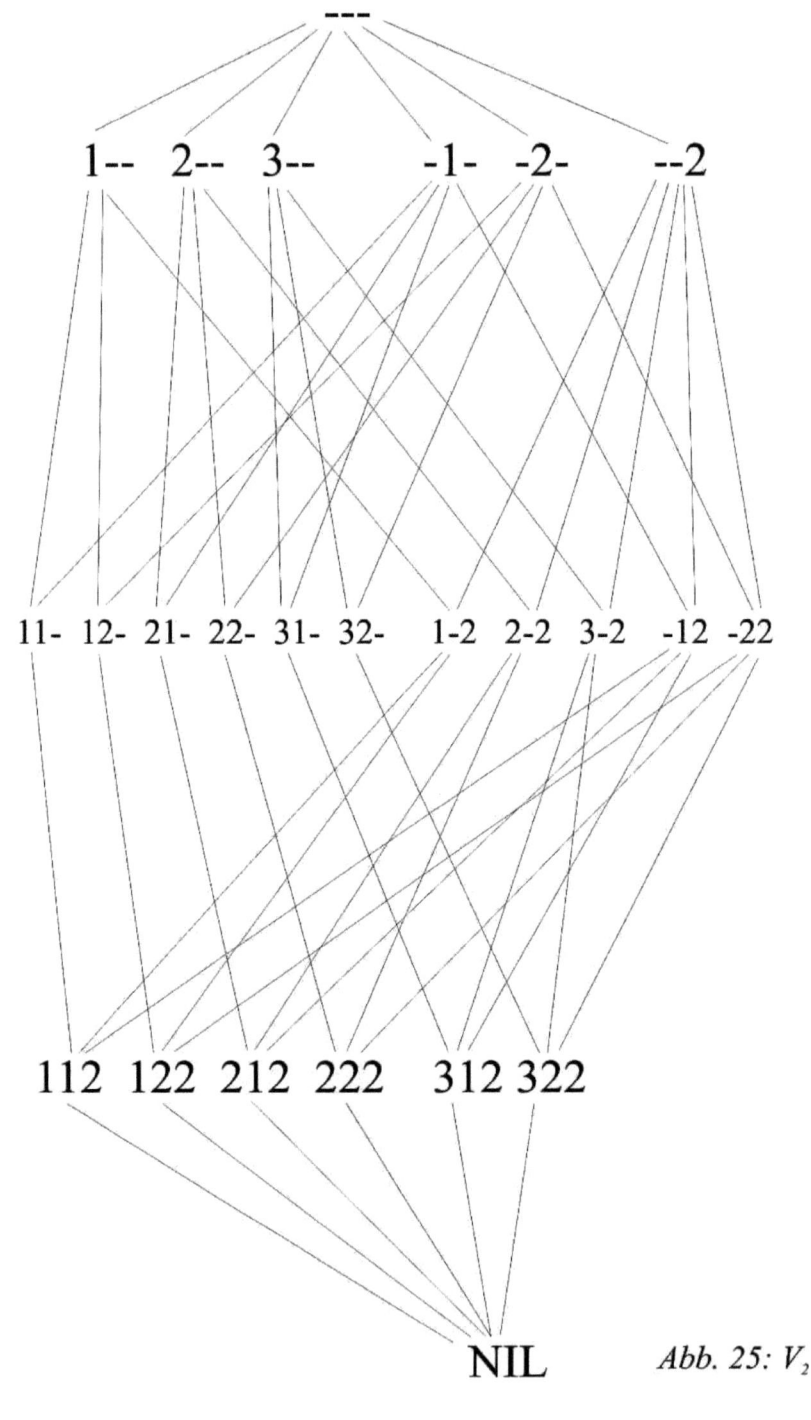

Abb. 25: V₂

Multiplikation von Verbänden

Durch die Multiplikation (das direkte Produkt) von Verbänden werden sowohl Breite als auch Tiefe vergrößert. Waren in V_1 n_1 Elemente und in V_2 n_2 Elemente, so ist die Anzahl der Elemente des Produktverbands gleich $n_1 \cdot n_2$. Die Elemente des Produktverbands sind jedoch <u>Paare</u>, deren Interpretation von den Gegebenheiten abhängt. Wir zeigen an zwei Beispielen, wie Elementpaare sinnvoll interpretiert werden können.

Wir spalten den Generatorbegriff des Beispiels der Abb. 22 in zwei Begriffe:

$$B_1 := \lambda x_1 \in E_1 \lambda x_2 \in E_2 . \{x_1, x_2\}$$

$$B_2 := \lambda x_3 \in E_3 . \{x_3\}$$

und erzeugen (bei gewohntem Umfang der Eigenschaftskategorien E_1 bis E_3) zwei Verbände V_1 und V_2, die wir in Abb. 26 und 27 dargestellt haben. Der Produktverband $V = V_1 \times V_2$ ist wieder der Verband der Abb. 22, wenn wir festsetzen, dass das Paar $<A,B>$ als Element AB interpretiert wird. Mit anderen Worten: Aus dem Begriffspaar $<1\text{-},2>$, das durch Multiplikation von "1-" mit "2" entsteht, wird der neue Begriff "1-2". - Didaktisch bedeutet dies die Vereinigung von Begriffsfeldern, die von *unterschiedlichen* Generatorbegriffen geschaffen wurden, wobei V_2 als Erweiterung des Generatorbegriffs von V_1 aufgefasst werden kann: Dem Begriff wird sozusagen eine neue Dimension hinzugefügt.

Die zweite Interpretation von Produktverbänden lehnt sich an die mathematische Interpretation von Mengenprodukten an: Es handelt sich um Abbildungen oder Funktionen. Als Beispiel nehmen wir eine Situation S, die durch die Aktion A in die Situation S' überführt wird. S wird durch den Verband V_1, S' durch V_2 und A durch den Produktverband $V_1 \times V_2$ dargestellt. Das Paar $<s,s'>$ wird interpretiert als Aktionsbestandteil a, welcher Situationsbestandteil s in Situationsbestandteil s' überführt (siehe Kap. 18.2).

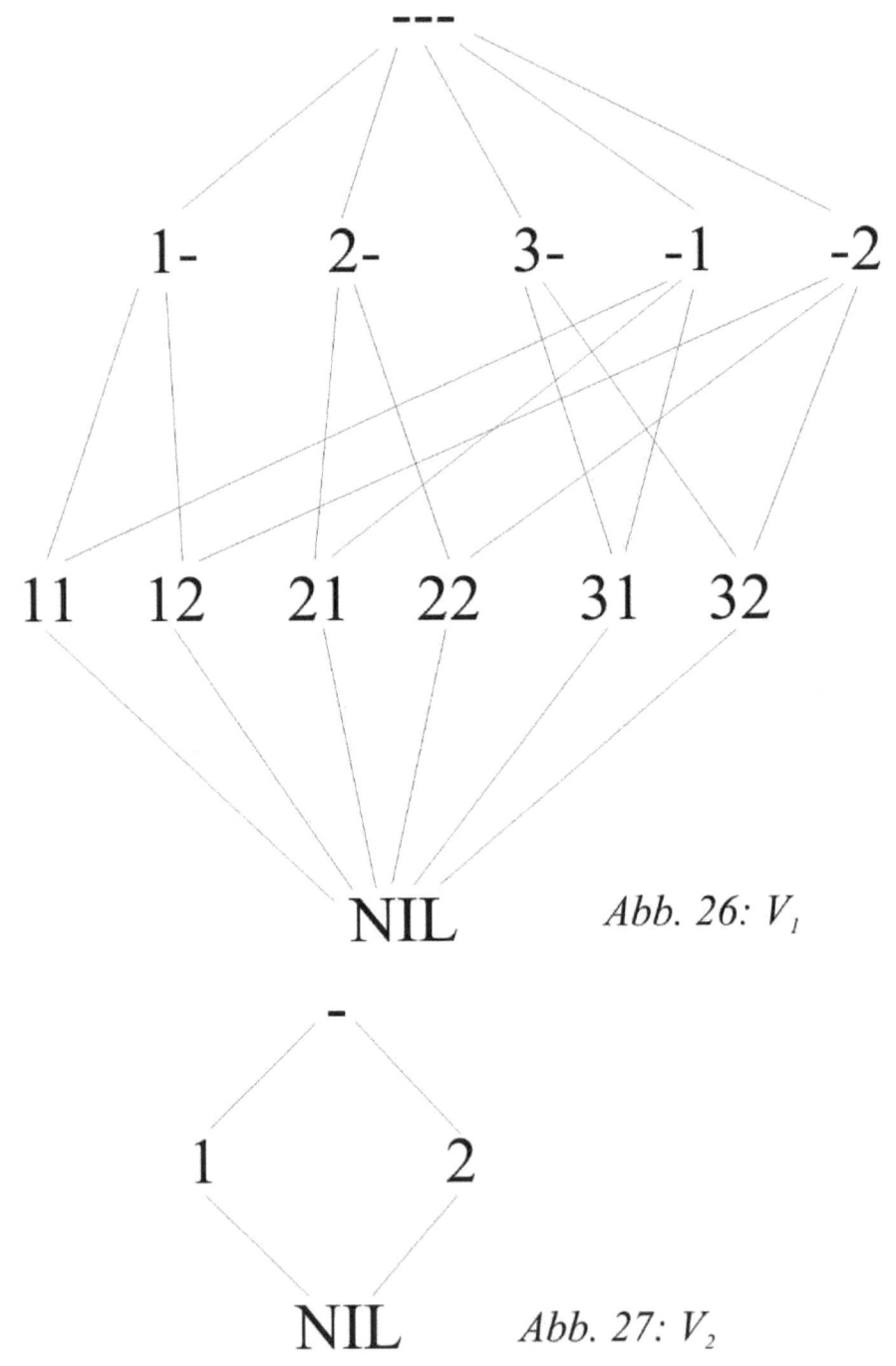

Abb. 26: V₁

Abb. 27: V₂

An einem letzten Beispiel wollen wir uns die Anwendbarkeit der soeben besprochenen Operationen verdeutlichen.

Nehmen wir an, wir wollten das Konzept des "Satzes" erklären und ausbauen. Wir definieren den Begriff 'Satz' zunächst attributiv mit drei Variablen. Die erste entstammt der Eigenschaftsklasse "Subjekt" und enthält alle Bestandteile, die ein grammatikalisches Subjekt ausmachen können, z.B. Eigenname, Persönliches Fürwort, Artikel + Hauptwort, usw. Die zweite Kategorie enthält transitive Verben, ohne dass dies (die Eigenschaft der Transitivität) explizit angegeben wird. Die dritte Kategorie enthält nur eine Ausprägung: "direktes Objekt". Damit kann man einen Verband generieren und zu linguistischen Einheiten in Beziehung setzen.

Einen zweiten Verband erzeugen wir, indem wir in Kategorie 2 nur intransitive Verben und in Kategorie 3 nur indirekte Objekte nehmen. Die beiden Verbände können nun, nachdem sie einzeln besprochen (und eventuell durch Einschränkungen vereinfacht) worden waren, additiv aneinandergefügt werden. Dadurch wird das Begriffsfeld "Satz" erweitert; die Struktur der Satz-Definition bleibt jedoch die gleiche. Eine Erweiterung der Definition ist dadurch möglich, dass man einen neuen Verband aus der Kategorie "Attribut" generiert und mit dem alten Verband multiplikativ verknüpft, wie es vorhin gezeigt wurde.

Lattisierung von Nominaldefinitionen

Nominaldefinitionen bilden keinen Verband und können nicht auf natürliche Weise zu einem Verband erweitert oder uminterpretiert werden. Dennoch ist eine Lattisierung möglich; ob sie auch sinnvoll ist, muss von Fall zu Fall entschieden werden. Wir zeigen den Vorgang und die Interpretation des Ergebnisses an einem Beispiel.

Als Beispiel wählen wir einen Ausschnitt aus dem Logogramm zum Periodensystem (siehe Abb.28). Ein maximales Element ist hier bereits (zufällig) vorhanden; ein Minimalelement kann mittels NIL leicht hinzugefügt werden. Aber die Elemente bilden keine Verbandstruktur, weil ihre wechselseitige Beziehung - "wird definiert durch" - rein semantischer Natur ist und nicht, wie bei den Attributivdefinitionen, aus ihrer Struktur abgeleitet werden kann.

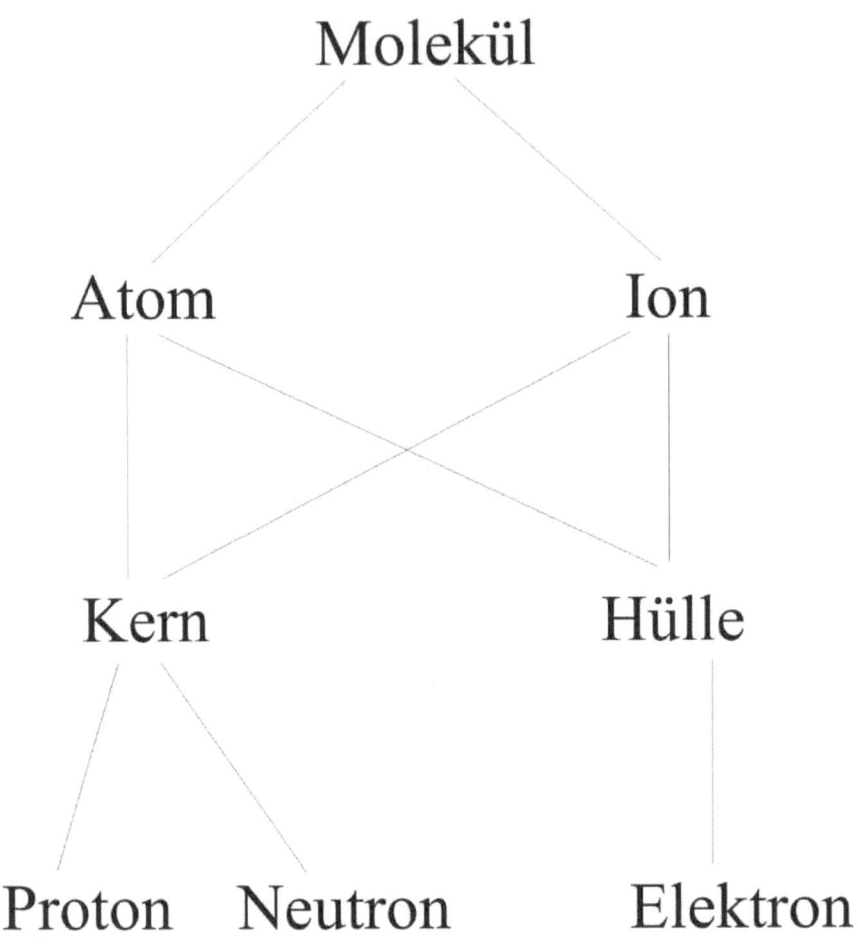

Abb. 28: Ausschnitt aus dem Logogramm "Periodensystem". "———"
bedeutet: "wird definiert durch"

Bei der Lattisierung kann man in zwei Richtungen vorgehen, von unten
nach oben, oder von oben nach unten. Wir gehen zunächst den ersten Weg;
das Ergebnis zeigt Abb. 29.

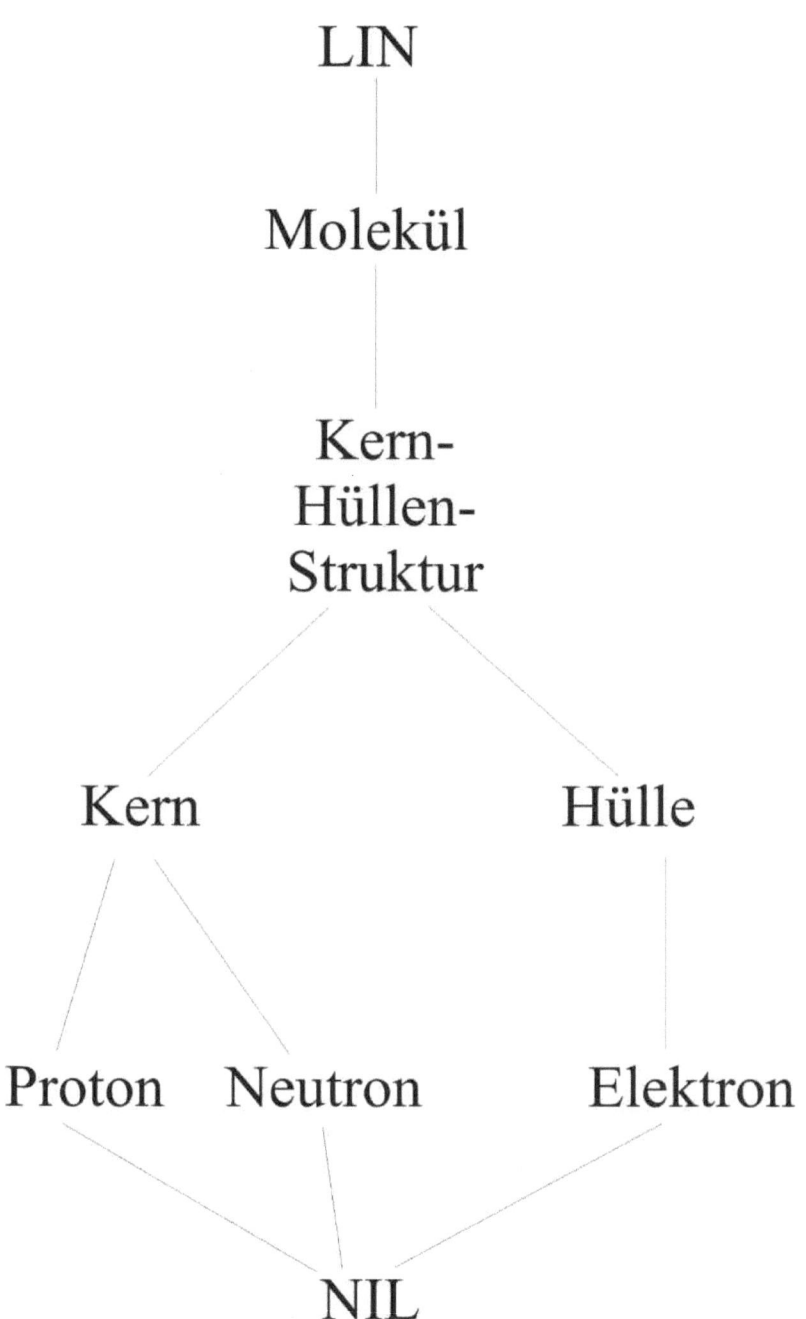

Abb. 29: Lattisierung des obigen Graphen "von unten nach oben"

Zunächst fügen wir den leeren Begriff hinzu. Die Elemente auf der nächsten Ebene, also die Atome, können immer belassen werden. Voraussetzung ist nur, dass zwischen ihnen keine Beziehungen bestehen, sie also echte Atome sind. Die nächsten beiden Elemente ("Kern" und "Hülle") können wir belassen, da sie zusammen mit den Atomen und mit NIL bereits die Verbandsaxiome erfüllen. Die nächsten beiden Elemente werden zu einem Element zusammengefasst, das wir als "K(ern)-H(ülle)-Struktur" bezeichnet haben. Es ist eine Menge und umfasst alle Elemente des ursprünglichen Graphen, die die unmittelbar darunter liegenden Elemente (Kern und Hülle) als Bestandteile besitzen. Dieser neue Begriff kann daher interpretiert werden als "alle Strukturen, die aus einem Kern und einer Hülle bestehen". - "Molekül" bleibt erhalten, aber wir müssen noch, wegen der Identifizierbarkeit mit MAX von anderen Verbänden, ein künstliches maximales Element einführen, das wir in Analogie zu "NIL" als "LIN" bezeichnen. Es bedeutet nichts.

In Abb.30 zeigen wir das Ergebnis beim Vorgehen von oben nach unten. Zuerst wird wieder "LIN" und "NIL" hinzugefügt. "Molekül" gehört jetzt zu den Atomen; es kann erhalten bleiben. "Atom" und "Ion" bilden mit den bis jetzt erzeugten Elementen einen Verband, können also auch bleiben. Auf der nächsten Ebene müssen die beiden Elemente zu einem Element zusammengefasst werden, das wir als "K(ern)-H(ülle)-Element" bezeichnet haben. Es umfasst alle Elemente, die als Bestandteil der unmittelbar darüberliegenden Elemente dienen. Der Rest bleibt wieder gleich.

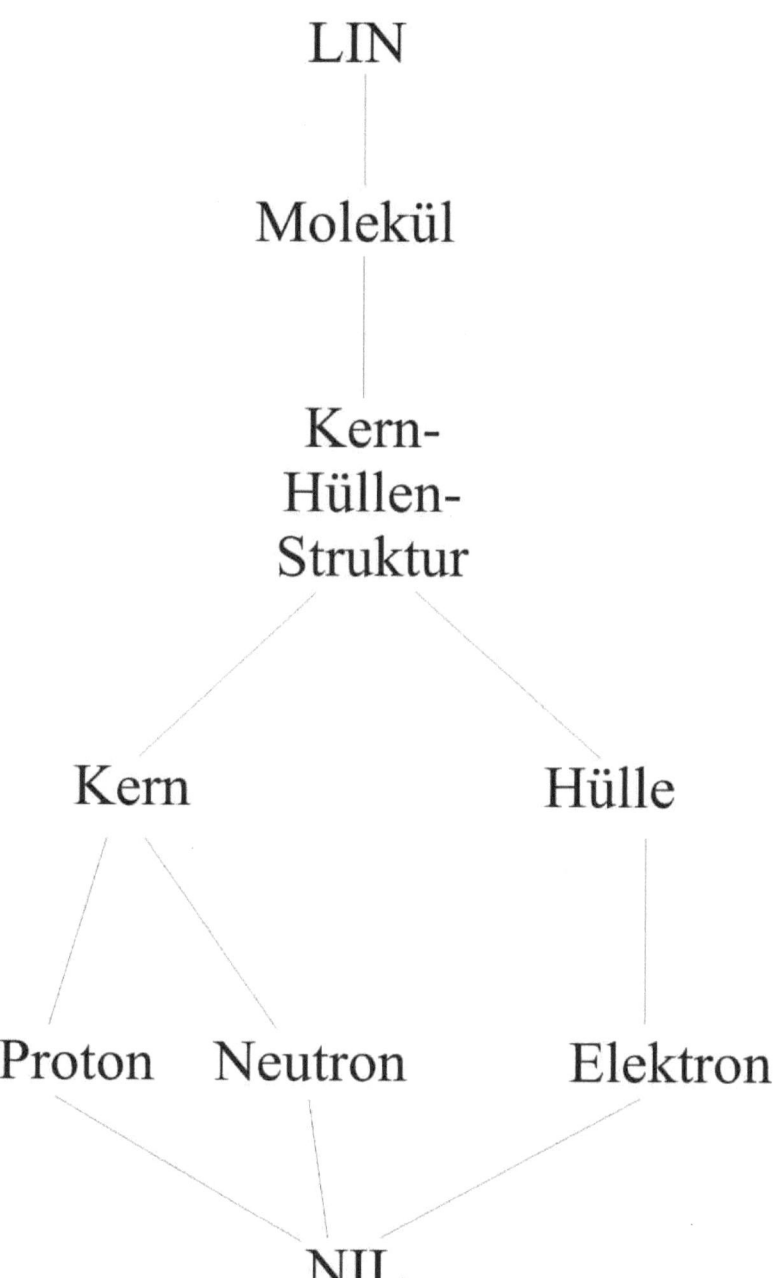

Abb. 30: Lattisierung durch Vorgehen "von oben nach unten"

Der didaktische Sinn kann darin liegen, dass eine Vereinfachung der Begriffe vorgenommen wird. Allerdings ist diese extensionale Erweiterung zugleich eine intensionale Vermehrung: Was an Begriffsumfang eingespart wird, muss durch einen höheren Bedeutungsumfang (und damit höheren Abstraktionsgrad) erkauft werden. Dennoch kann beim schrittweisen Vorgehen (insbesonders von unten nach oben) eine derartige Zusammenfassung von Begriffen, die sich nach strengen Regeln orientiert und eine Verbandstruktur erzeugt, sinnvoll sein.

Wir geben nun noch die exakten Regeln zur Lattisierung von Nominaldefinitionen an:

Nach Hinzufügen von NIL und LIN werden in jeder Ebene alle Elemente c zu einer Menge C solange zusammengefasst, bis die Verbandsaxiome erfüllt sind, wobei für c gilt:

beim Vorgehen von unten nach oben: $a_1 \sqsubseteq c$ & $a_2 \sqsubseteq c$ & ... (a_i aus der Ebene unmittelbar unter c)

beim Vorgehen von oben nach unten: $c \sqsubseteq a_1$ & $c \sqsubseteq a_2$ & ... (a_i aus der Ebene unmittelbar oberhalb von c)

Funktionen auf Verbänden

Homogene Funktionen

Homogene Funktionen liefern bei Anwendung auf Verbandselemente wiederum Verbandselemente (also Mengen). Dazu gehören Abbildungen von Verbänden auf andere Verbände:

$$syn(V)$$

ist eine ein-mehr-deutiqe Abbildung und liefert die Synonyme der Begriffe von V. Aus einem Begriff kann dabei eine Begriffsmenge entstehen, wenn es dazu mehrere Synonyme gibt.

$$trans(V)$$

hat die gleichen Eigenschaften wie syn und liefert die in irgendeine Sprache übersetzten Begriffe von V. Nehmen wir an, der Begriff B sei so definiert:

$$B := \{a^{E_1}, b^{E_2}, ...\}$$

(Reduktion der 1. Variablen nach a, der 2. nach b, usw.). Dann gilt:

$$trans(B):= \{ trans(a)^{trans(E_1)}, trans(b)^{trans(E_2)}, ... \}$$

d.h., es werden sowohl Eigenschaftsklassen als auch Ausprägunqen getrennt übersetzt (diese Linearität ist ja der große Vorteil der Attributivdefinitionen). Ferner gilt:

trans(NIL) = NIL,

$$trans(MAX) = x_1^{trans(E_1)} x_2^{trans(E_2)} ...$$

pre(B) liefert alle <u>Vorgänger</u> zum Begriff B (innerhalb eines Verbands V), d.h.

$$pre(B) = \{ B_i: B_i \sqsupseteq B \}$$

suc(B) liefert alle <u>Nachfolger</u> zum Begriff B, d.h.

$$suc(B) = \{ B_i: B_i \sqsubseteq B \}$$

Die wichtigsten Funktionen sind die schon in Kap. 9 besprochenen *Intension* und *Extension*, die wir mit *pre* bzw. *suc* gleichsetzen:

$$int(B) := pre(B) \qquad ext(B) := suc(B)$$

Zur <u>Intension</u> (Bedeutung) eines Begriffs zählen wir also alle Begriffe, aus denen er abgeleitet werden kann; zur <u>Extension</u> (Ausdehnung) eines Begriffs zählen wir alle Begriffe, die aus ihm abgeleitet werden können. Die Intension des Generatorbegriffs ist gleich der Nullmenge (da er keine Vorgänger hat), während seine Extension alle anderen Begriffe umfasst. Anschaulich bedeutet dies, dass der Generatorbegriff 'leer' ist, in den Sinn, dass seine Möglichkeiten noch nicht verwirklicht wurden. Umgekehrt haben die Atome eine hohe Intension, während ihre Extension jeweils nur einen Begriff umfasst, nämlich NIL. Auch hier beobachten wir das im 9. Kap. schon erwähnte Gesetz, dass Bedeutung und Ausdehnung umgekehrt proportional zueinander sind.

<u>Heterogene Funktionen</u>

Wir betrachten solche heterogenen Funktionen, die bei Anwendung auf Verbandselemente eine Zahl liefern. Die wichtigsten sind *Intensionsgrad*,

131

Extensionsgrad und *Strukturgrad*. Wenn wir mit $/M/$ die Kardinalzahl (den Umfang) der Menge M bezeichnen, dann gilt:

Intensionsgrad (ing) := $|\text{int}|$

Extensionsgrad (exg) := $|\text{ext}|$

In unserem Beispiel der Abb. 22 gilt etwa: ing(---) = 0, exg(---) = 36, ing(-1-) = 1, exg(-1-) = 3·2 + 2·3 + 1 = 13, usw. In Abb. 31 wurden einige Werte als Funktionsgraph zusammengestellt; man sieht sehr schön die umgekehrte Proportionalität.

Den <u>Strukturgrad</u> haben wir in einer anderen Arbeit zur Beschreibung der Komplexität von Lehrprogrammen eingeführt (RIPOTA 1974). Er wird für Verbände unverändert übernommen. Als normale Fortschreitungsrichtung nehmen wir die Richtung der Reduktion, also von oben noch unten. Die Anzahl der von einem Knoten weggehenden (hier also: nach unten strebenden) Kanten ist sein <u>Ausgrad</u> g_a. Ein Maß für den Entscheidungsgehalt eines einzelnen Knoten ergibt sich durch Logarithmieren von g_a. Summiert man über alle Knoten, dann erhält man den Strukturgrad des Gebildes:

$$S := \sum_{\text{Knoten}} \log(g_a)$$

Nun kann man den Verband auch in umgekehrter Richtung, von unten nach oben, durchlaufen. Dann ergibt sich ein anderer Strukturgrad, d.h., je nachdem wie der Lernprozess programmiert wird, ergibt sich eine unterschiedliche Komplexität. Wir deuten die Richtung durch einen tiefgestellten Pfeil an ($S\downarrow$ bzw. $S\uparrow$). In Tab. 16 haben wir die beiden Strukturgrade für verschiedene Verbände bzw. Hierarchien zusammengestellt. Bei echten Hierarchien gilt z.B. immer: $S\uparrow = \log(n)$, wenn n die Anzahl der Atome bezeichnet, und meist ist $S\uparrow$ wesentlich kleiner als $S\downarrow$. Es ist also didaktisch sinnvoll, Hierarchien von unten nach oben aufzubauen, weil dabei wesentlich weniger Entscheidungsprozesse absolviert werden müssen. Das gleiche gilt häufig auch für Verbände.

	Abb.1	Abb.2	Abb.3	Abb.4	Abb.5	Abb.6
$S\downarrow$	25.25	7.34	13.52	13.53	5.89	0.3
$S\uparrow$	13.58	2.48	16	16	5.95	0.3

Tab. 16: Strukturgrade verschiedener Verbände und Hierarchien

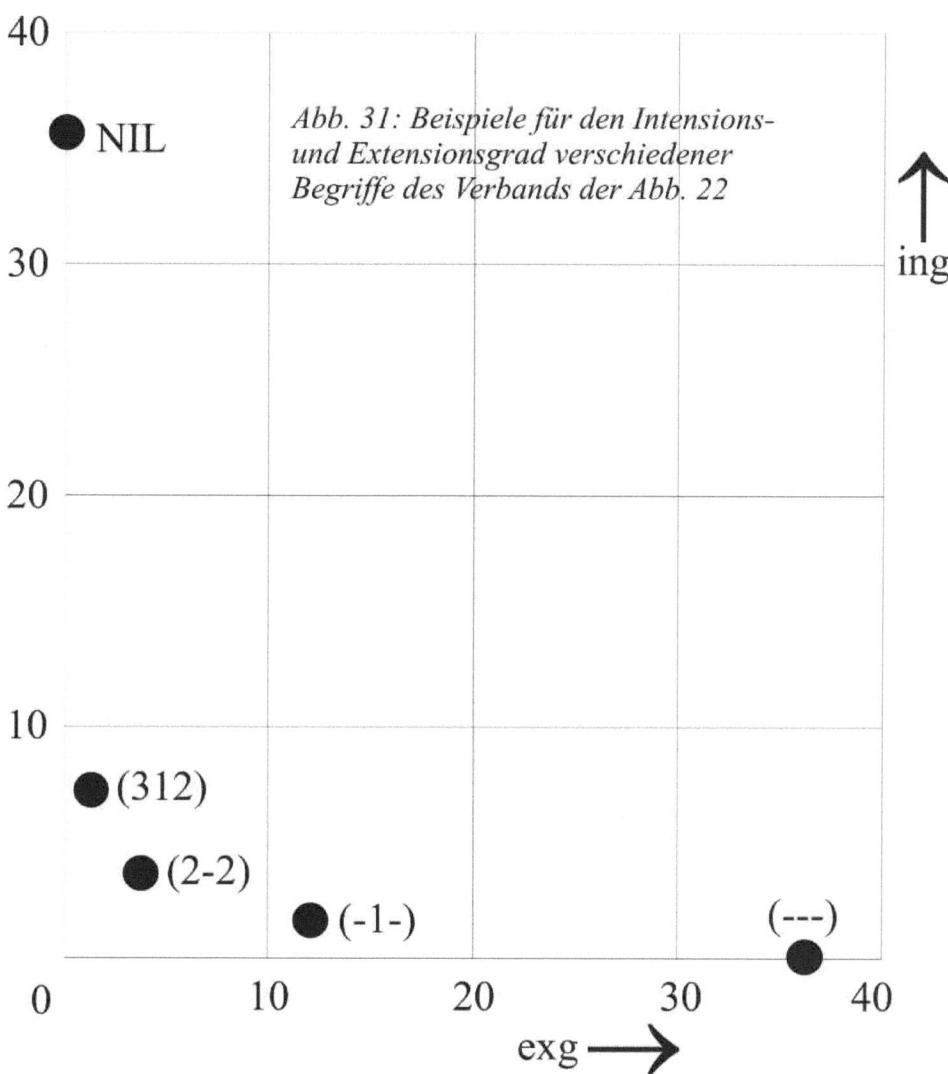

Abb. 31: Beispiele für den Intensions-
und Extensionsgrad verschiedener
Begriffe des Verbands der Abb. 22

Der Aufbau der Welt

Im Jahre 1928 veröffentlichte CARNAP ein Buch mit dem Titel "Der logische Aufbau der Welt". Das veranlasste uns beinahe dazu, diesen Abschnitt "Der lambdische Aufbau der Welt" zu nennen. Allerdings verwenden wir auch andere Aufbauprinzipien außer dem λ-Kalkül, deswegen verzichten wir auf das schmückende Beiwort.

Wir zeigen in diesem Abschnitt, wie Teilordnungen mit Hilfe des Lambda-Kalküls, der Mengenlehre und durch Vektoren, Matrizen und höherdimensionale Gebilde erzeugt werden können und welche Vergleichsmöglichkeiten es für so erzeugte Terme gibt.

1. λ

Stufen

Wie man λ-Terme erzeugt, wurde schon hinreichend oft gezeigt. Ein Ausdruck der Form

$$\lambda x_1 x_2 ... x_n \qquad \text{ist eine Abkürzung für}$$

$$\lambda x_1 \lambda x_2 ... \lambda x_n$$

Die Abstraktionsstufe oder kurz <u>Stufe</u> eines λ-Terms ergibt sich als Anzahl der in ihm vorkommenden λ-Operatoren, was gleichbedeutend mit der Anzahl der gebundenen Variablen ist. (Wir haben diese Größe auch als 'Ahstraktionsqrad' bezeichnet.) Vollreduzierte Terme (Terme ohne gebundene Variable) liegen auf der Stufe 0. Der Übergang zu höheren Stufen geschieht durch <u>Abstraktion</u>, der Übergang zu niederen Stufen durch <u>Reduktion</u>. Terme der Stufe 0 bezeichnen wir als <u>Individuen</u>, Terme einer höheren Stufe als <u>Funktionen</u>.

Teilordnungen zwischen den Stufen

Zwischen den Stufen sind zwei Arten von Relationen möglich.

Die erste, die durch "$<_\lambda$" angedeutet wird, vergleicht den Abstraktionsgrad zweier Terme. Es gilt:

$$|T_1| <_\lambda |T_2|$$

wenn T_1 auf einer niedrigeren Stufe steht als T_2, also weniger gebundene Variablen enthält. Die senkrechten Striche um die T_i bedeuten, wie üblich, die Bildung einer Kardinalzahl aus dem Term; welcher Art diese Zahl ist, ergibt sich aus dem Relationsoperator. Die Beziehung sagt nicht viel aus, da bei $|T_1| =_\lambda |T_2|$ die beiden Terme doch völlig unterschiedliche Strukturen haben können.

Die zweite Art der Beziehung ist die wechselseitige <u>Abstrahierbarkeit</u> oder <u>Reduzierbarkeit</u> zweier Terme. Sie kann (und wird) durch das gleiche Zeichen angegeben:

$$T_1 <_\lambda T_2$$

bedeutet, dass T_2 auf T_1 reduziert oder T_1 auf T_2 abstrahiert werden kann. Um jedoch ein deutlicheres Unterscheidungsmerkmal zu haben, schließen wir das Kleinerzeichen und nennen es von jetzt ab 'Pfeil':

$$T_1 \not\!\!< T_2$$

bedeutet dann das gleiche wie oben. (Der Pfeil geht immer in Richtung niederer Stufen/Schichten/Dimensionen.)

Ein Pfeil ohne nähere Bezeichnung soll ganz allgemein die <u>Überführbarkeit</u> durch Abstraktion (oder in umgekehrter Richtung durch Reduktion) anzeigen. Wollen wir aber die Schrittzahl auch noch festlegen, so schreiben wir diese oben an den Pfeil. So bedeutet dann

$$T_1 \overset{n}{\not\!\!<} T_2$$

dass T_2 von T_1 aus durch n-malige Anwendung des λ-Operators erreichbar ist; umgekehrt ergibt sich T_1 aus T_2 durch n-malige Reduktion (Reduktion nach *n* Variablen). Für n=1 sagt man auch: Der eine Term sei in den anderen <u>unmittelbar</u> überführbar. Das Fortschreiten in Pfeilrichtung nennen wir <u>Reduktion</u>, in Gegenrichtung: <u>Expansion</u> oder <u>Erweiterung</u> Beispiel: Es soll gelten:

$$T_1 := \lambda xyz.x(y(z)) \qquad T_2 := (T_1: a,b,.) \qquad T_3 := (T_1: a,.,c)$$

daraus folgt:

$$|T_1| >_\lambda |T_2| =_\lambda |T_3|$$

$$T_1 \overset{2}{\not\!\!>} T_2$$

$$T_1 \overset{2}{\not\!\!>} T_3$$

aber T_2 und T_3 sind nicht ineinander überführbar, wohl aber in einen anderen Term T_4 der Form a(b(c)).

Will man Terme der gleichen Stufe bezüglich ihrer Struktur vergleichen, so kann man ein Verfahren in modifizierter Form verwenden, das von HYLAND (1975) dargestellt wurde. Wir gehen dabei vom Begriff des Unterterms aus. Als Unterterm eines Terms bezeichnen wir die kleinste, bei Einsetzung aller gebundenen Variablen reduzierbare Einheit, also die innerste Funktion. So z.B. ist f(x) ein Unterterm des Terms a(x,f(x)) (ebenso x), während der Term h(x,y,z) nur die (als gebunden vorausgesetzten) Variablen x,y,z als Unterterme besitzt.

Man geht nun beim Vergleich zweier Terme davon aus, dass man von ihren Untertermen abstrahiert, wodurch ein Vergleich ihrer Strukturen möglich wird. Dies geschieht auf folgende Weise:

Es werden alle Unterterme der untersten Stufe (alle innersten Funktionen) durch das leere Zeichen (z.B. durch "$\otimes$") ersetzt. Den so entstehenden Term $T^{(1)}$ nennen wir "vereinfacht 1. Ordnung". Diesen Schritt wiederholt man so lange, bis man zur vorletzten Ordnung gelangt (die letzte Ordnung hat für alle Terme die Form "$\otimes$" und wird dadurch uninteressant). Gilt nun für zwei vereinfachte Terme

$$T_1^{(n)} = T_2^{(n)}$$

(Identität der Terme nach *n*-facher Vereinfachung, bis auf die gebundenen Variablen), so sagen wir, die Terme sind strukturgleich der Ordnung *n* und schreiben dies als

$$T_1 =^n T_2$$

Für n=0 sind die Terme identisch schlechthin, bis auf α-Konversion der gebundenen Variablen (d.h., deren entsprechende Umbenennung). - Gilt hingegen

$$T_1^{(m)} = T_2^{(n)} \quad \text{mit m<n,}$$

dann ist T_1 Unterterm von T_2 (unmittelbarer Unterterm, wenn n=m+1); wir schreiben dafür

$$T_1 \subset_\lambda T_2 \quad \text{oder} \quad \boxed{T_1 \subset_\lambda^d T_2} \text{ mit d=n-m}$$

Bei der Vereinfachung ist noch zu beachten, dass alle gebundenen Variablen, die durch Vereinfachung im Funktionskern verschwinden, auch im λ-Teil gestrichen werden. Die Abstraktionsstufe von Termen kann sich also beim Vereinfachen laufend ändern.

Schließlich definieren wir noch eine dritte Beziehung, die wir als Ähnlichkeit bezeichnen. Zwei Terme sind einander ähnlich, wenn sie nach Ersatz aller <u>freien</u> Variablen durch das leere Symbol strukturgleich sind. Wir schreiben dafür

$$\boxed{T_1 \simeq T_2} \qquad \text{oder} \quad T_1 =^{0.5}= T_2$$

Es gilt übrigens: $T_1 =^m T_2 => T_1 =^n T_2$ für alle n>m

(daher auch die Bezeichnung $=^{0.5}$ für Ähnlichkeit und $=^0$ für Identität schlechthin).

Bei den Beispielen gehen wir von den Begriffen aus, die wir im Kap. 7 zur Aufstellung des Logogramms 'Periodensystem' definiert haben. Dabei bezeichnen wir z.B. mit "s-Atom" ein spezielles, d.h. vollreduziertes Atom (z.B. He); ähnlich für die anderen Begriffe.

Definieren wir als Elementarteilchen-Verband (EV) den Term

$$EV := \lambda x^{Zahl} y^{Elementarteilchen}.(x\ y)$$

dann ist z.B. ein Protonenverband:

$$PrV = (EV: .,Pr) = \lambda x.(x\ Pr);$$

ähnlich ein Neutronenverband (NeV) und ein Elektronenverband (ElV). Nun ist

$PrV^{(0.5)} = \lambda x.(x\ *)$,und wie man leicht sieht, gilt $PrV =^{0.5} NeV =^{0.5} ElV$

d.h., die drei Verbände sind einander ähnlich.

Weiter galt: Hülle $:= \lambda x^{ElV}.\{x\}$ Hülle$^{(1)} = \{*\}$

s-Hülle $= \{n\}$ s-Hülle$^{(1)} = \{*\}$

oder   Hülle $=^1$ s-Hülle

Der abstrakte Begriff "Hülle" ist also strukturgleich der Ordnung 1 mit irgendeiner konkreten Hülle. Das gleiche gilt für die meisten anderen Begriffe. Strukturgleichheit ist also ein stärkerer Begriff als Herleitbarkeit durch Reduktion.

Weiters: Kern $:= \lambda y^{PrV} z^{NeV}.\{x,y\}$ Kern$^{(1)} = \{*,*\}$

Atom $:= \lambda x^Z y^Z.\{\{x\ El\},\{x\ Pr,\ y\ Ne\}\}$

Atom$^{(1)} = \{\{*\},\{*,*\}\}$ Atom$^{(2)} = \{*,*\}$

Jetzt sieht man, dass $\quad$ Kern$^{(1)}$ = Atom$^{(2)}$, d.h., Kern $\subset_\lambda^1$ Atom

Die erste Vereinfachung des Begriffs "Kern" ist strukturgleich mit der zweiten Vereinfachung des Begriffs "Atom" und damit ein Unterterm desselben.

Schließlich galt:

$$\text{Molhom} := \lambda xyz.\{x\{\{y\ El\},\{y\ Pr, z\ Ne\}\}\}$$

$$\text{Molhet} := \lambda x_1 y_1 z_1 x_2 y_2 z_2.\{x_1\{\{\},\{,\}\},x_2\{\{\},\{,\}\}\}$$

und schließlich $\quad$ Element := $\lambda xyz.\{inf\{x\{\{y\ El\},\{y\ Pr.\ z\ Ne\}\}\}\}$

(Alle nicht typisierten Variablen gehören zum Typ "ZAHL").

Nun machen wir uns an die Vereinfachungen.

Molhom$^{(1)}$ = $\lambda x.\{x\{\{*\},\{*,*\}\}\}$

Molhom$^{(2)}$ = $\lambda x.\{x\{*,*\}\}$

Molhom$^{(3)}$ = $\lambda x.\{x\ *\}$

Molhom$^{(4)}$ = $\{*\}$

Schreibt man den Begriff "Hülle" in der zweiten Version aus Kap. 7, d.h. als $\quad \lambda x^{ZAHL}.\{x\ El\}$

dann ist

Hülle$^{(1)}$ = $\{*\}$, und es gilt $\quad$ Hülle$^{(1)}$ = Molhom$^{(4)}$, d.h. Hülle $\subset_\lambda^3$ Molhom

Weiters:

Molhet$^{(1)}$:= $\lambda x_1 x_2.\{x_1\{\{*\},\{*,*\}\},x_2\{\{*\},\{*,*\}\}\}$

Molhet$^{(2)}$:= $\lambda x_1 x_2.\{x_1\{*,*\},x_2\{*,*\}\}$

Molhet$^{(3)}$:= $\lambda x_1 x_2.\{x_1\ *,x_2\ *\}$

Molhet$^{(4)}$ = $\{*,*\}$

und man sieht, dass Atom$^{(2)}$ = Molhet$^{(4)}$, also Atom $\subset_\lambda^2$ Molhet

Aus der Transitivitätseigenschaft der $\subset_\lambda$-Beziehung (die ja eine Ordnungsrelation darstellt), ergibt sich außerdem:

(Kern $\subset_\lambda^1$ Atom) & (Atom $\subset_\lambda^2$ Molhet) => Kern $\subset_\lambda^3$ Molhet

Außerdem gilt, wie sich der Leser leicht selbst überzeugen kann:

Molhom[4] = Element[5] => Molhom $\subset_\lambda^1$ Element

und $\qquad$ Molhet $\subset_\lambda^1$ Stoff

Wir haben also folgende Ergebnisse:

Kern $\subset_\lambda$ Atom $\subset_\lambda$ Molhet $\subset_\lambda$ Stoff $\qquad$ Hülle $\subset_\lambda$ Molhom $\subset_\lambda$ Element

Aus diesen formalen Beziehungen ergehen sich wieder didaktische Konsequenzen. Die Unterterm-Relation kann ja auch so interpretiert werden: Nach (unterschiedlich häufiger) Vereinfachung bezüglich der Struktur, d.h. nach unterschiedlicher Abstraktion von der Struktur, sind zwei Terme einander gleich. Dieser Gleichheit entspricht ein Naturprinzip, das wir im Falle unseres Beispiels als "Aufbauprinzip" oder "Wiederholungsprinzip" formulieren können: <u>Der Aufbau eines niederen Begriffs wiederholt sich formal bei höheren Begriffen.</u> Der innere Aufbau des Begriffs "Kern" wiederholt sich beim Begriff "Atom", allerdings mit anderen Elementen; der Begriff "Atom" ist wieder strukturgleich (auf einer anderen Ebene) mit dem Begriff "heterogenes Molekül".

Über die Elemente, aus denen die Strukturen (die λ-Terme) aufgebaut werden, ist hierbei nichts ausgesagt. Es mag sogar sein, dass die Elemente für sich keine Bedeutung haben. Immerhin ist bedeutungsvoll, dass es offenbar (mindestens) zwei Aufbauprinzipien gibt: eines für *Kern - Atom - heterogenes Molekül*, ein zweites für *Hülle - homogenes Molekül - Element*. Diese Aufbauprinzipien (von denen es sicherlich mehr gibt) haben irgendeine physikalische oder philosophische Ursache. Auf jeden Fall ist ihre Verwendung im Unterricht von Vorteil, da dadurch Gemeinsamkeiten aufgezeigt oder heuristische Prinzipien zum Auffinden neuer Begriffe gegeben werden.

Besonders nützlich können derartige Strukturprinzipien in der Biologie Anwendung finden, wo sich schon mehrere Forscher und Philosophen (D'ARCY-THOMPSON, GOETHE) darum bemüht haben. Der Vorteil in unserer Behandlungsweise liegt in der Exaktheit und eindeutigen Nachprüfbarkeit dieser Relationen.

2.: ∈

Schichten

Mengen kamen in unserer Betrachtungsweise schon häufiger vor. Der **S**-Operator erzeugt Strukturen, die wir als Mengen interpretieren, und Verbände können mengentheoretisch beschrieben werden. Dass man eine Begriffswelt zum Großteil aus Mengen aufbaut, haben wir beim Begriffsfeld "Periodensystem" gesehen. Nun muss dieser Aufbau aus Mengen, der zur Bildung von Schichten führt, ein wenig näher untersucht werden. Dabei gehen wir wieder von einem Beispiel aus und formulieren am Ende die Bildungsregeln.

Wir wollen die Welt der Farben aufbauen. Dazu gehen wir von vier Grundfarben *rot, gelb, grün* und *blau* aus und mischen sie subtraktiv so, wie wir's vom Malkasten gewöhnt sind. Gelb und blau ergibt dann grün, rot und grün ergibt braun, obwohl sich physikalisch weiß ergeben müsste. Wir definieren also:

$B_1^{(0)} := \text{ro}, B_2^{(0)} := \text{ge}, B_3^{(0)} := \text{gr}, B_4^{(0)} := \text{bl}$

Die Hochzahl (hier: Null) deutet die Schichthöhe an, zu welcher der Begriff gehört. Da es sich um Grundelemente (Individuen) handelt, kommt ihnen die Schichthöhe 0 zu. Die Tiefzahl (1 bis 4) gibt eine fortlaufende Nummerierung der definierten oder generierten Begriffe. 'B' steht für 'Begriff'. - Auf der nächsten Schichthöhe definieren wir einen Begriff 'Farbe' $(B^{(1)})$ nach gewohntem Muster:

$$B^{(1)} := \lambda x_1 \in B_1^{(0)}, x_2 \in B_2^{(0)}, x_3 \in B_3^{(0)}, x_4 \in B_4^{(0)}.\{x_1, x_2, x_3, x_4\}$$

(Anstelle des Strukturoperators **S** verwenden wir synonym die Mengenklammern "{" und "}".) Bei Verwendung der auf S.43 eingeführten Schreibweise ergeben sich folgende Begriffe:

$B_1^{(1)} = \{\text{ro},-,-,-\}$ (= rot 1. Ordnung)

$B_2^{(1)} = \{-,\text{ge},-,-\}$ (= gelb 1. Ordnung)

...

$B_5^{(1)} = \{\text{ro},\text{ge},-,-\}$ (= orange 1. Ordnung)

...

$B_{15}^{(1)} = \{\text{ro},\text{ge},\text{gr},\text{bl}\}$ (= schwarz 1. Ordnung) und schließlich setzen wir $B_0^{(1)} = \{-,-,-,-\}$ (= Farbe 1. Ordnung)

Auf der nächsten, der 2. Stufe, verwenden wir die soeben erzeugten Begriffe (außer $B_0^{(1)}$) als Eigenschaftsklassen, die entweder besetzt sind oder nicht. Da wir jetzt 15 Kategorien mit jeweils 2 Ausprägungen haben, ergehen sich in der zweiten Schicht insgesamt 2^{15} Begriffe, also über 30.000. Die Definition der Farbe 2. Ordnung sieht so aus:

$$B^{(2)} := \lambda x_1 \in B_1^{(1)}, x_2 \in B_2^{(1)}, ..., x_{15} \in B_{15}^{(1)}.\{x_1, x_2, ..., x_{15}\}$$

und es ergibt sich z.B.:

$$B_1^{(2)} = \{B_1^{(1)}, -,-,-,-,-,-,-,-,-,-,-,-,-,-\} = \{\{ro,-,-,-\}, -,-,-,-,-,-,-,-,-,-,-,-,-,-\}$$

$$\text{(rot 2. Ordnung)}$$

$$B_{16}^{(2)} = \{B_1^{(1)}, B_2^{(1)}, -,-,-,-,-,-,-,-,-,-,-,-,-\} \quad \text{(orange 2. Ordnung)}$$

$$B_x^{(2)} = \{B_1^{(1)}, B_2^{(1)}, B_5^{(1)}, -,-,-,-,-,-,-,-,-,-,-,-\} \quad \text{(orange-orange 2. Ordnung)};$$
usw.

Außerdem wieder: $B_0^{(2)} = \{-,-,-,-,-,-,-,-,-,-,-,-,-,-,-\}$ (Farbe 2. Ordnung)

Der weitere Aufbau ist klar: in der dritten Schicht gibt es 2^{15} Eigenschaftskategorien, nach denen reduziert werden kann, usw. Alle Farben der Schichthöhe n tauchen in allen höheren Schichten wieder auf; bei unendlichen Folgen kann man sogar Begriffs-Grenzwerte definieren. Z.B. entspricht 'orange 1.Ordnunq'($B_5^{(1)}$) dem Begriff 'orange 2. Ordnung' ($B_{16}^{(2)}$), während das, was wir als $B_x^{(2)}$ bezeichnet haben, einen intensiveren Orangeton darstellt.

Dieser Vorgangsweise entspricht der Schichtenaufbau der typisierten Mengenlehre, wie er etwa in RESNIK (1969) geschildert wird: Die Schicht n besteht aus der <u>Potenzmenge</u> der Elemente von n-1 (d.h. allen Kombinationen dieser Elemente) - entsprechend $B_1^{(n)}$, $B_2^{(n)}$, usw. -, und der <u>Nullmenge</u> dieser Schicht - entsprechend dem nur aus gebundenen Variablen bestehendem Generatorbegriff $B_0^{(n)}$. Man gelangt von unserer Darstellung zu derjenigen der typisierten Mengenlehre, indem man einfach alle unreduzierten Variablen ("-") weglässt. Aus $B_1^{(2)}$, wird dann $\{\{ro\}\}$, und aus $B_0^{(2)}$ wird $\{\{\}\}$, also die Nullmenge 2. Ordnung. Unsere Vorgehensweise sieht dann so aus:

(1) Man geht von den Elementen der Schicht n (für n=0 von den Individuen) aus und bildet nach dem üblichen Verfahren den zugehörigen <u>Begriffsverband</u>.

(2) Der Begriffsverband wird nun <u>linearisiert</u>, d.h. seine Elemente außer dem obersten werden neu benannt bzw. nummeriert (bei der Aufzählung durch den Konzeptgenerator geschieht diese Nummerierung automatisch).

(3) Zu dieser Menge wird die <u>Nullmenge</u> der Schicht $n+1$ (entsprechend dem neuen Begriff der Ordnung $n+1$) hinzugefügt. Mit dieser Übermenge wird der Begriffsverband der Schicht $n+1$ aufgebaut.

Ein Aufbau der Welt durch Mengen ist nicht immer sinnvoll. Die Farben bieten ein anschauliches und einleuchtendes Beispiel, da sie alle gleichberechtigt sind und ihre Mischung durch eine ungeordnete Aneinanderreihung, wie sie durch Mengenbildung erreicht wird, gut dargestellt wird. Versucht man das gleiche mit Begriffen, die eine gewisse interne Struktur verlangen - z.B. mit den Begriffen des Logogramms "Periodensystem" - dann gerät man in Schwierigkeiten bei der Interpretation der Aufbauprinzipien. Man kann z.B. von den Grundelementen "Elektron", "Proton" und "Neutron" ausgehen und erhält dann (nach gewissen Einschränkungen) alle Elemente, Isotope und Ionen, aber in ziemlich wirrer Folge. Es muss also von Fall zu Fall entschieden werden, welche Art des Aufbaus sinnvoll ist. In den meisten Fällen wird man alle drei Arten mischen, wie das letzte Beispiel dieses Abschnitts zeigen wird.

Eine <u>graphische Darstellung</u> kann in einem λ-$\in$-Diagramm geschehen (siehe Abb. 32). Die Koordinatenachsen sind die Stufen und Schichten. Jeder Schnittpunkt umfasst die Menge der Begriffe der Stufe m und der Schicht n. Pfeile deuten mögliche Definitionen. Pfeile nach rechts bedeuten Definition durch Abstraktion, Pfeile nach links Generation durch Reduktion. Pfeile nach oben bedeuten Schichtenbildung. Schräge Pfeile sind Kombinationen.

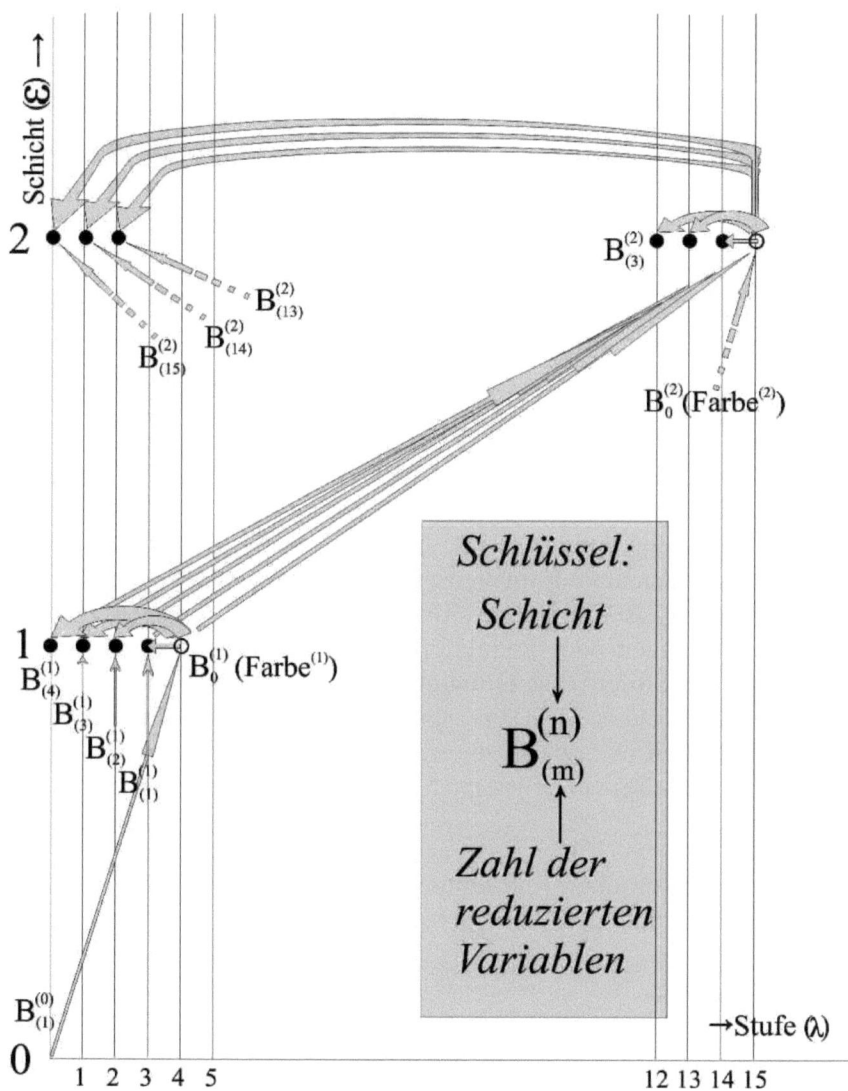

Abb. 32: λ-ε-Diagramm der Farben. "→" = Definition bzw. Reduktion

143

Wir gehen hier genauso vor wie bei den Stufen. Zunächst vergleichen wir die Schichthöhen. Es soll gelten

$$|M_1| <_\in |M_2|$$

Wenn M_1 einer tieferen Schicht angehört als M_2. Für $M_1 =_\in M_2$ können natürlich wieder völlig unterschiedliche Mengen vorliegen. $|M|$ ist die Kardinalzahl der Menge M, d.h. die Anzahl der durch Kommatas getrennten Elemente (egal ob frei oder gebunden).

Die zweite Art der Beziehung ist wiederum die Überführbarkeit durch den Mengenoperator **S** bzw. den inversen Operator **A**. Dafür schreiben wir wieder

$$M_1 \overset{n}{\in\!\!\!\!\!|} M_2$$

und interpretieren diese Relation so, dass M_1 durch *n*-malige Anwendung des **S**-Operators in die Menge M_2 überführt werden kann. Wir sprechen hier von $\in$ -Erweiterung und im umgekehrten Fall von $\in$ -Reduktion. Für n=1 ergibt sich die bekannte Enthaltensein-Beziehung der Mengenlehre, nämlich $\in$. Allerdings ist $\in$ nicht transitiv, während wir diese Eigenschaft bei allen Erweiterungen oder Reduktionen voraussetzen, wodurch wir wieder (wie bei den Stufen) eine Ordnungsrelation und eine durch sie induzierte Teilordnung herstellen. "$\in$" als Erkennungszeichen haben wir deshalb gewählt, weil es das bekannteste (und wichtigste) Zeichen der Mengenlehre ist und diese in gewissem Sinn charakterisiert.

Aus den Erkenntnissen über Teilordnungen innerhalb einer Stufe (Beispiele: chemische Grundbegriffe) ergibt sich z.B.

$$\text{Hülle} \overset{}{\in\!\!\!\!\!|} \text{Atom} \quad , \text{aber auch}$$

$$\text{Kern} \overset{}{\in\!\!\!\!\!|} \text{Atom} \qquad \text{s-Hülle} \overset{}{\in\!\!\!\!\!|} \text{Atom}$$

Außerdem gilt:

$$\text{Atom} \overset{}{\in\!\!\!\!\!|} \text{Molhom} \quad \& \quad \text{Molhom} \overset{}{\in\!\!\!\!\!|} \text{Element}$$

$$\Rightarrow \text{Atom} \overset{2}{\in\!\!\!\!\!|} \text{Element}$$

Besonders deutlich sind die Überführbarkeitseigenschaften aus Abb. 32 (für Farben) ersichtlich.

Teilordnungen innerhalb einer Schicht

Innerhalb einer Schicht können wir die aus der Mengenlehre bekannte Untermengenrelation (⊂) entsprechend modifiziert verwenden. Wir müssen nur berücksichtigen, dass auch gebundene Variable vorkommen, die, anschaulich gesehen, zur Menge selbst nichts beitragen. Es zeigt sich jedoch, dass diese genauso behandelt werden können wie freie Variable, sodass die ⊂-Vergleichsrelation den λ-Teil einfach ignoriert. Es gilt dann

$$M_1^{(n)} \subset_\in M_2^{(n)}$$

, wenn jedes Element von M_1 (der Schichthöhe n) auch in M_2 (der gleichen Schicht) vorkommt. Da wir <u>strikte</u> Ordnungen betrachten, setzen wir voraus, dass mindestens ein Element von M_2 in M_1 *nicht* vorkommt; ist dies nicht der Fall, schreiben wir

$$M_1 =_\in M_2$$

So gilt in unserem Farbenbeispiel auf jeder Stufe n:

$$\text{rot}^{(n)} \subset_\in \text{orange}^{(n)}$$

Noch ein Beispiel: Definieren wir Farben einmal mit 3, das andere Mal mit 4 Grundfarben (Dreifarben- und Vierfarbendruck):

$$F3 := \lambda x_1^{ro} x_2^{gr} x_3^{bl}.\{x_1, x_2, x_3\}$$

$$F4 := \lambda x_1^{ro} x_2^{ge} x_3^{gr} x_4^{bl}.\{x_1, x_2, x_3, x_4\}$$

dann gilt für jede Farbe $f3 \in F3$ und $f4 \in F4$:

$$f3 \subset_\in f4, \quad \text{z.B.: } \{ro, ge, -\} \subset_\in \{ro, ge, -, -\}$$

Zum Abschluss sei noch einmal darauf hingewiesen, dass Mengen zur *ungeordneten* Zusammenfassung von Dingen dienen, im Gegensatz zu Feldern, in denen Gegenstände *geordnet* zusammengefasst werden können.

3. φ

Dimensionen

Als drittes Aufbauprinzip verwenden wir den Operator **V** zur Erzeugung von Vektoren, Matrizen und höherdimensionalen Gebilden, die wir zusammenfassend als Felder bezeichnen können. Felder unterscheiden sich von Mengen dadurch, dass ihre Elemente *geordnet* sind. Man bezeichnet die Elemente eines Vektors als Komponenten; in Anlehnung an die bisherige Schreibweise müsste man eigentlich von "Unterfeldern" sprechen. Das 'Markenzeichen' φ (phi) soll an den ersten Buchstaben der verwendeten Gebilde erinnern. Felder werden durch spitze Klammern ("<" und ">") gekennzeichnet; die Anzahl der spitzen Klammern gibt ihre Dimension.

Als Beispiel erwähnen wir die schon im Kap. 7.2 definierten Begriffe "Gruppe" und "Periodensysten".

Teilordnungen zwischen den Dimensionen

Für die Teilordnungen übernehmen wir, entsprechend modifiziert, die Begriffe von den Mengen. Für zwei Felder gilt

$$|F_1| <_\varphi |F_2|$$

, wenn F_2 einer höheren Stufe angehört als F_1 (z.B. $F_1 \in$ Vektor, $F_2 \in$ Matrix); und

$$F_1 \overset{n}{\lessgtr}_\varphi F_2$$

wenn F_1 durch n-malige Anwendung des **V**-Operators in F_2 überführt werden kann.

Teilordnungen innerhalb einer Dimension

$$F_1^{(n)} \subset_\varphi F_2^{(n)}$$

wenn F_1 Bestandteil (Komponente, Unterfeld) von F_2 ist (strikte Ordnungsbeziehung)

4.: Zusammenfassung

Die folgenden Tabellen geben eine Zusammenfassung der Bezeichnungen und Beziehungen.

Bedingung	Namen
Abstraktions-Stufe=0	Objekt, konkretes Gebilde
Abstraktions-Stufe>0	Funktionen, abstrakte Gebilde
Mengen-Schicht = 0	Individuum, Element, Simplex
> 0	Struktur, Menge, Komplex
Feld-Dimension = 0	Skalar
= 1	Vektor
= 2	Matrix
> 2	n-dimensionale Matrix, Feld
Stufe = 0, Schicht=0	Individuenobjekt, konkretes Simplex
Stufe = 0, Schicht>0	Mengenobjekt, konkretes Komplex
Stufe > 0, Schicht = 0	Individuenfunktion, abstraktes Simplex
Stufe > 0, Schicht > 0	Mengenfunktion, abstraktes Komplex

Tab. 17: Namen verschiedener Objekte

			Ope	rato ren	Ordi-nal-folge	Ver-gleichs terme	konstant	varia-bel
		Relation	◁	▷				
λ	< >	niederstufig höherstufig	λ	ϱ	Stufen	Terme	-	Stufen
λ	◁ ▷	λ-erweiterbar λ-reduzierbar				Lamb-date Redexe	Term-struktur	Stufen
λ	⊂ ⊃	Unterterm Oberterm				Terme	Stufe	Term-struktur
ϵ	< >	niederschich-tig höherschich-tig	S	A	Schich-ten	Mengen	-	Schich-ten
ϵ	◁ ▷	ε-erweiterbar ε-reduzierbar				Mengen Elemente	Mengen-struktur	Schich-ten
ϵ	⊂ ⊃	Untermenge Obermenge				Mengen	Schicht	Mengen-struktur
φ	< >	niederdimens. höherdimens.	V	P	Dimen-sionen	Felder	-	Dimen-sionen
φ	◁	φ-erweiterbar φ-reduzierbar				Felder Kompo-	Feld-struktur	Dimen-sionen

	▷						nenten		
φ	⊂						Felder	Dimension	Feld-struktur
	⊃								

Tab. 18: Relationen in den Ordinalklassen

5.: Beispiel

In Tab. l9 wurden einige Begriffe aus dem Logogramm "Periodensystem" zusammengestellt und in Abb. 33 in einem dreidimensionalen λ-$\in$-ϕ-Diagramm graphisch dargestellt. Pfeile bedeuten dabei Definitionen bzw. Generationen; sie sind allerdings nicht zwingend, sondern nur Vorschläge.

Name	Definition oder Beispiel	Typ	Stufe	Schicht	Dimension
Elementarteilchen (ET)	El(ektron), Pr(oton), Ne(utron)	skalares Individuenobjekt	0	0	0
Zahl (Z)	1,2,3,...	skalares Individuenobjekt	0	0	0
ET-Baufunktion	$\lambda x^Z y^{ET}.(x\ y)$	skalare Individuenfunktion	2	0	0
Protonen-Verband	$\lambda x^Z.(x\ Pr)$	skalare Individuenfunktion	1	0	0
Hülle	$\lambda x^Z.\{x\ El\}$	Mengenfunktion	1	1	0
s-Hülle	$\{n\ El\}$	Mengenobjekt	0	1	0
Kern	$\lambda yz.\{y\ Pr, z\ Ne\}$	Mengenfunktion	2	1	0
s-Kern	$\{n\ Pr, m\ Ne\}$	Mengenobjekt	0	1	0
Atomverband, Ion, Isotop	$\lambda xyz.\{\{x\ El\},\{y\ Pr, z\ Ne\}\}$	Mengenfunktion	3	2	0
Atom	$\lambda xy.\{\{x\ El\},\{x\ Pr, y\ Ne\}\}$	Mengenfunktion	2	2	0

s-Atom	$\{\{n\ El\},\{n\ Pr,m\ Ne\}\}$	Mengenobjekt	0	2	0
s-Ion	$\lambda x.\{\{x\ El\},\{n\ Pr,m\ Ne\}\}$	Mengenfunktion	1	2	0
s-Isotop	$\lambda y.\{\{n\ El\},\{n\ Pr,y\ Ne\}\}$	Mengenfunktion	1	2	0
homogenes Molekül	$\lambda xyz.\{x\{\{y\ El\},\{y\ Pr,z\ Ne\}\}$	Mengenfunktion	3	3	0
heterogenes, 2-atomiges Molekül	$\lambda x_1 y_1 z_1 x_2 y_2 z_2.$ $\{x_1\{\{\},\{,\}\},$ $x_2\{\{\},\{,\}\}\}$	Mengenfunktion	6	3	0
Element	$\{inf\ a^{Molhom}\}$	Mengenfunktion	3	4	0
chemischer Stoff	$\{inf\ a^{Molhet}\}$	Mengenfunktion	3n	4	0
Gruppe, Periode	$\lambda x_1,x_2,...^{EL}.$ $<x_1,x_2,...>$	Vektorfunktion	3n	4	1
Periodensystem	$\lambda x_{ij}^{EL}.\ <<x_{11},x_{12},...>$ $,<x_{21},x_{22},...>\ ...\ >$	Matrixfunktion	$3n_1 n_2$	4	2

Tab. 19: Beispiele

149

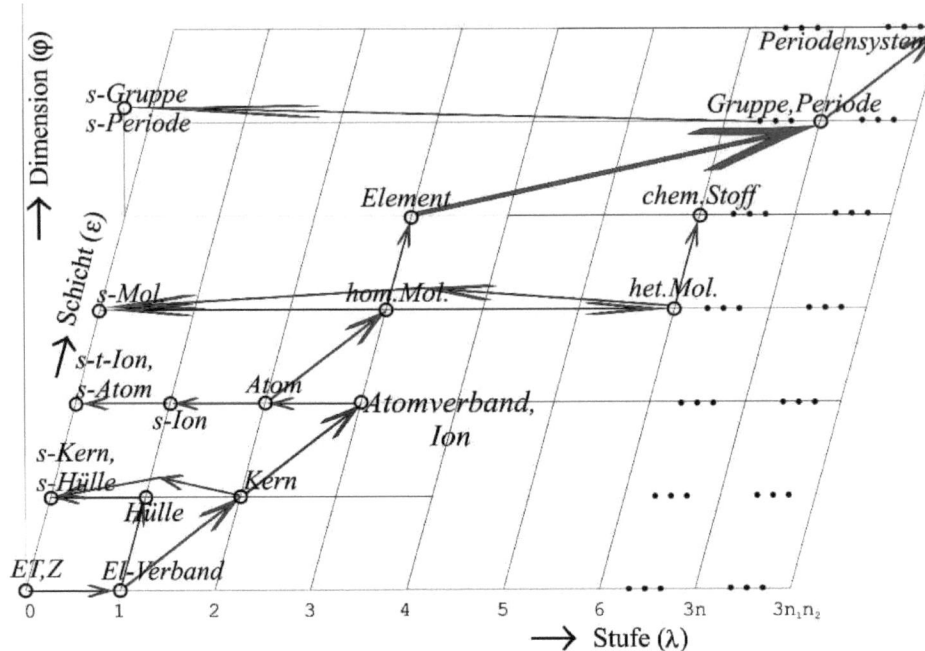

Abb. 33: λ - ε - φ- *Diagramm der Begriffe aus Tabelle 19*

6.: Das Transitivitätsgesetz der Folgen

Wir haben bis jetzt drei Transitivitätsgesetze für Stufen, Schichten und Dimensionen (die wir allgemein als Folgen bezeichnen wollen):

(T1) $|a|<|b|$ & $|b|<|c|$ => $|a|<|c|$

(T2) $(a \lhd b)$ & $(b \lhd c)$ => $(a \lhd c)$

(T3) $(a \subset b)$ & $(b \subset c)$ => $(a \subset c)$

(T1) ergibt sich aus der gewöhnlichen Zahlenarithmetik. Die "<"- Beziehung induziert übrigens eine lineare Ordnung (weil zwei beliebige Terme immer auf diese Art vergleichbar sind). (T2) und (T3) muss man sich für die drei Folgen einzeln klar machen. (T1) und (T2) gilt übrigens zwischen den Folgen, (T3) innerhalb einer Folge.

Wir formulieren nun ein viertes, sehr wichtiges Transitivitätsgesetz folgendermaßen:

150

(T4) (a ◁ b) & (b ⊂ c) => (a ◁ c)   (für "∈ " und "φ")

(T4) verknüpft (T2) und (T3) und kann so veranschaulicht werden:

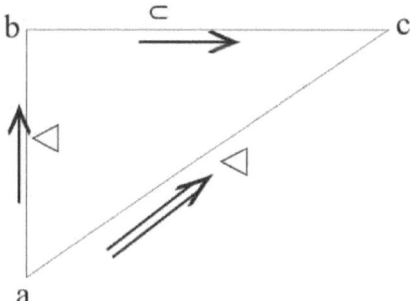

Abb. 34: Transitivitätsdiagramm. "→" = bestehende Beziehung, "⇒" = gefolgerte Beziehung.

Infolge der etwas komplizierten Definition der $⊂_λ$-Beziehung (Unterterm-Relation bei λ-Termen) gilt (T4) <u>nicht</u> für λ-Ausdrücke, sondern nur für Mengen und Felder.

Mit diesen Gesetzen kann man einige linguistische Relationen darstellen. Bleiben wir im Bereich der Mengen und lassen deshalb das Markierungs-zeichen "∈ " weg. "⊂" hat auch in der Linguistik die übliche Bedeutung der Untermengenbeziehung. Statt 'Menge' verwendet man auch häufig den Ausdruck 'Klasse', obwohl die beiden im strengen mathematischen Sinn nicht identisch sind.

◁ ist für n=1 die übliche "Element-von"-Beziehung, während sie für n>1 als "ist Teil von" (und umgekehrt als "enthält") interpretiert werden kann. FIKSEL (1973) wählt dafür folgende Bezeichnungen:

Name	FIKSEL	Mathema-tik	RIPOT A
ist Element von	E	∈	◁
ist Untermenge von	C	⊂	$⊂_∈$
ist Teil von	H	$(∈^n)$	◁

und formuliert 4 Gesetze, die folgende Entsprechungen haben:

FIKSEL	RIPOTA	Gesetz
xEy & yCz => xEz	x◁y & y⊂z => x◁z	T4
xEy & yHz => xHz	$x◁^1y$ & $y◁^nz => x◁^{n+1}z$	T2

$xCy \;\&\; yHz \Rightarrow xHz$	$x \subset y \;\&\; y \lhd^n z \Rightarrow x \lhd^n z$	gilt nicht!
$xHy \;\&\; yCz \Rightarrow xHz$	$x \lhd^n y \;\&\; y \subset z \Rightarrow x \lhd^n z$	T4

Wie man sieht, ist unsere Theorie strikter. In ihr fehlt die Aussage: Wenn *a* Untermenge von *b* ist und *b* zu *c* $\in$-expandierbar ist (mit Hilfe von **S** in *c* überführt werden kann), dann ist auch *a* in *c* überführbar. Das stimmt zwar im großen, aber die Überführbarkeit braucht noch andere Operatoren außer **S** (nämlich λ). - Weitere Aussagen ergeben sich, wenn man den <u>Typ</u> der Vergleichsterme auch noch berücksichtigt, doch soll darauf nicht eingegangen werden.

7.: Stringenzen

Es gibt noch ein viertes Aufbauprinzip, das wir bewusst ans Ende dieses Abschnitts stellen, da es sich von den anderen drei stark unterscheidet. Der Aufbau der Welt durch Abstraktion, Mengenbildung und Feldbildung führte zu Stufenfolgen, die einer Ordinalskala genügen. Die Höhe innerhalb der Folge konnte rein syntaktisch, aus der Beschaffenheit der Terme, bestimmt werden. Sie ergab sich einfach durch Abzählen der für die jeweilige Folge maßgeblichen Operatoren.

In der Folge der <u>Stringenzen</u>, die wir hier einführen wollen, ist dies nicht mehr möglich. Die Einstufung ergibt sich nicht mehr aus rein syntaktischen Überlegungen, vielmehr muss hier die Bedeutung einer Stringenzstufe berücksichtigt werden. Es handelt sich dann um eine syntaktische <u>Nominalskala</u> oder um eine semantische Ordinalskala.

Ausgehend von der Höhe *n* haben wir eine Reihe von Elementen $x_i^{(n)}$ (Knoten eines Graphen) und Relationen $R_i^{(n)}$ zwischen diesen Elementen (Kanten des Graphen). Zur Höhe *n+1* gelangt man durch eine <u>Abbildung</u> φ_n, welche die $x_i^{(n)}$ in die entsprechenden Elemente der nächsthöheren Stufe, also in die $x_i^{(n+1)}$, verwandelt; analog für die $R_i^{(n)}$. Diese Abbildung können wir auch als <u>Interpretation</u> auffassen.

Das wesentliche Prinzip dieser Folge (und darum führen wir sie ein) liegt in dem folgenden Gesetz:

$$R_i^{(n)}(x_j^{(n)}, x_k^{(n)}) ===> R^{(n-1)}(x_j^{(n-1)}, x_k^{(n-1)})$$

In Worten: Wenn eine Beziehung auf der Höhe *n* gilt, dann gilt sie auch in allen niederen Höhen. Das setzt voraus, dass auch die Individuen Pendante in allen niederen Höhen besitzen. Der Übergang von *n* zu *n-1* soll durch die Funktion ψ_n bewerkstelligt werden. - Man kann auch sagen, die Beziehung wird mit steigender Höhe immer stringenter (bindender); daher der Name.

Beispiele für Stringenzen sind nicht leicht zu finden. Das bekannteste Beispiel ist folgende Stringenzfolge:

n = 1: Zeitebene ("früher") für Zeitpunkte

n = 2: Kausalitätsebene ("bewirkt") für Ereignisse

n = 3: Logik-Ebene ("impliziert") für Aussagen

Das bedeutet: Impliziert Element x_1 auf der 3. Stringenzhöhe Element x_2, dann können wir annehmen, dass die Entsprechungen dieser Elemente (z.B. physikalische Prozesse) in der Kausalitätsebene kausal verknüpft sind. Das setzt wiederum voraus, dass deren Entsprechungen auf Stufe 1, also ihre Zeitpunkte, durch die "früher als"-Relation miteinander verbunden sind.

Auf diese Weise kann man interessante Beziehungen zwischen syntaktisch (strukturell) nicht zusammenhängenden Ebenen eines semantischen Netzes herstellen, aber es ist im Einzelfall immer zu klären, ob diese Beziehungen auch wirklich generell zutreffen. In unserem Beispiel könnte die Kausalitätsebene bei Bedarf weiter aufgespalten werden in eine psychologische Kausalität, eine historische Kausalität, eine statistische Kausalität, usw. Die Logik-Ebene könnte in verschiedene Grade der Notwendigkeit aufgespalten werden, usw. Die Funktion ψ_2 hätte die Bedeutung "Zeitpunkt für" (Übergang von 2 zu 1), ψ_3 wäre dann als "Realisierung von" (einer Aussage) aufzufassen.

Ein weiteres Beispiel (für das ich aber nur 2 Ebenen gefunden habe), wäre die folgende Folge:

n = 1: Raumebene ("innerhalb") für Raumpunkte
n = 2: Teilebene ("ist Teil von") für Körper

Wir wollen diese Gedanken hier nicht weiter verfolgen, da sie sich einer exakten, aber dennoch nicht zu allgemeinen Theorie zu entziehen scheinen. Mathematisch gesehen ist dafür wahrscheinlich die Modelltheorie zuständig, doch gäbe dies eine eigene Arbeit.

15. Linguistische Relationen

Unsere Überlegungen sollen bei der Aufstellung semantischer Netze Anwendung finden (das war ja der Ausgangspunkt der Arbeit). In solchen Netzen kommen häufig alltägliche Situationen vor, die in irgendeiner Form formalisiert und implementiert werden sollen. Nun gibt es viele Darstellungsformen linguistischer Beziehungen, die mehr oder minder anschaulich erscheinen oder leicht zu implementieren sind. Manche Autoren machen es sich allerdings zu leicht, indem sie ein paar Pfeile hinmalen und meinen, nun die Welt der Erscheinungen in den Griff bekommen zu haben.

In diesem Abschnitt wollen wir einige bisher gemachte Vorschläge bezüglich der Formalisierung linguistischer Strukturen und deren graphischer Darstellung besprechen und unsere unvermeidlichen eigenen Vorschläge präsentieren.

Was bisher geschah

RESCHER(1967) beschreibt in seiner "Aktionenlogik" Handlungen folgendermaßen:

Aspekt	Frage
Agent	wer
Typ	was
Art (Modalität)	wie
Mittel (Modalität)	womit, wodurch
Zeit (Zusammenhang)	wann
Ort (Zusammenhang)	wo
Umstände (Zusammenhang)	wobei
Kausalität (Ursache) (Gründe)	warum
Finalität (Zweck) (Gründe)	wozu
Intentionalität (Grund) (Gründe)	aus welchem Grund

Tab. 20: Linguistische Einheiten nach RESCHER

In Vorwegnahme künftiger Darstellungsformen könnte man RESCHERs Einheiten als grobes Schema folgendermaßen zeichnen:

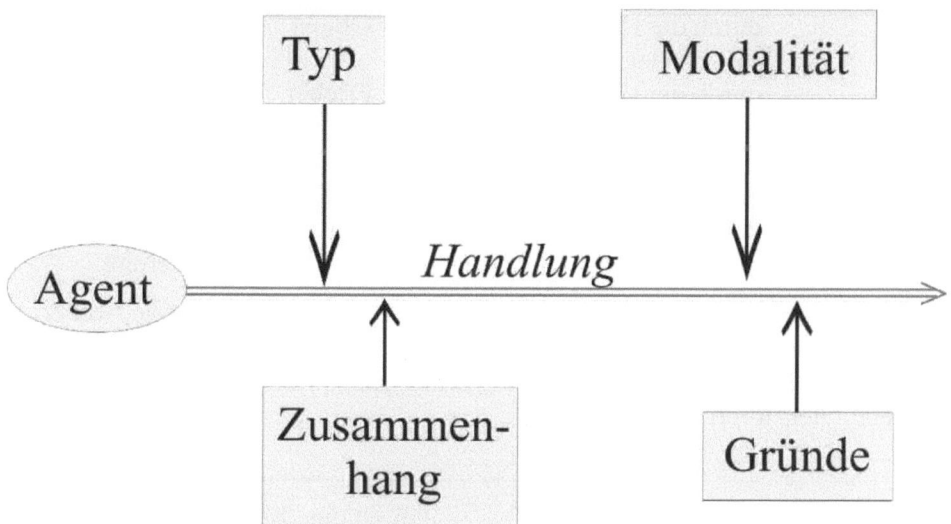

Abb. 35: l-Diagramm nach RESCHER. ===> = Handlungsrichtung

("*l*" bezieht sich auf *l*inguistisch). Wie man sieht, fehlt noch ein Empfänger der Handlung (ein Objekt). Das wird bei FILLMORE (1966) nachgeliefert:

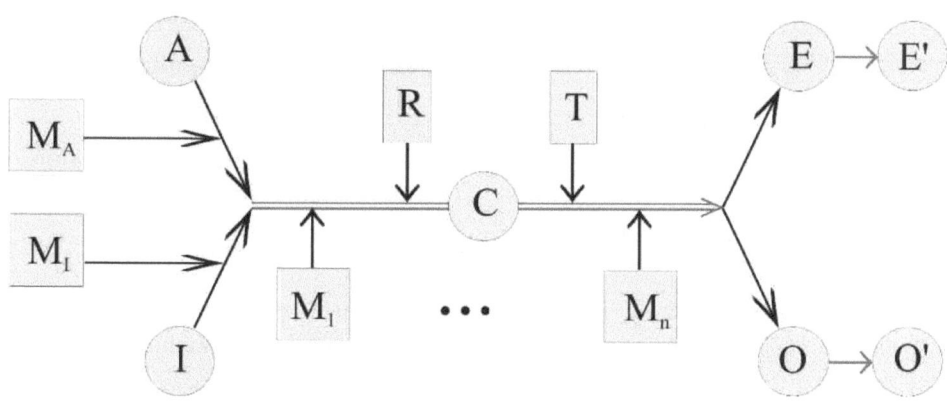

Abb. 36: l-Diagramm nach FILMORE. Legende:

A	Anlass für die Handlung
I	Ursache für die Handlung
C	Widerstand gegen die Handlung
O	Objekt der Handlung

O'	durch die Handlung verändertes Objekt
E	Erleber der Handlung
E'	durch die Handlung veränderter Erleber
R	Raum- und Richtungskoordinaten
T	Zeitkoordinaten
M_i	Art, Mittel, Umstände, etc. (Handlungsbeschreibungen)
$M_{I,A}$	Zustand der Initiatoren (z.B. Absicht, Ursache)

$\rightarrow$ = Wirkungsrichtung, $\Rightarrow$ = Handlung, $\rightarrow$ = zeitliche Veränderung

QUILLIAN(1967) benutzt hauptsächlich die type-token-Relation, wobei "type" eine Klasse und "token" eine spezifische Ausprägung dieser Klasse bedeutet. Er benutzt zur Darstellung seiner semantischen Netze folgende Relationen-Repräsentationen:

(A) ────➤ B	A ist eine Klasse und A ist Unter-menge von B
A ────➤ B	A ist ein konkretes Gebilde ("to-ken"), das durch B modifiziert wird
(A) OR B C	disjunktive Verknüpfung von A, B und C
(A) AND B C	konjunktive Verknüpfung von A, B und C
A ➤B ➤C	B und C sind durch die Relation A miteinander verknüpft
A ────➤(A)	type-to-token-Beziehung

Tab. 21: Bestandteile des semantischen Gedächtnisses bei QUILLIAN

In dem Buch von MINSKY(1967) finden sich noch andere linguistische Einheiten und deren graphische Darstellung. Sie sind allerdings nicht immer von allgemeinem Interesse, da sie z.T. sehr spezielle Ausschnitte der Wirklichkeit mit den dafür bedeutungsvollen Relationen darstellen. Die

Darstellung bzw. Auswahl lehnt sich häufig eng an den Prädikatenkalkül an.

SCHANK (1973) hat ein umfangreiches System linguistischer und graphischer Einheiten aufgestellt. Die Bestandteile des Systems sehen folgendermaßen aus:

A	Verursacher einer Handlung
ACT	Handlung
O	Objekt der Handlung
R	Empfänger oder Geber eines Objekts auf Grund der Handlung
D	Richtung der der Handlung
S	Zustand eines Objekts
PP	Gegenstand
LOC	Ortsbestimmung
T	Zeitbestimmung
AA	Modifikatoren für die Handlung
PA	Eigenschaften eines Objekts (Attribut + Ausprägung)
⇑r	verweist auf die Ursache eines Zustands oder einer Handlung
⇑R	verweist auf den Grund (Geist) eines Zustands oder einer Handlung
⇑E	notwendige Bedingung ("Ermöglicher") einer Handlung

Tab. 22: Linguistische Einheiten nach SCHANK

Seine Begriffsgrammatik besteht aus folgenden Beziehungselementen:

1	PP <===> ACT	Handlung eines Subjekts
2	PP ⇔PA	Beschreibung eines Gegenstands
3	ACT ←^{O} PP	Objekt einer Handlung
4	ACT←^{D} ⌐→LOC ⌐LOC	Richtung einer Handlung
5	ACT←^{R} ⌐→PP ⌐PP	Empfänger einer Handlung
6	ACT←^{O}⇕	Begriffskomplex als Objekt einer Handlung
7	ACT←^{I}⇕	Begriffskomplex als Instrument einer Handlung

157

8	PP PP ↑ ↑ ⇔ ⇔	Beschreibung von Gegenständen durch Begriffskomplexe
9	T→⇕	Zeitbestimmung eines Begriffskomplexes
10	LOC⇒ ⇕	Ortsbestimmung eines Begriffskomplexes
11	(diagram)	Zustandsbeschreibung eines Gegenstands durch einen Begriffskomplex
12	⇕⇐R⇕	Grund für einen Begriffskomplex
13	(diagram)	Begriffskomplexe können durch Zustände oder Zustandsänderungen entstehen
14	PP⇐⇒PP	zwei Gegenstände sind gleich oder G1 ist eine Realisierung von G2
15	ACT←AA	Modifikation einer Handlung

Tab. 23: Begriffssemantik nach SCHANK

Damit kann man komplexere Zusammenhänge durch ebensolche Diagramme darstellen. Nach unserer Darstellungsweise ergibt sich ein vereinfachtes Schema dieser Form:

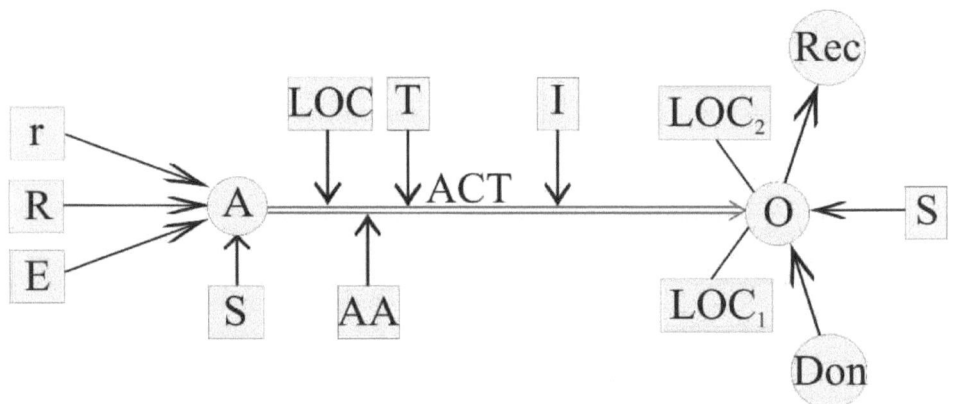

Abb. 37: l-Diagramm nach SCHANK

Pfeile deuten immer an, wer auf wen wirkt (wer wen beeinflusst). "Don" = "Geber", "Rec" "Empfänger". Pfeile durch einen Knoten deuten auf Veränderungen.

Darauf aufbauend, hat ABELSON (1973) linguistische Netze konstruiert, die er folgendermaßen darstellt:

a	P —— A	zweckgerichtete Handlung. Aktion A dient dem Zweck P
b	A —— S	Kausalverknüpfung. Aktion A führt zum beabsichtigten Resultat S
c	S —— A	Ermöglichung. Die Existenz des Zustands S ermöglicht die Durchführung der Handlung A
d	S_1 — A — S_2	Mehrfache Ermöglichung. Die Zustände S_1, S_2, ... sind gemeinsam notwendig, damit die Handlung A durchgeführt werden kann.
e	A_1 — S — A_2	Mehrfache Ermöglichung. Der Zustand S ermöglicht die Durchführung der Handlungen A_1, A_2,...
f	A_1 — P — A_2	Gleichzeitige Handlungen mit dem Zweck P
g	S_1 — A — S_2	Mehrfache Folgen durch die Handlung A (alle Folgen sind beabsichtigt)
h	A_1 — S — A_2	Alternativursachen des Folgezustands S durch A_1 oder A_2

Tab. 24: linguistische Netze nach ABELSON

BOLEY (1975) proponiert die Verwendung von *Hypergraphen* zur Darstellung komplexer semantischer Netze. Hypergraphen bestehen aus Knoten, die selbst wieder Zusammenfassungen gerichteter Graphen sind, sodass komplexe Zusammenhänge als kompakte Tatsachen aufscheinen und Elemente einer höheren Struktur bilden können. Der wesentliche Vorzug liegt darin, dass n-stellige Relationen (n auch größer als 2) mittels Hypergraphen dargestellt werden können. Eine *Hyperkante* umfasst dabei mehrere Knoten in bestimmter Reihenfolge; durch ihre "Bewertung" wird die darzustellende Relation "benannt".

Als Beispiel verwendet BOLEY unter anderem eine Darstellung der Philosophie des Aristoteles nach drei natürlichsprachlichen Lexikoneinträgen ("Aristoteles", "Idealismus", "Metaphysik"), die ausschnittsweise in Abb. 38 wiedergegeben ist. Wie man sieht, wird z.B. "griechischer Philosoph" als Hyperknoten repräsentiert, während "Lebenszeitraum", eine dreistellige Relation zwischen einer Person (hier: Aristoteles), den Geburts- und dem Todesdatum, durch eine Hyperkante gekennzeichnet wird.

Diese Darstellungsart ist ebenso umfassend wie flexibel. Es werden keine einschränkenden Voraussetzungen über Wertigkeit und Charakter der Relationen sowie über den Typ der verwendeten Elemente gemacht.

Einen ganz anderen Weg schlägt LINDGREEN (1974) ein. Er geht von der Relation EINHEIT - EIGENSCHAFT - WERT aus, die er so darstellt:

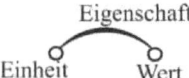

Das Tipel heißt bei ihm "Informationseinheit". Einheiten (in unserer Terminologie: Objekte) werden zu größeren Klassen zusammengefasst:

und durch unterschiedliche Relationen verknüpft. Den Charakter der Relation kennzeichnet LINDGREEN so:

Darstellung	Bezeichnung
⊙-----> -----⊙	1:1-Beziehung
⊙--~--> -----⊙	1:1-Beziehung, wahlweise
⊙--|--> -----⊙	1:1-Objekt identifizierende Beziehung
⊙---~|-> -----⊙	1:1-Objekt identifizierende Beziehung, wahlweise
⊙----------⊙	1:n-Beziehung
⊙--~--------⊙	1:n-Beziehung, wahlweise
⊙--|--------⊙	1:n-Objekt identifizierende Beziehung
⊙---~|-------⊙	1:n-Objekt identifizierende Beziehung, wahlweise
⊙--|-------⊙	1:n-Beziehung mit ausschließenden Werten
⊙---~|-------⊙	1:n-Beziehung mit ausschließenden Werten, wahlweise

Tab. 25: Relationen nach LINDGREEN

Ebenso wie bei ABELSON wurden auch bei LINDGREEN keineswegs alle Grapheme aufgezählt, die in ihren Arbeiten Verwendung finden. Es soll nur allgemein der Stil der verschiedenen Autoren angedeutet werden.

ABRIAL(1974) verwendet einfache Knoten für Begriffe, Klassen und Werte, benennt dafür die Beziehungen zwischen den Knoten.

Auf CHOMSKY und seine Baumstrukturen linguistischer Größen bin ich nicht eingegangen. Erstens sind sie allgemein bekannt, und zweitens scheinen sie mir veraltet und für unsere Zwecke wenig brauchbar.

Die Aufzählung einiger Darstellungen ist keineswegs vollständig, möglicherweise nicht einmal repräsentativ. Dennoch ist einiges zu erkennen. So zeigt sich, dass (erwarteterweise) die Amerikaner recht pragmatisch vorgehen und mit Vorliebe adhoc-Lösungen wählen, die bei Bedarf erweitert werden - manchmal etwas zu sehr. Die Fülle der Zeichen verwirrt, besonders wegen des Fehlens allgemeiner Prinzipien. Die Europäer gehen systematischer vor, schlagen dabei aber leicht ins andere Extrem. Was man bräuchte, wäre eine möglichst einfache, systematische und exakte Darstellung linguistischer Beziehungen (oder eines normierten Teils davon), die sich möglichst an bereits etablierte mathematische Theorien anlehnt.

Nun schälen sich zwei Aspekte heraus, die besondere Beachtung verdienen. Der eine wurde hauptsächlich von LINDGREEN behandelt. Es geht um die Relation (in unserer Terminologie) Attribut - Objekt - Wert oder, wie wir es auch genannt haben, *Eigenschaftsklasse - Gegenstand - Ausprägung*. Wir werden diesen Informationselementen ein eigenes Kapitel widmen; die graphische Darstellung wollen wir aber gleich behandeln.

Der zweite Aspekt betrifft den Aktions- oder Handlungscharakter vieler der dargestellten linguistischen Einheiten. Das allgemeine Schema sieht so aus, dass eine Aktion (Handlung), die von einem Akteur auf ein Objekt wirkt, den Zustand einer Situation verändert. Auch diesem Aspekt werden wir einen eigenen Abschnitt widmen; dessen graphische Darstellung soll aber hier festgelegt werden.

Was geschehen könnte

Aspekt 1: *Attribut - Objekt - Wert*

Wir haben drei Klassen vor uns, die wir graphisch durch unterschiedliche Formen realisieren. Attribute stecken wir in eckige Kästchen, Objekte in runde, und Werte lassen wir frei. Also bedeutet:

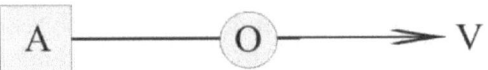

Abb. 39: Informationselement

dass dem Objekt O die Ausprägung V der Eigenschaftsklasse A zukommt d.h. A(O) = V. Beispiele:

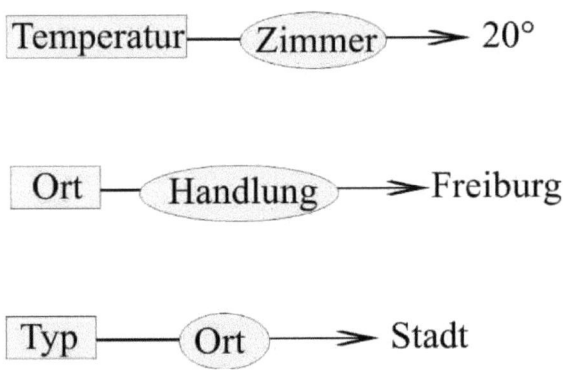

Farbe———————Mond————➤ rot

"Der Mond ist rot"

Fehlt A, wird es ergänzt (wie wir es in der umgangssprachlichen Beschreibung des Beispiels schon getan haben).

Temperatur——Zimmer——➤ 20°

Ort —Handlung—➤Freiburg

Typ ——Ort——➤ Stadt

Aspekt 2: *Situation₁ - Handlung - Situation₂*

Da es sich um die Überführung von Zuständen handelt, sollte man eine mathematische Theorie als Ausgangspunkt wählen, die sich in erster Linie damit beschäftigt. Eine solche Theorie existiert: die <u>Automatentheorie</u>. In einer anderen Arbeit (RIPOTA 1974) wurde sie der Beschreibung von Lehrprogrammen nutzbar gemacht; hier wollen wir sie zur Beschreibung von Handlungen verwenden. Über die Grundlagen der Automatentheorie siehe die zitierte Arbeit. Grundsätzlich haben wir:

zur Zeit t : Eingang x, Zustand z

zur Zeit t': Ausgang y, Zustand z'

x können wir als Wirkung, *y* als Reaktion interpretieren, während *z* ein Bündel von Informationseinheiten darstellen wird.

Aus der Linguistik übernehmen wir *A* (den Agenten oder Akteur) und *O* (das Objekt, auf das die Handlung gerichtet ist). Beide können auch fehlen. Nun haben wir zwei Zeitebenen, zwischen denen die Überführungsfunktion δ (die Handlung) vermittelt. Also sieht unser erstes Schema so aus:

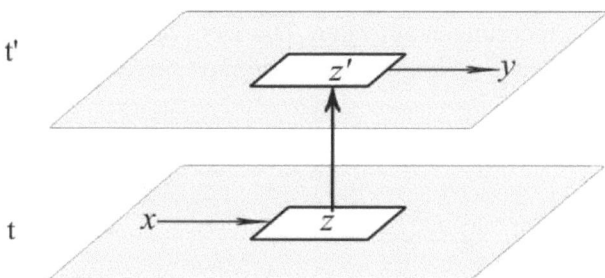

Abb. 40: Schema der Automatentheorie

Verknüpfung der Aspekte

Kombinieren wir nun die beiden Darstellungen, dann gelangen wir zu einer dreidimensionalen graphischen Repräsentation von *Situationsänderungen durch Aktionen* (Handlungen):

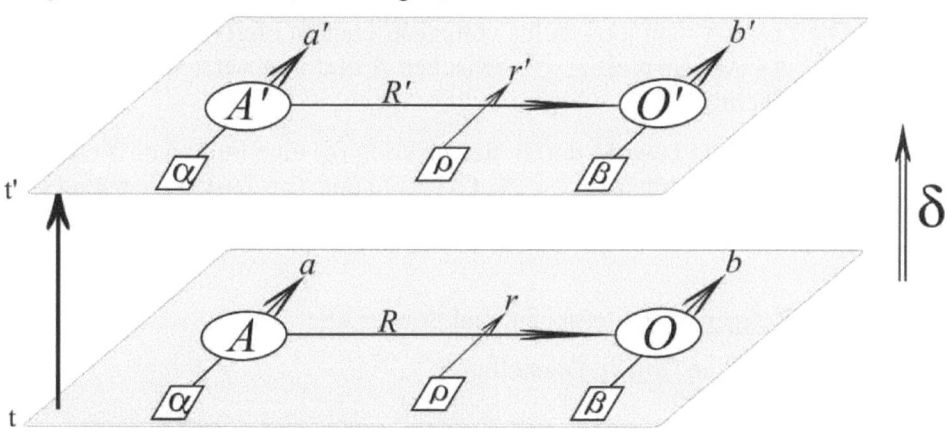

Abb. 41: Schema von Aktionen. Legende:
δ: Überführungsfunktion = Aktion, Handlung
α,ρ,β: Vektoren von Attributen

163

a,r,b: zugehörige Vektoren von Werten
A,O: Aktör/Objekt der Handlung
R: Beziehung zwischen A und O
↑:   Zeitrelation (vorher - nachher)

Eine dreidimensionale Darstellung ist allerdings etwas ungewöhnlich, braucht viel Platz und auch mehr Zeichenaufwand, wodurch die Vorteile der Anschaulichkeit und Übersichtlichkeit wieder etwas eingeschränkt werden. Man kann von der R^3- zu einer R^2-Darstellung übergehen, wenn nicht zu viele Veränderungen auftreten. Das sieht dann so aus:

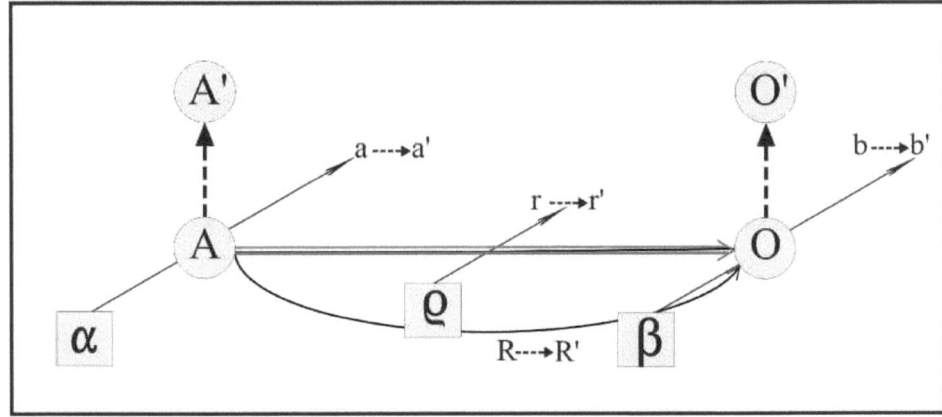

Abb. 42: Reduktion auf zwei Dimensionen

Die t'-Ebene wurde nach unten gedrückt und leicht nach rechts verschoben. Die Zukunft steht jetzt rechts vom gestrichelten Pfeil (Zeitpfeil, -->), während der Aktionspfeil (==>) zwischen *A* und *O* gesetzt wurde. Man liest das Schema so:

A wirkt auf *O* und bewirkt durch diese Aktion (δ) eine Folge von Veränderungen von Identitäten (A --> A', O --> O') und von Zustandswerten (x --> x'). *Indirekte Objekte* werden zwischen *A* und *O* gezeichnet.

Einschränkungen, Erweiterungen, und Sonderfälle

(1) Aktionen ohne Objekt. Darstellung:

Beispiel: *Alfred geht.*

(2) <u>Aktionen ohne Aktör</u>. Darstellung:

Beispiel: *Es regnet auf meinen Kopf.*

(3) <u>Aktionen mit einem direkten (O_{dir}) und einem indirekten Objekt (O_{ind})</u>.
Darstellung:

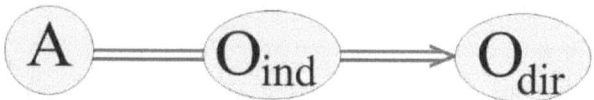

Beispiel: *Alfred gab Erna das Buch.*

(4) <u>Aktionen mit gleichberechtigten Objekten (oder Aktören)</u>. Darstellung:

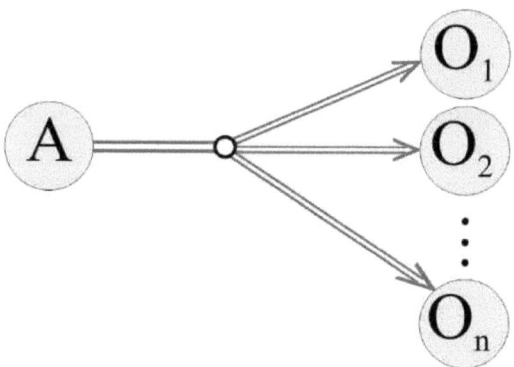

Beispiel: *Vom Eise befreit sind Strom und Bäche.*

(5) <u>Verwandlung von Objekten</u>. Darstellung:

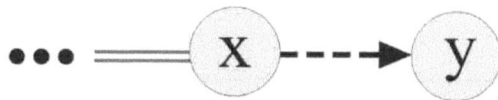

Beispiel: *kochen*

(6) <u>Vernichtung von Objekten</u>. Darstellung:

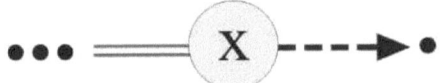

Beispiel: *auflösen*

(7) <u>Erschaffung von Objekten</u>. Darstellung:

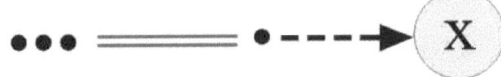

Beispiel: *zeugen*

<u>Beispiele</u>

1.) SCHANKs Schemata

Darstellung	Punkte bei SCHANK (Tab.12)
PP ══ ACT ══► O	1,3,5
PP ↗V PA	2,9,10,12

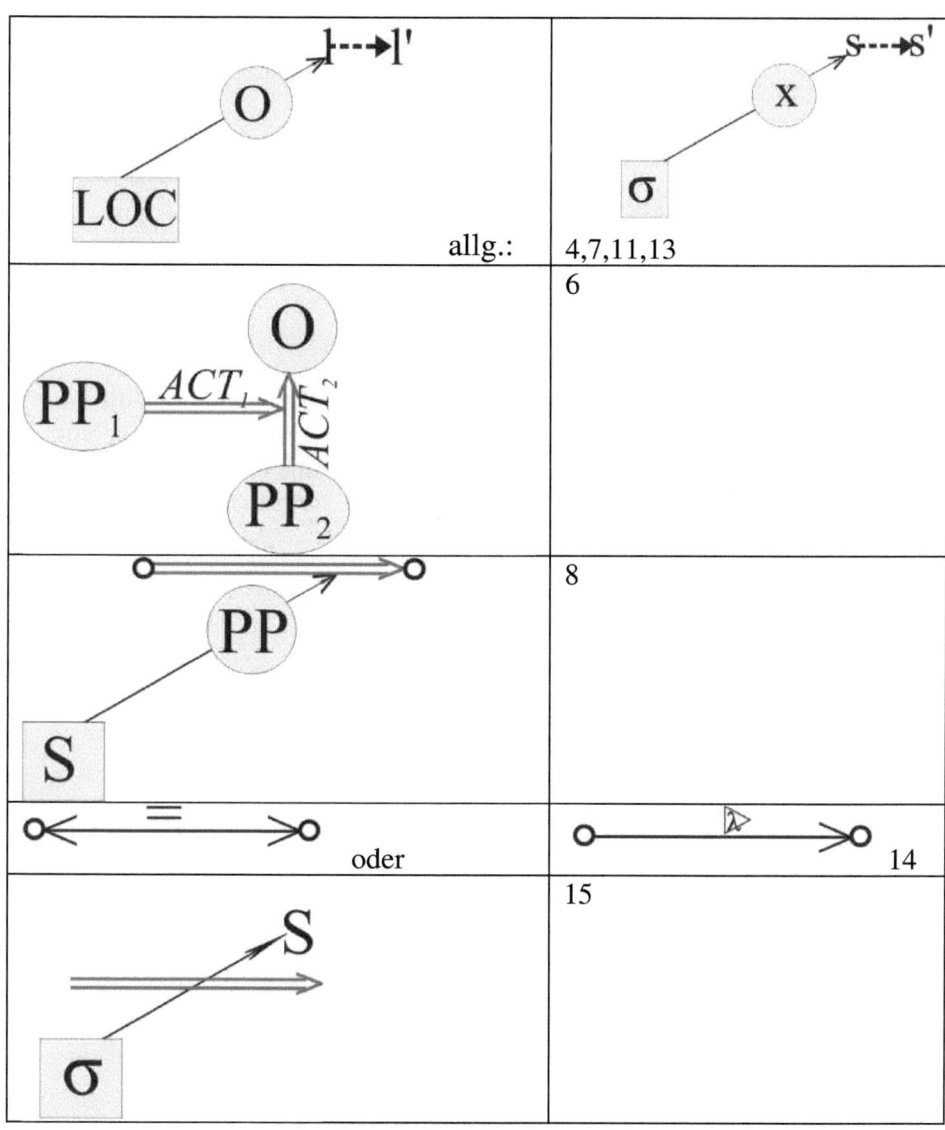

l---▶l' (O, LOC) allg.:	s---▶s' (x, σ) 4,7,11,13
(PP₁ ACT₁ O ACT₂ PP₂)	6
(PP, S)	8
oder	14
(S, σ)	15

Tab. 26: Vergleich der Darstellungen

2. Heirat

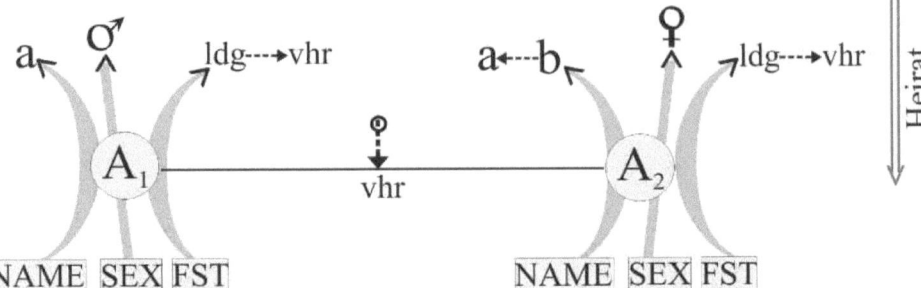

Hier wird eine (legale) Beziehung, die vorher nicht bestand, durch die Aktion erzeugt (vhr. = verheiratet, ldg. = ledig; FST = Familienstand). "vhr" ist zugleich ein Wert (für FST) und der Name für eine Relation (zwischen A_1 und A_2). Da hier Sonderfall (1) + (4) vorliegt, hätte man korrekt zeichnen müssen:

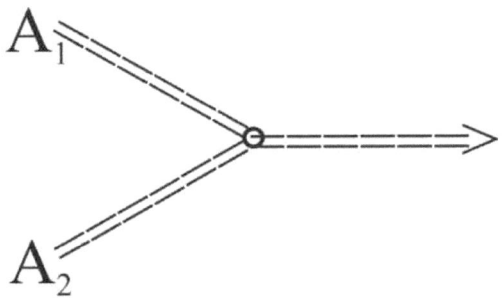

Die Kurzdarstellung durch Angabe der Aktion am Rand der Zeichnung kann auch in anderen Fällen Anwendung finden.

Die folgenden Beispiele entstammen verschiedenen Büchern; die Autoren werden in ihrem eigenen Interesse nicht erwähnt.

3.) "J. lässt Pflanzen durch Kunstdünger wachsen."

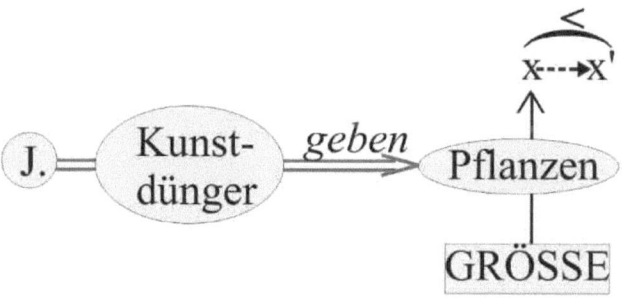

4.) "Alfred gibt Eva ein Buch."

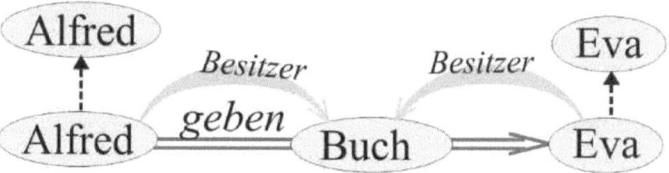

5.) "Konrad nimmt den Daumen in den Mund."

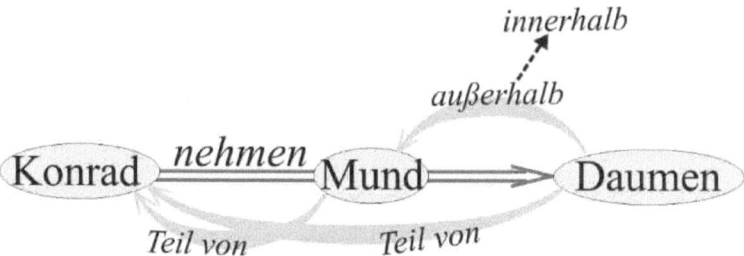

6.) "Der Fels rollte den Abhang hinab und zerstörte dabei die kleine Hütte am Fluss."

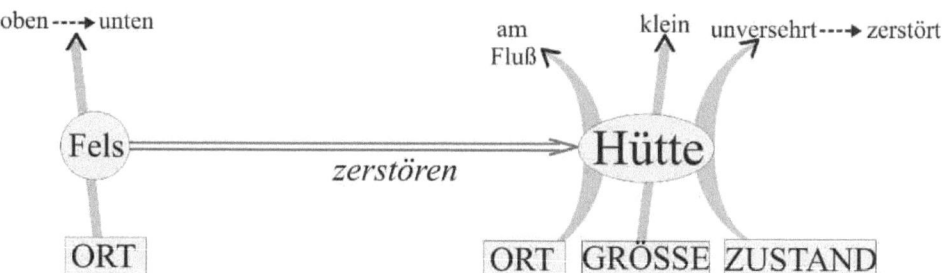

7.) ABELSONs Schema

ABELSONs Schemata können alle dadurch auf unsere Weise dargestellt werden, dass man setzt:
ATTRIBUT = ZWECK, NOTWENDIGE VORAUSSETZUNG, etc.
OBJEKT   = Handlung
WERT   =
P,S,etc. (Darstellung nach Aspekt 1)

und die folgenden Zeichenkonventionen beachtet:

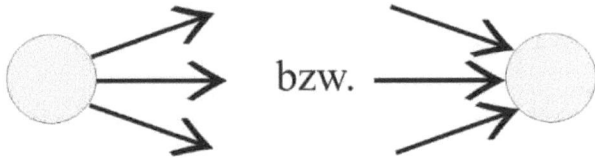

für Disjunktion (siehe Kap. 8)

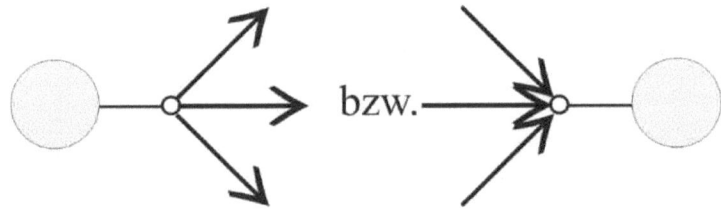

für Konjunktion (siehe Kap. 8)

Zusammenstellung linguistischer Relationen

In der Literatur tauchen einige linguistische Relationen auf, die in semantischen Netzen häufig Anwendung finden. Wir wollen einige davon zu unserer Theorie in Beziehung bringen.

ISA ("ist ein") ist die normale Klasseninklusion über eine Schicht (0),

is member of ("ist Element von") desgleichen.

is part of ("ist Teil von")   und

has as parts ("enthält") ist die 0-Expandierbarkeit über mehrere Schichten ($\subseteq_0$).

type - token ("Typ - Realisierung") ist die gewöhnliche λ-Reduzierbarkeit, also $\subseteq_\lambda$, zur Stufe 0 (reales Objekt)

170

<u>ist defined by</u> ("wird definiert durch") wird durch die Kombination verschiedener Aufbauprinzipien erreicht; in erster Linie durch die drei Aufbauoperatoren λ, **S** und **V**.

<u>ist Unterbegriff von</u> wird ebenfalls durch die λ-Reduktion dargestellt; die Reduktion geht aber nicht bis zur Stufe 0, da ja ein neuer Begriff (ein abstraktes Gebilde) entstehen soll.

<u>ist Vorgänger/Nachfolger von</u> wird in Verbänden durch die Verbandsrelation (bei uns meist die λ-Reduzierbarkeit) dargestellt.

<u>ist Synonym von</u> wird durch eine homogene Funktion von Begriffsverbänden erreicht.

<u>IS</u> ("ist") wird durch ein Informationselement (Attribut - Objekt - Wert) dargestellt. Das gleiche gilt für andere Zustandsbeschreibungen wie "is located at", "spielt sich zur Zeit t ab", usw.

Abb. 43 stellt einige dieser Relationen zusammen mit Begriffsbezeichnungen in einem λ-ε-Diagramm dar.

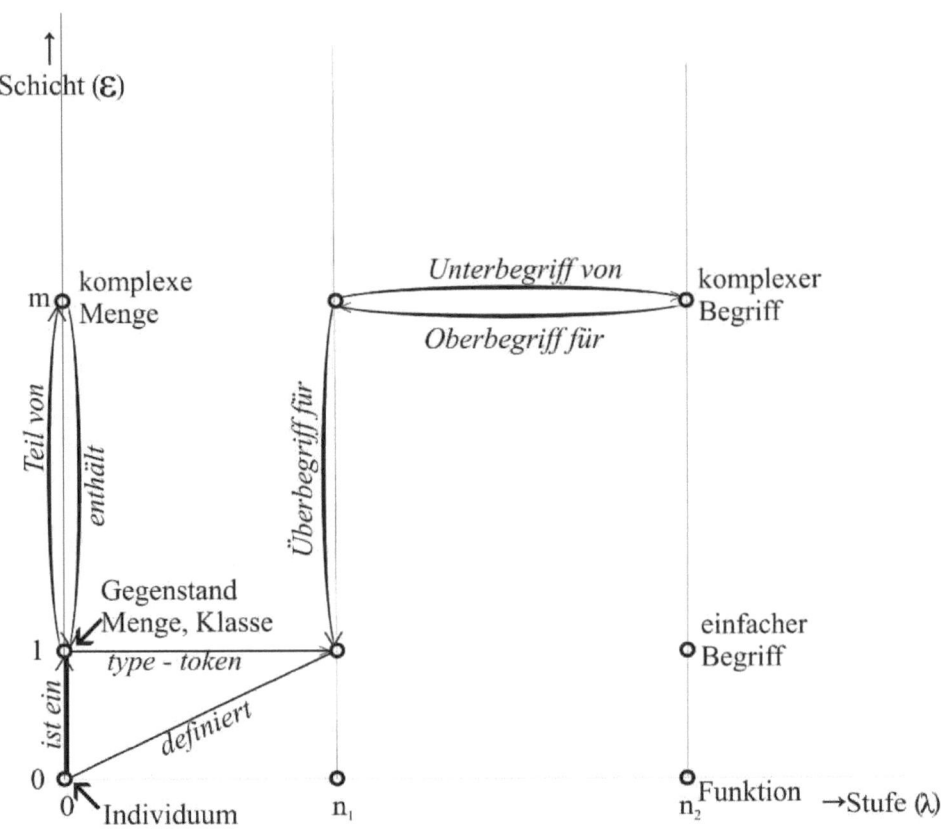

Abb. 43: λ-ε-Diagramm wichtiger Konzepte

16. Informationsstrukturen

Im Abschnitt über linguistische Relationen haben wir zum ersten Mal die Beziehung zwischen einem Attribut, einem Objekt und dem zugehörigen Wert angeführt. Wir wollen diese Relation nun zum Ausgangspunkt weiterer Überlegungen machen.

Zunächst benennen wir den Ausdruck 'Attribut' in 'Prädikat' um, erstens, um den Unterschied zu den Attributivdefinitionen zu betonen, zweitens, um bei der Abkürzung nicht in Konflikt mit dem viel gebrauchten Akteur zu kommen.

Die exakte Definition einer <u>Informationseinheit</u> oder eines <u>Informationselements</u> *IE* lautet:

$$IE := \tau\alpha^{PR\ddot{A}}\beta^{OBJ}\gamma^{VAL}\lambda x^{\alpha}y^{\beta}z^{\gamma}.POV(x,y,z)$$

wobei PRÄ die Klasse der Prädikate, OBJ die Klasse der Objekte und VAL die Klasse der Werte bedeutet. POV ist die oben erwähnte Relation, die wir in Zukunft als Vektor darstellen, sodass unsere neue Definition nun so aussieht:

$$IE := \tau\alpha^{PR\ddot{A}}\beta^{OBJ}\gamma^{VAL}\lambda x^{\alpha}y^{\beta}z^{\gamma}.<x,y,z>$$

und ihre Bedeutung in der Schreibweise der gewöhnlichen Mathematik ist: x(y) = z; *x* ist ein *α*, *y* ist ein *β*, *z* ist ein *γ*. Beispiel: α = Temperatur, β = Körper, γ = Zahlenwert + Dimension = physikalische Größe. Die Relation selbst ist eine <u>Aussage</u> (über einen zutreffenden oder nicht zutreffenden Sachverhalt), sie kann aber, wie wir später sehen werden, auch als <u>Suche</u> (imperative Interpretation) oder als <u>Frage</u> (komparative Interpretation = Vergleich mit der Wirklichkeit) gedeutet werden. - Für *y* können als Objekte selbst wieder Informationselemente eingesetzt werden, wodurch eine Schachtelung bis zu beliebiger Tiefe vorgenommen werden kann.

Die Entsprechung zu den *Attributivdefinitionen* sieht so aus:

dem Prädikat (P) entsprechen die Attribute bzw. Eigenschaftsklassen;

dem Wert (V) entsprechen die konkreten Werte, nach denen reduziert wird;

dem Objekt (O) entspricht der spezielle, durch Reduktion entstandene Begriff.

Das (vollreduzierte) Tripel <a,b,c> hat in den Attributivdefinitionen die Entsprechung

$$b:=(\lambda_{\vec{x}}\,^{\vec{a}}\;\{\,\vec{x}\,\}:\vec{c})$$

Anstelle von einem Prädikat bei den IEs gibt es eine Reihe von (durch S verknüpfte) Attribute, nach denen entsprechend reduziert wird.

Die *graphische Darstellung*, die wir ebenfalls schon verwendet haben, sei hier noch einmal wiederholt:

$$\boxed{P} \longrightarrow V$$

entspricht <P,O,V>

Dem würde bei den Attributivdefinitionen etwa folgende Darstellung entsprechen:

$$\boxed{\vec{P}} \xrightarrow{\;\triangleright\;} (\cdot) \xrightarrow{\;Q\;} \widehat{V} \;(= O)$$

Natürlich sind auch andere Darstellungen möglich, etwa die Infix-Darstellung O P V. Da wir aber *P* als *Funktion* auffassen, die auf ein Objekt *O* angewandt einen Wert *V* liefert, hat die von uns gewählte Darstellung den Vorteil der Funktionsschreibweise, was für Schachtelungen und rekursive Einsetzungen besonders wichtig ist. *P* ist im allgemeinen keine Funktion, sondern eine Abbildung, da es zu einen *O* sicherlich in vielen Fällen eine ganze Reihe möglicher *V* gib Dies gilt auch für die Umkehrung: Zu einem *V* gibt es für ein *P* möglicherweise mehrere *O*.

Ein Beispiel für eine komplexere Beziehung, in welcher das Objekt ein Informationselement ist, wäre etwa die folgende:

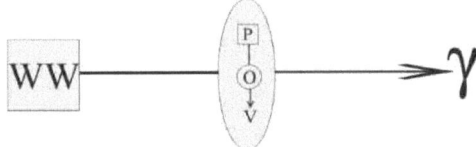

WW = Wahrheitswert, γ = 'wahr'. P,O,V: Informationselement. Bedeutung: Die Aussage *"P von O ist V"* ist wahr. ('Meta-Aussage')

Im folgenden beschäftigen wir uns mit jenen Fällen, in denen nur Teilreduktionen vorgenommen wurden.

Infolge der Ähnlichkeit der Informationseinheiten mit attributiv definierten Begriffen nimmt es nicht weiter wunder, dass die Informationseinheiten ohne Schwierigkeiten lattisiert werden können. In der Darstellung der Abb. 44 haben wir die *Grobstruktur eines Verbandes* gezeichnet. In ihr werden alle Elemente der gleichen Reduktionsklasse (alle Elemente, bei denen nach den gleichen Variablen reduziert wurde) zu einer Familie zusammengefasst. Dabei bedeutet z.B. <-,O,V> die Familie <-,O_1,V_1>, <-,O_1,V_2>, ... , <-,O_2,V_1> ... usw. NIL und der Generatorbegriff sind natürlich wieder Einzelgänger, <P,O,V> die Atome des Verbands, die wir ja schon früher als 'Informationselemente' bezeichnet haben. Einen speziellen Verband von Informationselementen bezeichnen wir auch als *Informationsstruktur*. Beispiele für Informationsstrukturen werden wir im Abschnitt über Zustände kennenlernen.

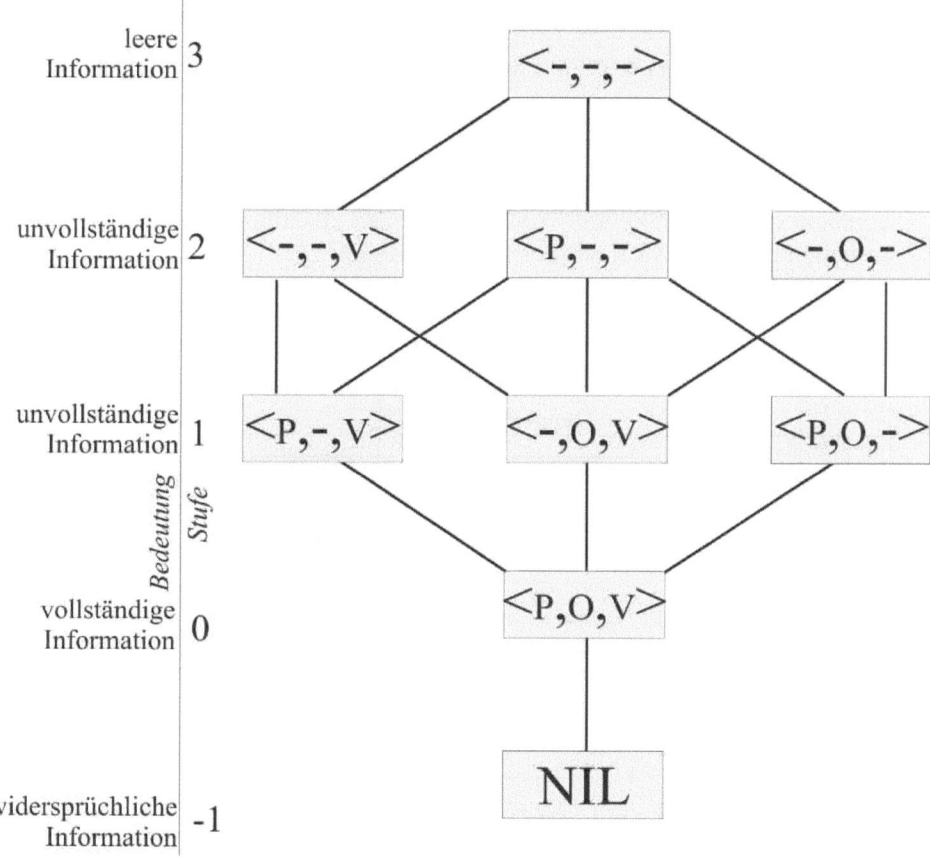

Abb. 44: Verband der Informationselemente, Grobstruktur

Wir können Prädikate und Objekte im Fall der unvollständigen Information auch als Operatoren, Abbildungen oder Funktionen auffassen. So soll dann für p∈ P, o∈ O, und v∈ V gelten:

175

p(o) liefert die p-Werte des Objekts o, also

p(o) := !x: p(o)=x

p(v) liefert die Objekte, für die p(o)=v, also

p(v) := !x: p(x)=v

o(v) liefert die Prädikate, für die p(o)=v, also

o(v) := !x: x(o)=v

Neben diesen Operatoren gibt es auch noch die Möglichkeit, Tests auf Vorliegen einer Beziehung durchzuführen. Je nach Grad der Reduktion ergeben sich auch Suchverfahren, z.B. nach einem Objekt, das die Beziehung p(x)=v erfüllt. Eine solche drücken wir durch

$$?x: p(x)=v \quad \text{("Gibt es ein (Objekt) x, für das p(x)=v gilt?")}$$

aus. Diese Suche soll aber nach unserer Vereinbarung nicht nur einen Wahrheitswert (eine Antwort; ja oder nein) liefern, sondern auch ein Objekt (ein Paar, ein Tripel), das der gefragten Beziehung genügt. Die sich ergebenden Möglichkeiten wurden in Tab. 27 zusammengestellt. Sie entsprechen den "Basisfragen" bei FINDLER (1975).

Nr.	*Beziehung*	*grafische Darstellung*	*Kategorie*	*Bedeutung*	*Ergebnis*
1.1	p(o)=v		Aussage	o hat den p-Wert v	-
1.2	! p(o)=v		Zuweisung (Operation)	Zuweisung des p-Werts v an o	$\langle p,o,v \rangle$
1.3	? p(o)=v		Frage (Test)	Überprüfung der Relation	Wahrheitswert (WW)
2.1	p(-)=v		Aussage	p kann den Wert v annehmen	-
2.2	!x:p(x)=v		Anweisung (Suche)	Suche alle x, für die p(x)=v	Reihe von Objekten $o_1, o_2, \ldots$
2.3	?x:p(x)=v		Test & Suche	Gibt es ein x,	WW + 1 Objekt

Nr.	Beziehung	grafische Darstellung		Bedeutung	Ergebnis
				für das $p(x)=v$?	
3.1	-(o)=v		Aussage	o hat den Wert v	-
3.2	!x:x(o)=v		Anweisung (Suche)	Suche die Prädikate x, für die $x(o)=v$	Reihe von Prädikaten $p_1, p_2, \ldots$
3.3	?x:x(o)=v		Test & Suche	Gibt es ein P x, für das $x(o)=v$?	WW + 1 Objekt
4.1	p(o)=-		Aussage	o kann einen Wert für p annehmen	-
4.2	!x:p(o)=x		Anweisung (Suche)	Suche alle p-Werte für o	Reihe von Werten $v_1, v_2, \ldots$
4.3	?x:p(o)=x		Test & Suche	Gibt es einen p-Wert für o?	WW + 1 Wert

Tab. 27/1: Elemente einer Informationsstruktur (Aussagen, Such- und Test-Operatoren)

Nr.	Beziehung	grafische Darstellung	Bedeutung	Ergebnis
5.1	-(-)=v		Es gibt den Wert v	-
5.2	!x,y:x(y) =v		Suche jene Prädikat-Objekt-Paare mit $x(y)=v$	Reihe von Paaren $\langle p_1, o_1 \rangle$ $\langle p_2, o_2 \rangle \ldots$
5.3	?x,y:x(y) =v		Gibt es ein Prädikat-Objekt-Paar x,y, mit $x(y)=v$?	Wahrheitswert +1 Prädikat + 1 Objekt
6.1	-(o)=-		Es gibt ein	-

177

			Objekt o.	
6.2	!x,y:x(o) =y		Suche alle Prädikat-Wert-Paare x,y mit x(o)=y	Reihe von Paaren $\langle p_1,v_1\rangle$ $\langle p_2,v_2\rangle$...
6.3	?x,y:x(o) =y		Gibt es ein Prädikat-Wert-Paar x,y mit x(o)=y?	WW + 1 Objekt + 1 Wert
7.1	p(-)=-		Es gibt ein Prädikat p.	-
7.2	!x,y:p(x) =y		Suche alle Objekte x mit den zugehörigen p-Werten y.	Reihe von Paaren $\langle o_1,v_1\rangle$ $\langle o_2,v_2\rangle$...
7.3	?x,y:p(x) =y		Gibt es ein Objekt-p-Wert-Paar x,y?	WW + 1 Objekt + 1 Wert
8.1	-(-)=-		Es existiert die (abstrakte) Beziehung zwischen P,O,V	Es liegt eine Informationseinheit vor
8.2	!x,y,z: x(y)=z		Aufzählung des Universums	Reihe von Tripeln $\langle p_1,o_1,v_1\rangle$ $\langle p_2,o_2,v_2\rangle$...
8.3	?x,y,z: x(y)=z		Ist das Universum nicht-leer?	1 WW + 1 Prädikat + 1 Objekt + 1 Wert

Tab. 27/2: Elemente einer Informationsstruktur (Aussagen, Such- und Test-Operatoren)

Einige dieser Möglichkeiten sind erkenntnistheoretisch interpretierbar.

So bedeutet eine Reduktion nach *V*: $\langle P,O,-\rangle \xrightarrow{\varrho(V)} \langle P,O,V\rangle$

eine Wertzuweisung oder <u>Messung</u>;

eine Reduktion nach *O*:

$$\langle P,-,V\rangle \xrightarrow{\varrho(O)} \langle P,O,V\rangle$$

178

die Suche nach einem Objekt mit einer bestimmten Eigenschaft, während eine Reduktion nach P keine sinnvolle Interpretation zulässt (höchstens die linguistische Formulierung einer Eigenschaft).

Eine Reduktion nach P und V:

$$<-,O,-> \xrightarrow{\varrho(P,V)} <P,O,V> \text{ kann als } \underline{\text{Beobachtung}},$$

eine solche nach O und V:

$$<P,-,-> \xrightarrow{\varrho(O,V)} <P,O,V>$$

als <u>Taxonomierung</u> interpretiert werden.

Den *Erkenntnisprozess* einer Wissenschaft könnten wir dann als Weg durch eine Informationsstruktur (von oben nach unten) etwa so darstellen:

$$<-,-,-> \xrightarrow{\frac{Auswahl}{\varrho(O)}} <-,o,-> \xrightarrow{\frac{Beobachtung}{\varrho(P)}} <p,o,->$$

$$\xrightarrow{\frac{Messung}{\varrho(V)}} <p,o,v> \underset{Validierung}{\overset{Falsifizierung}{\rightleftarrows}} NIL$$

Der Fixpunkt der Erkenntnis ist danach entweder ein immer gleich bleibendes Informationselement oder ein Widerspruch.

In den folgenden Abschnitten werden wir Informationselemente als Elemente komplexerer Sprach- und Erkenntnisstrukturen verwenden. Der Name 'Element' wird dadurch gerechtfertigt.

<u>Statische Systeme</u>

<u>1.: Zustände</u>

Zugänge

Zu den Zuständen gelangt man auf zwei Wegen.

Der erste Weg führt über eine Verallgemeinerung des Begriffs "Informationselement". Fasst man mehrere Informationseinheiten, welche sich auf verschiedene Prädikate und Objekte (und natürlich Werte) beziehen, zu einer Überstruktur (in unserer Schreibweise also zu einer Menge) zusammen, dann erhält man die Beschreibung all der Gegenstände (Objekte),

179

die begrifflich zu einem Kollektiv zusammengefasst werden - also einen Zustand. Bezeichnen wir mit ZST einen Zustand, und mit IE_1, IE_2, ... verschiedene Informationseinheiten, dann sähe ein Zustand folgendermaßen aus:

$$\boxed{ZST := \{IE_1, IE_2, ...\}}$$

Eine Ordnung der Informationseinheiten existiert (trotz ihrer Nummerierung) dabei nicht, da wir bei Mengen nur deren Elemente, nicht aber ihre Anordnung kennen.

Der zweite Weg führt über eine Verallgemeinerung des Begriffs "attributiv-definierter Begriff". Wenn wir vom vollreduzierten Zustand ausgehen, war ein solcher Begriff folgendermaßen definiert:

$$B := \{e_1^{E_1} e_2^{E_2}, ...\}$$

Nun entspricht, wie wir bereits aufzeigten, hei den Informationselementen dem E das P, dem e das V und dem B das O. Wenn wir also B in einer anderen Form schreiben:

$$\{<E_1,B,e_1>,<E_2,B,e_2>,...\}$$

dann ist die Ähnlichkeit mit den Informationselementen deutlich zu sehen. Verallgemeinern wir nun den Begriff "Begriff" zu "Begriffskomplex", dann könnte eine Definition dieses Konzepts (nennen wir es BGK) so aussehen:

$$BGK := \{<E_1,B_1,e_{11}>,<E_2,B,e_{12}>,...<E_1,B_2,e_{21}>, ...\}$$

oder abgekürzt: $\quad BGK := \{<\vec{E},\vec{B},\vec{e}>\}$

(Beachte die Vektorisierung der Vektorklammern!)

BGK besteht jetzt, um die Analogie weiterzuspinnen, aus "Begriffseinheiten", die als Vektortripel <Eigenschaftsklasse, Name des Begriffs, Ausprägung der EK> definiert sind. Die früher als POV-Relation bezeichnete Beziehung zwischen einem Prädikat, einem Objekt und dem zugehörigen Wert des Prädikats für dieses Objekt hat ihr Analogon in der Beziehung zwischen einer Eigenschaftsklasse (einem Attribut) und der speziellen Ausprägung für einen Begriff.

Fassen wir zusammen: Das Tripel <x,y,z> ist die 'Ausprägungsrelation'; die Elemente bedeuten:

	bei Begriffen	bei Zuständen	Typ
x	Eigenschaftsklasse (Attribut) E	Prädikat P	Menge
y	Begriff B	Objekt O	Individuum
z	Ausprägung, Eigenschaft e	Wert V	Menge (entsprechend zu E)

Tab. 28: Entsprechungen

Nun könnte man Begriffskomplexe bzw. Zustände weiter strukturieren. Die drei Variablen x, *y* und *z* sind ja nicht gleichberechtigt. Meist beziehen wir uns auf die Objekte, die für uns das Reale sind; Werte sind ihnen gewissermaßen angeheftet und die zugehörigen Prädikate dienen als übergeordnete Ordnungskategorien. Dieser Bevorzugung der mittleren Variablen könnte man auch in der Definition Rechnung tragen, indem man die Elemente nach Individuen ordnet (wie wir es in unserer Schreibweise auch getan haben). Das setzt jedoch voraus, dass wir ein Anordnungsschema haben, also einen Vektor. Wir hätten dann folgende Stufenfolge:

<p,o,v>   (ein Vektor aus drei Elementen) ist eine Informations- oder Begriffseinheit;

$\{<x_1,o,z_1>,<x_2,o,z_2>,...\}$ (eine Menge von Dreiervektoren) ist der Zustand eines Individuums bzw. ein individueller Begriff;

<{..o_1..},{..o_2..},...> (ein Vektor von Mengen der obigen Form) ist der Zustand eines Kollektivs bzw. ein Begriffskomplex.

Welche Darstellung geeigneter ist, hängt vom Stoff ab, der formalisiert werden soll. Wir geben unten beide Definitionen an, wobei wir meist die kompliziertere verwenden.

Definitionen

(Dl) Ein <u>Zustand</u> ist eine Menge von Informationseinheiten:

$$ZST := \tau\, \vec{\alpha}^{PRÄ} \vec{\beta}^{OBJ} \vec{\gamma}^{VAL} \lambda\, \vec{x}^{\vec{\alpha}}\, \vec{y}^{\vec{\beta}}\, \vec{z}^{\vec{\gamma}}.\{<\vec{x},\vec{y},\vec{z}>\}$$

$$= \tau ... \lambda\, x_1x_2..y_1y_2..z_1z_2.. .\{<x_1,y_1,z_1>,<x_2,y_1,z_2>,...\}$$

Der Zustand bezieht sich auf ein Kollektiv; die einzelnen Bestandteile des Kollektivs (die Individuen) sind nicht mehr unterscheidbar.

(D2) Ein <u>Individuen-Zustand</u> (ZST_{ind}) ist eine Menge von Informationseinheiten mit konstantem Objekt:

181

$$ZST_{ind} := \tau \ldots \lambda \vec{x}^{\vec{\alpha}}\, y\, \beta\, \vec{z}^{\vec{\gamma}}.\{<\vec{x}, \vec{y}, \vec{z}>\}$$

$$= \tau \ldots \lambda \ldots .\{<x_1, y, z_1>, <x_2, y, z_2>, \ldots\}$$

(Beachte, dass y nicht vektorisiert ist.)

Ein <u>Kollektiv-Zustand</u> (ZST_{kol}) ist ein Vektor von Individuenzuständen $ZI_1, ZI_2, \ldots$:

$$ZST_{kol} := \tau\, \vec{\alpha}^{PR\ddot{A}} \vec{\beta}^{OBJ} \vec{\gamma}^{VAL} \lambda\, \vec{x}^{\vec{\alpha}}\, \vec{y}\, \beta\, \vec{z}^{\vec{\gamma}}.$$
$$<\{<\vec{x}, y_1, \vec{z}>\}, \{<\vec{x}, y_2, \vec{z}>\}, \ldots\{\ \}>$$

Die Komponenten des Kollektiv-Zustands (oder Zustands schlechthin) sind Individuen-Zustände; die Elemente des Individuen-Zustands sind Informationseinheiten. Mit den Abkürzungen

IE(o) = Informationseinheit für das Objekt o,
ZI(o) = Individuen-Zustand für das Objekt o, und
ZK   = Kollektiv-Zustand,

können wir daher auch schreiben (unter Weglassung des λ-Operators):

$$ZI := \{IE_1(o), IE_2(o), \ldots\}$$

$$ZK := <ZI(o_1), ZI(o_2), \ldots>$$

Nach dieser Definition (und bei Annahme von Vollreduktionen) gilt z.B.

$\mathbf{P}^1$ IE = Prädikat, $\mathbf{P}^2$ IE = Objekt, $\mathbf{P}^3$ IE = Wert eines Informationselements;

$\mathbf{A}^1$ ZI = Reihe von IEs;

$\mathbf{P}^1$ (A ZI) = Reihe von Prädikaten,

$\mathbf{P}^2$ (A ZI) = Reihe von identischen Objekten,

$\mathbf{P}^3$ (A ZI) = Reihe von Werten;

$\mathbf{P}^n$ ZK = $ZI(o_n)$ (Zustand des n-ten Individuums),

$\mathbf{A}(\mathbf{P}^n$ ZK) = aufgelöster Zustand des n-ten Individuums (= Reihe von IEs für o_n),

$\mathbf{P}^1$ ($\mathbf{A}(\mathbf{P}^n$ ZK) = Prädikate für o_n; usw.

In den Abbildungen 29 und 30 haben wir die Begriffsbildung nach Definition D2 für Zustände und Begriffskomplexe in einem $\in$-φ-Diagramm veranschaulicht.

Es ist zu beachten, daß bei Zustandsbeschreibungen nur die Eigenschaften der Individuen, nicht aber ihre wechselseitigen Beziehungen dargestellt werden. Eine Zustandsbeschreibung ist also eine <u>isolierte</u> Beschreibung der Wirklichkeit; sie ist eine Aufzählung individueller Tatbestände. Die Berücksichtigung wechselseitiger Beziehungen geschieht im nächsten Abschnitt, bei der Besprechung von Situationen.

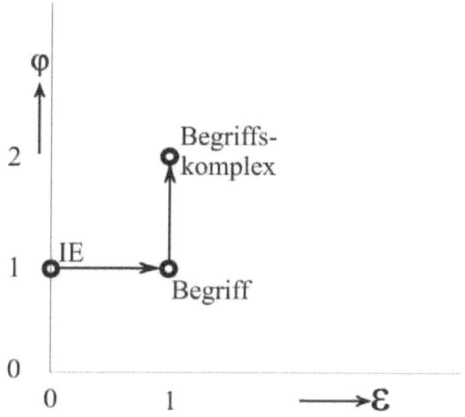

Abb. 29: ε-φ-Diagramm von Begriffsdefinitionen. $\uparrow$: Komplex- oder Kollektivbildung (-> Lineare Ordnungen). $\rightarrow$: Struktur- oder Mengen-bildung (-> Teilordnungen)

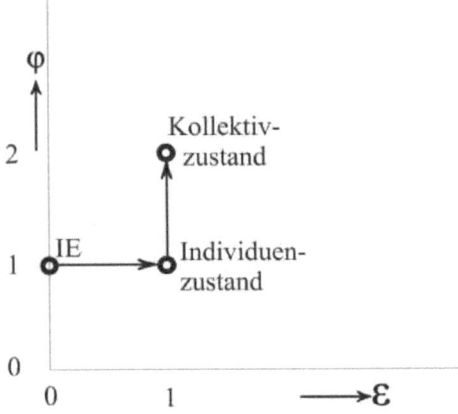

Abb. 30: ε-φ-Diagramm von Zustandsdefinitionen.

In der folgenden Tabelle wurden die Typen der Begriffe zusammengefasst.

Begriff	0	φ	Typ
Informationseinheit (IE)	0	1	VEK1
individueller Begriff (BI) Individuenzustand (ZI)	1	1	STR1(VEK1)
Begriffskomplex (BK) Kollektivzustand (ZK)	1	2	VEK1(STR1(VEK1))= VEK2

Beschreibungen

Unter einer <u>Zustandsbeschreibung</u> wollen wir einen vollreduzierten (konkreten) Zustand verstehen. Die Beschreibung eines (Individuen- oder Kollektiv-)Zustands geschieht am besten über <u>Zustandsmatrizen</u>:

	o_1	o_2	...
p_1	v_{11}	v_{12}	...
p_2	v_{21}	v_{22}	...
. . .			

Dabei hat das Prädikat (Attribut) p_i für jedes Objekt o_j einen bestimmten Wert v_{ij}. Dieser Wert kann auch durch eine Menge oder einen Vektor von

Werten ersetzt werden. Der Vorteil der Darstellung liegt darin, dass bei Zustandsänderungen durch Prozesse (Kap. 18.1) nur diese Matrixwerte (bzw. eine Untermenge davon) geändert werden. Wie man sieht, führt der kombinatorische Charakter unseres Systems zu einer meist einfachen Repräsentation durch Matrizen und ähnliche Schemata.

Beispiele

(i) Eine simple Familiengeschichte könnte von folgender Konfiguration ihren Ausgangspunkt nehmen (Beispiel aus ABRIAL):

$p_1 := \text{SEX} = \{\sigma, \male\female\}$

$p_2 := \text{ALTER} = \{0,1,2....\}$

$p_3 := \text{GATTE} = \{o_1, o_2, o_3, o_4\}$

$p_4 := \text{KIND} = \{o_4\}$

$p_5 := \text{ELTER} = \{o_1, o_2\}$

$o_1 := \text{Peter}, o_2 := \text{Petra}, o_3 := \text{Hans}, o_4 := \text{Hanna}$

	o_1	o_2	o_3	o_4
p_1	σ	$\female$	σ	$\female$
p_2	50	43	27	20
p_3	o_2	o_1	o_4	o_3
p_4	o_4	o_4	-	-
p_5	-	-	-	$\{o_1, o_2\}$

Die 'Objekte' o_i sind eigentlich <u>Namen</u> für die Objekte, die ja erst durch Wertzuweisungen zu Objekten werden.

"-" bedeutet, wie üblich, eine unreduzierte ('unbestimmte') Variable, d.h. eine unvollständige Information. Wie man aus dem Beispiel ersieht, können auch wechselseitige Beziehungen in die Zustandsbeschreibung einfließen, und zwar dadurch, dass man Prädikate (Im Beispiel: p_3 bis p_5) als Operatoren auffasst und von der Tatsache Gebrauch macht, dass jede n-stellige Relation auf eine (n-l)-stellige Operation zurückgeführt werden kann. In diesem Fall werden zweistellige Relationen (z.B. "ist verheiratet mit") auf einstellige Operationen (hier: "Gatte von") zurückgeführt.

Die graphische Darstellung dieses (recht einfachen) semantischen Netzes sähe dann so aus:

185

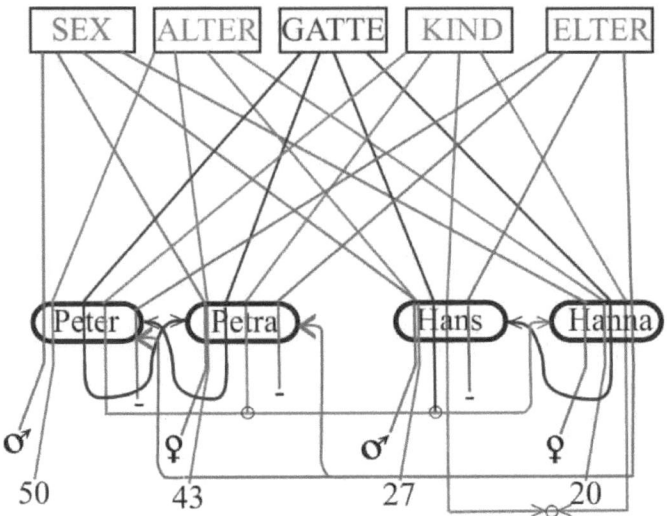

Abb. 45: Grafische Repräsentation des Zustands zu Beispiel (1)

Dabei wurde angenommen, dass jedes Prädikat auf jedes Objekt zutrifft (aber nicht notwendigerweise einen Wert ergibt). Ist der Wert eines Prädikats das leere Ding, so haben wir dies (wie auch schon früher) durch einen Punkt (.) angedeutet. (Beispiel: Hans und Hanna haben keine Kinder.) Die Nichtreduktion, die mit "nicht bekannt" oder "nicht von Bedeutung" interpretiert werden kann, haben wir wie üblich mit einem Bindestrich (-) symbolisiert. Beispielsweise hat jeder Mensch zwei Eltern, aber im Falle von Peter, Petra und Hans sind sie uns nicht bekannt.

Beispiel (2): Sätze

Eine linguistische Grundeinheit (also einen Satz) können wir als Individuenzustand beschreiben, wenn wir folgendes festsetzen:

α_1 = Subjekt, α_2 = direktes Objekt, α_3 = indirektes Objekt, α_4 = Ort, α_5 = Zeit; β = Verb, $\gamma_i \, 0 \, \alpha_i$

Ein Satz sieht dann so aus:

Satz := $\lambda x_1^1 ... x_5^5 \, y \, z_1^1 ... z_5^5$.

$$\{ <x_1,y,z_1>, ... <x_5,y,z_5> \}$$

Die linguistischen Kategorien (Subjekt, etc.) werden hier als Prädikate für das Verb aufgefasst. Das Verb ist also hier das Individuum, dessen Zustand beschrieben wird. In gewissem Sinn kommen wir damit zur

186

Beschreibung von Handlungen, denn diese werden vornehmlich von ihren Verben getragen.

Durch Reduktion nach den x_i und dem y entstehen spezielle (abstrakte) Handlungen, durch Reduktion nach den z_i konkrete Handlungen (Zustandsbeschreibungen). Das nächste Beispiel zeigt dies.

(3) Einladung

(ELD) := (Satz: Einlader, Eingeladener, Medium, Ort der Einladung, Zeit der Einladung; einladen)

Diese spezielle Aktion kann durch weitere Reduktion konkretisiert werden:

(ELD: {Paul, Paula}, Peter, Brief, Paris,15.7.)

("Peter wurde von Paul und Paula brieflich für den 15.7. nach Paris eingeladen."). In seiner mathematischen Repräsentation sieht diese Zustandsbeschreibung so aus:

{<Einlader, einladen, {Paul, Paula}>, ...,

<Zeit, einladen, 15.7.>}

während die graphische Repräsentation sich dadurch auszeichnet, dass alle Prädikate sich auf die Handlung (Aktion) beziehen:

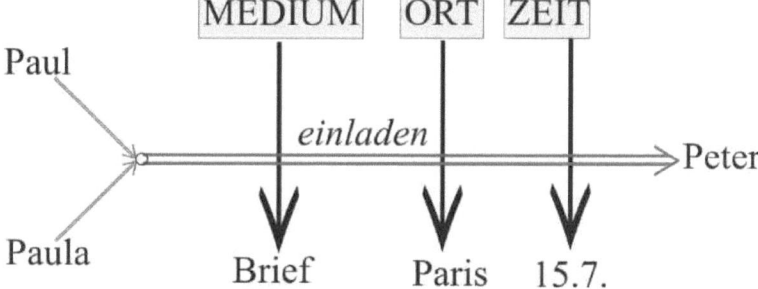

2.: Situationen

Bei den Zuständen haben wir die Wirklichkeit nur isoliert beschrieben. Wir haben nur die Eigenschaften der einzelnen Individuen oder Objekte aufgezählt, ihre wechselseitigen Beziehungen indes außer Acht gelassen.

Diesen Beziehungsteil wollen wir jetzt nachholen. Wir werden ihn als <u>Situation</u> bezeichnen. Eine Situation ist also derjenige Teil der Wirklichkeit, der die wechselseitigen Beziehungen der Individuen (Objekte) angibt. Zusammen mit den Zuständen ergibt sich dann eine vollständige Beschreibung der Wirklichkeit, die wir auch als <u>Sachverhalt</u> bezeichnen wollen.

Dabei müssen wir einige vereinfachende Annahmen machen (die wir später wieder aufheben können, soferne es notwendig ist). Wir reduzieren erstens alle Relationen auf zweistellige Relationen, die wir in der Form $R(x,y)$ angeben. Z.B. kann man die dreistellige Relation "B liegt zwischen A und C" durch die beiden zweistelligen Relationen "A liegt vor B" und "B liegt vor C" darstellen. Eine solche Darstellungsmöglichkeit für alle höherstelligen Beziehungen setzen wir im folgenden voraus (im Einzelfall muss dies natürlich nachgewiesen bzw. tatsächlich durchgeführt werden).

Als zweites nehmen wir an, dass sich die konversen Relationen stets eindeutig aus den Relationen ergeben. Das ist zwar mathematisch immer zutreffend (aus $R(x,y)$ ergibt sich immer eindeutig $R^c(y,x)$), aber im Bereich der natürlichen Sprache können sich dabei Zweideutigkeiten ergeben, die durch explizite Angabe der konversen Relation aufgehoben werden müssen.

Im folgenden geben wir - genau wie bei den Zuständen - zwei Definitionen für Situationen an, eine unstrukturierte und eine strukturierte, wobei wir wiederum im allgemeinen die zweite verwenden.

Definitionen

Die erste Definition besteht in einer ungeordneten Aneinanderreihung sämtlicher möglicher Beziehungen zwischen den Individuen x_i:

$$(D1) \quad \boxed{\; SIT := \tau \, \vec{\alpha} \, \lambda \vec{x} \, {}^{\vec{\alpha}} \vec{R}^{REL} \cdot \{\vec{R}(\vec{x},\vec{x})\} \;}$$

$= \ldots . \; \{R_1(x_1,x_1), R_1(x_1,x_2), \ldots, R_2(x_1,x_1), R_2(x_1,x_2), \ldots\}$

(REL = Relationen). Viele dieser hier angeführten Beziehungen werden im konkreten Fall nicht existieren. Z.B. haben wir hier angenommen, dass alle Relationen (R_1, R_2 ...) reflexiv sind, was in der Praxis kaum vorkommt. Die Ordnung, die wir hier angegeben haben, ist nach Auflösung der Mengenklammern durch den Analyse-Operator nicht mehr gegeben.

Eine Ordnung kann hier nicht nach den Individuen vorgenommen werden (da ja immer zwei Individuen in jeder Beziehung vorkommen). Eine

Ordnung nach den Nummern der Beziehungen scheint uns nicht sehr sinnvoll, da diese Nummerierung recht willkürlich ist und uns auch im allgemeinen nicht interessiert. Darum schlagen wir ein anderes Ordnungskriterium vor. Wir teilen die Schar der Individuen in <u>zwei Gruppen</u> und betrachten die Beziehungen der Individuen zwischen den Gruppen (Relationen R_i) sowie innerhalb der Gruppen (Relationen S_i und T_i). Eine solche Gruppeneinteilung ist die einfachste überhaupt, und es gelingt meistens, ein alternatives Unterscheidungsmerkmal zu finden. Die R_i, S_i und T_i fassen wir zu je einer Menge zusammen; die drei Mengen ordnen wir zu einem Vektor mit drei Komponenten. Dann sieht D2 so aus:

$$(D2) \quad \boxed{SIT := \lambda \vec{x} \, \vec{y} \, \vec{R} \, \vec{S} \, \vec{T}. <\{\vec{R}(\vec{x},\vec{y})\}, \{\vec{S}(\vec{x},\vec{x})\}, \{\vec{T}(\vec{y},\vec{y})\}>}$$

Dabei haben wir der Einfachheit halber die Typen weggelassen; wir nehmen auch hier an, dass die x_i und y_i Objekte (Individuen), die R_i, S_i und T_i Relationen sind.

Zur Veranschaulichung der Bezeichnungen zeigen wir das Beziehungsgeflecht für vier Individuen (Objekte):

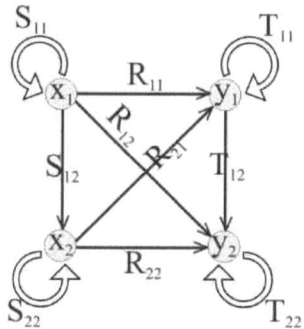

Bei m x_i und n y_i gibt es $m \cdot n$ R-Relationen, $\binom{m}{2}$ nicht-reflexive S-Relationen und m reflexive S-Relationen; analog für T. (Das ist aber die Höchstzahl.)

Beispiele

(1) Beispiel (1) des vorigen Abschnitts (Familienbeziehungen)

189

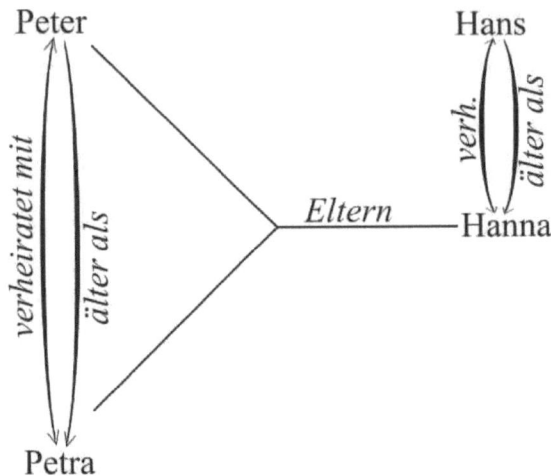

S₁ := <ELTERN({Peter, Petra},Hanna),

  {VHR(Peter, Petra),ÄLTER(Peter, Petra)},

  {VHR(Hans, Hanna),ÄLTER(Hans, Hanna)}>

Hier gibt es ein R ("ELTERN") und je zwei S bzw. T. Das Diagramm ist wesentlich einfacher als das der Abb. 25, enthält aber auch weniger Informationen.

(2) Beispiel (3) des vorigen Abschnitts ("Einladung")

In diesem Diagramm fehlen alle Zustandsangaben, wodurch es stark an Verwendbarkeit einbüßt. Hier sind die Informationselemente wichtiger als die wechselseitigen Beziehungen. Die mathematische Darstellung ist sehr einfach:

S := <EINLADUNG({Paul,Paula}, Peter)>

(Eine zusätzliche Mengenbildung wird immer dann weggelassen, wenn nur *ein* Element vorliegt; im Aufspalten der Situationselemente durch die Operatoren **A** und **P** ändert sich dabei nichts.

(3) <u>Selbstbetrachtung</u>

Bezeichnen wir mit SENS(x,y) den Vorgang, dass x y beobachtet oder wahrnimmt (eigentlich eine Handlung (Operation), die aber auf eine Relation zurückgeführt werden kann), so sind zwei Sonderfälle bemerkenswert.

Fall 1: x beobachtet sich selbst ("Narzismus"):

S := λx.<SENS(x,x)>

Fall 2: x beobachtet seine eigene Beobachtung ("Meditation")

S := λx.<SENS(x,S)> =

λx.[<SENS(x, λx.[<SENS(x, λx.[...

Rekursive Definitionen werden im λ-Kalkül durch den Fixpunkt-Operator **Y** dargestellt, doch bringt dies einige technische Schwierigkeiten mit sich. Die obige Darstellung ist ebenfalls möglich.

(3) <u>Kasusgrammatik</u>

Wir konstruieren einen einfachen Satz aus drei Einheiten, die wir uns durch ein (nicht angeführtes) Verb verbunden denken, nämlich aus: <u>Subjekt</u>, <u>Objekt</u> und <u>Instrument</u>, wobei wir Subjekt und Instrument zu einer Gruppe zusammenfassen:

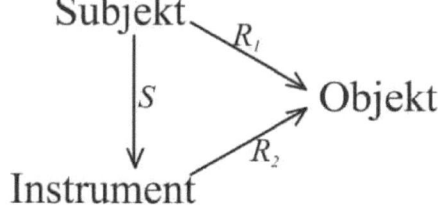

Eine einfache Kasusgrammatik hat dann die Form

KG := λx$_1$^{SUB} x$_2$^{INSTR} y^{OBJ}.
<{R$_1$(x$_1$,y),R$_2$(x$_2$,y)},{S(x$_1$,x$_2$)}>

wobei die R_i und S folgende Interpretation zulassen (in der folgenden Tabelle haben wir in die Hauptdiagonale den Typ mit einigen Synonyma geschrieben):

	x_1	x_2	y
x_1	Subjekt Geber Verursacher	benutzt	wirkt auf
x_2	wird benutzt von	indirektes Objekt, Mitbeteiligter, Instrument	wird benutzt für
y	wird 'bewirkt' durch	wird 'bewirkt' von	direktes Objekt, Empfänger, Bewirkter

Durch Teilreduktionen entstehen verschiedene Satztypen, z.B. Imperativ, Infinitivkonstruktionen, transitive Verben, usw.. Dabei wird das Verb immer als gegeben vorausgesetzt.

18. Dynamische Systeme

1.: Prozesse

Zugang

Mit Zuständen beschrieben wir einen zeitlich fixierten Ausschnitt der Wirklichkeit. Bei semantischen Netzen sind aber gerade die zeitlichen Veränderungen von besonderem Interesse. Eine zeitliche Veränderung eines Zustands wollen wir Prozess nennen und durch eine <u>Übergangsfunktion</u> δ beschreiben. Im Fall von Zuständen sieht sie so aus:

$$\delta := \lambda x^{ZUSTAND} y^{ZUSTAND} [x \rightarrow y]^{PROZESS}$$

Durch Anwendung von δ auf den Zustand x entsteht der Zustand y. In dieser allgemeinen Form ist die Überführungsfunktion natürlich nicht brauchbar; wir müssen wieder einschränkende Annahmen treffen.

Nun gibt es bei Zuständen drei Typen von Variablen, die sich nicht in gleicher Weise ändern. Von den Prädikaten nehmen wir an, dass sie konstant bleiben: Sie sind ja Beschreibungskategorien der Wirklichkeit, die bei Veränderung einer realen Situation noch immer (oder viel mehr) Gültigkeit besitzen. Die Objekte können geändert werden; wenn wir aber annehmen, dass sie durch die Prädikat-Wert-Beziehung beschrieben werden, können wir sie als konstant annehmen. Das vereinfacht viele Darstellungen. Sollte ein Objekt einmal entstehen oder verschwinden, so kann dies durch die Prädikate, notfalls durch ein Prädikat "Existenz" beschrieben werden.

In diesem Sinn gilt also:

$$\langle p,o,v \rangle \rightarrow \langle p,o,v' \rangle$$

Nun werden durch einen speziellen Prozess nicht alle Zustandsgrößen geändert. Manche, zur Beschreibung unbedingt erforderliche, bleiben ungeändert. Wir spalten daher den Zustand auf in einen Teil, der unverändert bleibt, und in einen Teil, der durch den Prozess verändert wird; letzteren wollen wir <u>Wirkungskern</u> nennen.

Die Beschreibung bzw. Darstellung von δ kann operativ (als Algorithmus) oder durch Matrizen geschehen. Wir wollen uns dabei nicht festlegen, sondern der Situation angepasst die brauchbarste Darstellung wählen.

Definition

Ein <u>Prozess</u> ist die zeitliche Veränderung der Werte eines Zustands durch eine <u>Überführungsfunktion</u> δ:

$$\text{PRO} := \tau \; \vec{\alpha}^{\,\text{PRÄ}} \vec{\beta}^{\,\text{OBJ}} \vec{\gamma}^{\,\text{VAL}} \lambda_{\vec{x}}^{\vec{\alpha}} \, {}_{\vec{y}} \, {}^{\vec{\beta}} \, {}_{\vec{z}}^{\vec{\gamma}} \, {}_{\vec{z}'} \; \vec{\delta}.$$

$$\langle \{ \langle \vec{x}, \vec{y}, \vec{z} \rangle \} \rangle \xrightarrow{\ \vec{\delta}\ } \langle \{ \langle \vec{x}, \vec{y}, \vec{z}' \rangle \} \rangle$$

d.h. $\vec{z}' = \vec{\delta}(\vec{z})$

Prädikate und Objekte bleiben dabei unverändert. Durch Reduktion nach den <u>Typen</u> entstehen spezielle <u>Prozesse</u>, durch weitere Reduktion nach den <u>Variablen</u> entstehen spezielle konkrete Prozesse, die wir auch <u>Vorgänge</u> nennen. In der Darstellung der Überführungsfunktion erscheinen nur diejenigen Informationselemente, die eine tatsächliche Veränderung erfahren. Sie bilden den <u>Wirkungskern</u> des Zustands.

Darstellung

1. Darstellung:

	o_1	o_2	...
p_1	$v_{11} \rightarrow v_{11}'$	$v_{12} \rightarrow v_{12}'$	
p_2	$v_{21} \rightarrow v_{21}'$	$v_{22} \rightarrow v_{22}'$	
	...		

2. Darstellung:

p_1	o_1	v_{11}	v_{11}'
p_2	o_1	v_{21}	v_{21}'
	...		
p_1	o_2	v_{12}	v_{12}'

Die graphische Darstellung eines Zustands wurde schon im Abschnitt über linguistische Relationen gezeigt.

Beispiele: (1) Heirat

Der Wirkungskern besteht im Namen und im Familienstand. δ sieht dann so aus:

	o_1	o_2
NAME	o <———	——— o
FST	o ———> vhr	o ———> vhr

Darstellungsweise 1, leicht modifiziert. "o" = gerade vorliegender Wert.

x	**y**	**z**	**z'**
NAME	o_2	o	NAME(o_1)
FST	o_1	o	vhr
FST	o_2	o	vhr

Darstellungsweise 2, jeweils nur Wirkungskern.

(2) "Der Fels rollte den Abhang hinab und zerstörte die kleine Hütte am Fluss."

x	**y**	**z**	**z'**
ORT	Fels	oben	unten
ZUSTAND	Hütte	unversehrt	zerstört
ORT	Hütte	am Fluss	*stati-*
GRÖSSE	Hütte	klein	*scher*
MEDIUM	Fels	Abhang	*Teil*

2.: Aktionen

Was Prozesse für Zustände, das sind Aktionen für Situationen: Sie überführen eine Situation S in eine andere S'. Die Übergangsfunktion δ hat also die Form:

$$\delta := \lambda x^{\text{SITUATION}} y^{\text{SITUATION}} [x \rightarrow y]^{\text{AKTION}}$$

Da Situationen viel allgemeinere Beschreibungen der Wirklichkeit darstellen als Zustände, ist es auch schwieriger, sinnvolle Einschränkungen vorzunehmen. Wir wollen daher nur eine Einteilung vornehmen. Dabei nehmen wir an, dass sich die durch die Situation beschriebenen Beziehungen zwischen den Individuen durch die Aktion ändern. Für die Individuen selbst können wir annehmen, dass sie unverändert bleiben (individuenbewahrende Aktionen) oder auch verändert (erzeugt, vernichtet) werden können (individuenverändernde Aktionen). Diese Fälle wurden beispielhaft schon in dem Abschnitt über linguistische Beziehungen behandelt. Schließlich können wir auch noch den Fall der relationenbewahrenden Aktionen postulieren, bei denen also die wechselseitigen Beziehungen nicht beeinflusst werden. Wie üblich spalten wir die Situation in einen statischen und einen dynamischen Teil; letzterer ist wieder der Wirkungskern.

Definition

Eine individuenbewahrende Aktion verändert höchstens die Beziehungen zwischen den Objekten einer Situation:

$$\text{AKT}_{\text{ind}} := \lambda \vec{x}\vec{y}\vec{R}\vec{S}\vec{T}\vec{R}'\vec{S}'\vec{T}'. <\{\vec{R}(\vec{x},\vec{y})\},\{\vec{S}(\vec{x},\vec{x})\},\{\vec{T}(\vec{y},\vec{y})\}>$$

$$\longrightarrow \ <\{\vec{R}'(\vec{x},\vec{y})\},\{\vec{S}'(\vec{x},\vec{x})\},\{\vec{T}'(\vec{y},\vec{y})\}>$$

Eine relationenbewahrende Aktion verändert höchstens die Individuen (Objekte) einer Situation:

$$\text{AKT}_{\text{rel}} := \lambda \vec{x}\vec{x}'\vec{y}\vec{y}'\vec{R}\vec{S}\vec{T}. <\{\vec{R}(\vec{x},\vec{y})\},\{\vec{S}(\vec{x},\vec{x})\},\{\vec{T}(\vec{y},\vec{y})\}>$$

$$\longrightarrow \ <\{\vec{R}(\vec{x}',\vec{y}')\},\{\vec{S}(\vec{x}',\vec{x}')\},\{\vec{T}(\vec{y}',\vec{y}')\}>$$

Eine allgemeine Aktion verändert sowohl die Individuen als auch die Beziehungen. Eine geschlossene Darstellung der Überführungsfunktion wird in diesen Fällen schwierig. Sie kann wieder in Form von Matrizen geschehen, wobei irgendeine Ordnung eingehalten werden muss. Dies soll aber nicht allgemein festgelegt, sondern in den nachfolgenden Beispielen exemplifiziert werden.

Bei den Definitionen wurden der Einfachheit halber die Typen weggelassen; es ist klar, dass die *x* und *y* Objekte, die *R, S* und *T* Relationen sind.

Durch Reduktion nach den Typen sowie den *R*, *S* und *T* entstehen spezielle Aktionen; durch Reduktion nach den *x* und *y* entstehen spezielle konkrete Aktionen, die wir Ereignisse nennen wollen.

Sonderfälle und Beispiele

1.: individuenbewahrende Aktionen

(1) Erfüllung (x,y)

Wir nehmen zwei Individuen, *x* und *y*, und zwei Relationen, AFF(inität, Wunsch, Begehr, Streben nach) und BES(itz, übergeordneter Teil von) an. Die Erfüllung (erf) besteht darin, dass die Beziehung AFF(x,y) ("x *begehrt y*") in die Beziehung BES(x,y) ("x *besitzt* y") übergeht. Je nach Interpretation von AFF und BES entsteht eine Fülle praxisrelevanter Aktionen.

Die mathematische Definition sieht so aus:

$$\text{erf} := \tau \alpha^{OBJ} \beta^{OBJ} \lambda R_1^{AFF} R_2^{BES} x^\alpha y^\beta . \{R_1(x,y)\} \rightarrow \{R_2(x,y)\}$$

Wir haben hier die einfachere (Mengen-)Definition der Situation verwendet, da eine Vektorierung hier sinnlos wäre. AFF und BES sind, da nicht gebunden, freie Variable, und zwar Typen von Relationen. Je nach Reduktion der Typen entstehen spezielle Erfüllungs-Aktionen, von denen wir einige Beispiele zeigen.

(1.1) Reduktion im λ-Kalkül

Die Reduktion einer Funktion im λ-Kalkül kann als Erfüllung im obigen Sinn aufgefasst werden. Es besteht von Seiten der Funktion *f* eine Affinität nach Variablen eines bestimmten Typs; sind diese eingesetzt, dann ist die Reduktion durchgeführt und die Variable (d.h. der aktuelle Parameter) wurde dem Funktionskörper einverleibt. Die Funktion *f* sei definiert als

$$f := \lambda x^\alpha [f(x)]^\beta$$

und das Ergebnis einer Reduktion ergibt sich aus: $(f^{\alpha \rightarrow \beta} a^\alpha) = b^\beta$

Also kann man schreiben: red = (erf: FUNKTION, TYP)

oder anschaulicher:

α = FUNKTION R_1 = "Erfüllbarkeit durch"

β = TYP R_2 = "durchgeführte Reduktion nach"

(1.2) <u>Nahrungsaufnahme</u>

ess := (erf: LEBEWESEN, ESSBARES, Hunger, Teil von)

Der Typ von x ist also "Lebewesen", der von y "Essbares". AFF wird hier zu "Hunger" und BES zu "Teil von". Spezielle Essvorgänge entstehen durch Reduktion nach x und y.

(1.3) <u>Zusammenstoß</u>

Hier setzen wir: $\alpha = \beta = $ KÖRPER, R_1 = gegenseitige Anziehung, R_2 = Inkorporierung, Verschmelzung oder ähnliches.

Setzen wir z.B. x = Erde, y = Meteor, dann haben wir einen kosmischen (wenn auch für die Erde meist ungefährlichen) Zusammenstoß; setzen wir x = Elektron, y = Positron, dann erhalten wir eine kernphysikalische Verschmelzung; usw.

(2) <u>Erfüllung</u> (x_1, x_2, y)

Wir dehnen das Erfüllungskonzept auf drei Individuen aus, zwischen denen folgende Relationen bestehen:

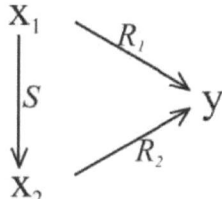

mit $R_i \in \{$ AFF,BES $\}$

Allgemein formuliert sieht erf(2,1) so aus:

$$\text{erf}(2,1) := \tau\, \alpha_1 \alpha_2 \beta\, \lambda\, R_1 R_2 S\, R_1' R_2' S'\, x_1^{\alpha_1} x_2^{\alpha_2} y^\beta.$$

$$<\{R_1(x_1,y), R_2(x_2,y)\}, \{S(x_1,x_2)\}> \longrightarrow <\{R_1', R_2'\}, \{S'\}>$$

Durch Reduktionen nach den Typen und den Relationen entsteht wieder eine Fülle sprachlicher Aktionen. Z.B.:

(2.1) <u>Adoption</u>

Wir setzen: α_1 = gesetzlich dazu befähigter Mann (z.B. in einem bestimmten Mindestalter, mit gutem Leumund, etc.)

α_2 = gesetzlich befähigte Frau, β = zur Adoption frei gegebenes Kind;

$R_1 = R_2$ = AFF (im gefühlsmäßigen Sinn),

$R_1' = R_2'$ = BES (im legalen Sinn), S "verheiratet".

Graphisch können wir die Adoption in der Zwei-Ebenen-Darstellung so veranschaulichen:

(2.2) <u>Diebstahl</u>

Wir setzen:

α_1 = Dieb	R_1 = AFF	R_1' = BES
α_2 = Bestohlener	R_2 = BES	R_2' = NIL($\emptyset$)
β = Diebsgut	S = "kennt"	R_c' = negatives Gefühl

Das sieht dann so aus:

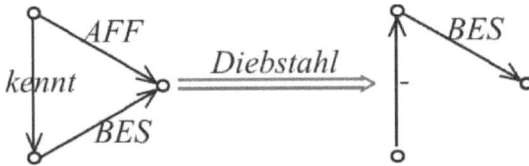

Hier haben wir angenommen, dass der Dieb sein Opfer kennt (S), während der Bestohlene (x_2) nach der Tat negative Gefühle gegenüber dem Dieb hegt (S_c'; "c"="konvers", da wir Relationen immer von kleinerem zu größerem Index zählen, während es hier umgekehrt ist).

(2.3) <u>Geschenk</u>

Wir ersetzen den Dieb durch den Schenker, den Bestohlenen durch den Beschenkten, und das Diebsgut durch das Geschenk. Außerdem ist jetzt R_1 = BES, R_1' = $\emptyset$, R_2 = AFF, R_2' = BES, S_c = positives Gefühl, S_c' = S' = positives Gefühl:

Man beachte, dass eine Relation (R_2) verschwunden und eine andere ($S' =$ "+") hinzugekommen ist.

(3) <u>Erfüllung(2,2)</u>

Wir dehnen das Erfüllungskonzept jetzt auf 2 + 2 Objekte aus. Nehmen wir wieder die Relationen R_i zwischen den x und den y aus dem Bereich von {AFF, BES}, dann existieren allein für die Ausgangssituation $\binom{4}{2} =$ 6 Kombinationen der Relationentypen (es gibt ja 4 R_i), und ebensoviele für die Endsituation, insgesamt also $6 \cdot 6 = 36$ verschiedene Erfüllungsfunktionen des (2,2)-Typs. Wir wollen davon einen einzigen auswählen, den wir als <u>Tausch</u> bezeichnen. Dieser Typ sieht graphisch so aus:

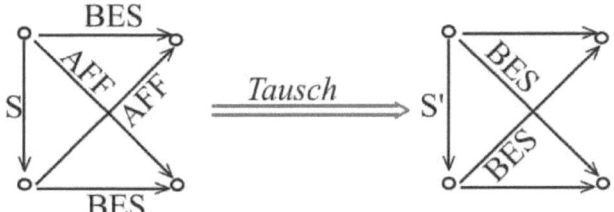

Die x_i sind dabei Akteure, die y_i ihre Objekte des Begehrens. Die Überführungsfunktion lautet also:

$$\text{Tausch} := \tau\, \alpha_1 \alpha_2 \beta_1 \beta_2\ \lambda\, S\, S'\, x_1^{\alpha_1} x_2^{\alpha_2} y_1^{\beta_1} y_2^{\beta_2}.$$

$$<\{AFF(x_1,y_2), AFF(x_2,y_1), BES(x_1,y_1), BES(x_2,y_2)\}, \{S(x_1,x_2)\}>$$

$$\longrightarrow\ <\{BES(x_1,y_2), BES(x_2,y_1)\}, \{S'(x_1,x_2)\}>$$

Spezielle Tauschaktionen sind z.B.:

(3.1) <u>Kaufgeschäft</u>

Kaufgeschäft := (Tausch: Verkäufer, Käufer, Ware, Geld)

S ist in diesem Fall die Relation "ist Verkäufer für", und S' die Relation "war Verkäufer für".

(3.2) <u>Ionenaustauscher</u>

Hier setzen wir:

α_1 = Austauscher   S = "wirkt auf"

α_2 = Wasser (zu reinigen) S' = Vergangenheit von S

β_1 = Anionen β_2 = Kationen   usw.

2.: individuenverändernde Aktionen

Wenn ein Individuum geändert wird, verändern sich im allgemeinen auch die Relationen (z.B. bei Erzeugung und Vernichtung).

(1) <u>Erzeugung</u>:

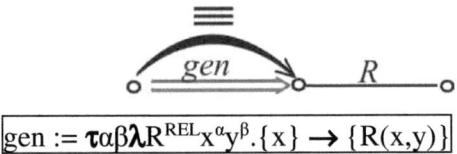

$$gen := \tau\alpha\beta\lambda R^{REL}x^\alpha y^\beta.\{x\} \rightarrow \{R(x,y)\}$$

Hier entsteht ein Individuum (y) und eine Relation (R).

x ist der *Schöpfer*. Beispiele:

1.1 Geburt: α = Mutter, β = Kind, R = "Mutter für", R_c = "Kind von"

1.2 schöpferische geistige Tätigkeit:

α = Mensch, β = Kunstwerk, R = "geistiger Eigentümer von"

(2) <u>Vernichtung</u>:

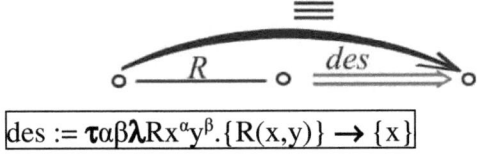

$$des := \tau\alpha\beta\lambda R x^\alpha y^\beta.\{R(x,y)\} \rightarrow \{x\}$$

Hier verschwindet ein Individuum (y) und eine Relation. Es gilt: des = gen^{-1} (die Umkehrfunktion der Erschaffung).

x ist der *Vernichter*. Beispiel:

(2.1) Tod: α = Todesursache, β = Lebewesen, R = "Todesursache für"

(3) <u>Verwandlung</u>:

$$tra := \tau\,\alpha\,\beta_1\beta_2\,\lambda\,R_1R_2\,x^{\alpha}y_1^{\beta_1}y_2^{\beta_2}.$$
$$\{R_1(x,y_1)\} \longrightarrow \{R_2(x,y_2)\}$$

x ist der *Wandler*. Es gilt:

$$tra = gen \circ des \quad \text{(Funktionsverknüpfung)}$$

Beispiele:

(3.1) Kochen: α = Koch, β_1 = Menge an Zutaten, β_2 = Gericht, $R_1 = R_2 =$ "Koch für"

(5.2) Schauspiel: $\alpha = \beta_1$ = Schauspieler, β_2 = Rolle, R_1 = Identität ("ist"), R_2 = "spielt"

(4) <u>Verschmelzung</u>:

$$fus := \tau\,\alpha_1\alpha_2\alpha_3\,\lambda\,R\,x_1^{\alpha_1}\,x_2^{\alpha_2}\,x_3^{\alpha_3}.$$
$$\{R(x_1,x_2)\} \longrightarrow \{x_3\}$$

Es gilt: fus = gen $\circ$ des² (eine Verschmelzung kann dargestellt werden als zweifache Vernichtung mit anschließender Erschaffung).

(5) <u>Spaltung</u>:

$$div := \tau\,\alpha_1\alpha_2\alpha_3\,\lambda\,R\,x_1^{\alpha_1}\,x_2^{\alpha_2}\,x_3^{\alpha_3}.$$
$$\{x_1\} \longrightarrow \{R(x_2,x_3)\}$$

Es gilt: div = gen² $\circ$ gen

Beispiele:

(4.1) Addition: α_i = Zahl, R = "wird addiert zu"

201

(5.1) Teilung: α_1 = Zahl, α_2 = Teiler, α_3 = Quotient

usw.

Wie man sieht, kann aus dem Situations- und dem davon abgeleiteten Aktionskonzept eine Fülle scheinbar gegensätzlicher Begriffe zu Oberbegriffen λ-abstrahiert werden, aus denen umgekehrt eine ganze Reihe neuer Begriffe durch Teilreduktionen generiert werden kann. Der Mathematiker sieht bekanntlich dort Gemeinsamkeiten, wo andere nur Unterschiede sehen; er sieht dort Unterschiede, wo andere nur Gemeinsames sehen. Genau das macht unser System von Begriffsdefinitionen mit Hilfe des λ-Kalküls. Also ist es (zusätzlich zu seiner praktischen Anwendbarkeit, die hoffentlich hinreichend demonstriert wurde) auch ein mathematisches System ...

19. Terminologie

Abbildungen: Je nach Kriterium unterscheiden wir drei Gruppen von Abbildungen:

Gruppe 1: *surjektive* Abb. (Projektionen, Verschmelzungen, Funktionen) sind mehr-eindeutig; *injektive* Abb. (Einbettungen, Aufspaltungen) sind ein-mehrdeutig; *bijektive* Abb. sind beides, also ein-eindeutig.

Gruppe 2: *sequentielle* Abb. (Hintereinanderausführung von Funktionen) führen einen Wert in mehreren Schritten in einen anderen Wert über;

*Parallel*abb. ($\rightarrow$ Vektorabb.) führen gleichzeitig mehrere Werte durch ebensoviele Funktion in ebensoviele Ergebniswerte über.

Gruppe 3: Bei *homogenen* Abb. sind alle Variablen vom gleichen $\rightarrow$ Typ; bei *heterogenen* Abb. ist dies nicht der Fall. Insbesondere ist die Ergebnisvariable von anderem Typ als die Objektvariablen.

Die drei Gruppen sind voneinander unabhängig, sodass eine Abb. zu je einer Kategorie aus jeder Gruppe gehören kann.

Abstraktion

Im λ-Kalkül: Der Vorgang, bei dem Variable ihre Bedeutung verlieren und nur noch als Platzhalter für die Einsetzung aktueller Parameter ("Werte") dienen. Die Abstraktion geschieht mit Hilfe eines Abstraktionsoperators, und zwar λ für gewöhnliche Variable ("Dingvariable"), τ für $\rightarrow$ Typen oder Klassen.

In der Erkenntnistheorie: Die begriffliche Zusammenfassung von Gegenständen, Begriffen, Ideen, zu einen gemeinsamen Oberbegriff durch "Absehen" (abstrahieren) bestimmter Eigenschaften, die beim Vorgang der Abstraktion als gleich betrachtet werden und daher auch durch jeweils nur eine (gebundene) Variable repräsentiert werden können. In der Alltagssprache sind die Eigenschaften, von denen abstrahiert wird, im allgemeinen nicht explizit angegeben.

Abstraktionsgrad (AG) $\rightarrow$ Maße

Aktion: die zeitliche Veränderung einer $\rightarrow$ *Situation* durch Änderung der Individuen, der Relationen oder von beiden, durch die Überführungsfunktion δ:

$$AKT := SIT_1 \xrightarrow{\delta} SIT_2$$

Bleiben die Individuen unverändert, spricht man von individuenbewahrenden Aktionen; eine wichtige spezielle individuenbewahrende Aktion ist die *Erfüllung*.

Bleiben die Relationen unverändert, spricht man von relationenbewahrenden Aktionen. Bei Änderung der Individuen ändern sich im allgemeinen auch die Relationen.

Eine vollreduzierte Aktion heißt *Ereignis*.

Analyse-Operator (A)

Der Analyse-Operator bewirkt die Aufspaltung einer durch **S** gebildeten Struktur in ihre Elemente, also anschaulich gesprochen die Auflösung der Mengenklammern. Gebundene Variable bleiben dabei gebunden. **A** hat immer nur ein Argument; sein Typ ist umgekehrt zu dem von **S**.

Attributivdefinition: die Definition von Begriffen mit Hilfe von Attributen oder Eigenschaftsklassen: $B := \lambda x_1 0 E_1, x_2 0 E_2,\ldots . \{x_1, x_2,\ldots\} = \lambda x^{-E\to} . \{x^\to\}$

Dabei ist *B* der *Oberbegriff*, die E_i sind die *Attribute* oder *Eigenschaftsklassen*, und die dafür einsetzbaren konkreten Werte (e_k^i) sind die *Ausprägungen* oder *Eigenschaften*.

Bezeichnet n_i den Umfang der Klasse E_i (also die Kardinalzahl der Menge E_i, d.h. die Anzahl der möglichen Ausprägungen dieses Attributs), dann ist die Anzahl der durch *Vollreduktionen* erzeugbaren Unterbegriffe ("Endhierarchie") gleich $N_{end} = \prod n_i$;

die Anzahl der durch *Teilreduktionen* erzeugbaren Begriffe einschließlich des Oberbegriffs ("Vollhierarchie") gleich

$N_{voll} = \prod (n_i + 1)$ ($\to$ Hierarchien)

Der Oberbegriff heißt auch *Generatorbegriff*. Attributivdefinitionen führen zu $\to$ Hierarchien und $\to$ Verbänden mit Hilfe des $\to$ Konzeptgenerators.

Ausprägungsrelation: eine dreistellige Relation. Bei Begriffen: <E,B,e> bedeutet: Der Begriff *B* hat für das Attribut (die Eigenschaftsklasse) *E* die Ausprägung *e*. Dafür sagt man auch: *B* ist *e* (bezüglich *E*). Beispiel: Die Farbe (=E) des Mondes (=B) ist rot (=e); kürzer: Der Mond (B) ist rot (e).

Verallgemeinerung: <P,O,V>: Das Objekt (der Gegenstand) O hat bezüglich des Prädikats *P* die Ausprägung (den Wert) *V*. P, O und V sind

Abbildungen oder Funktionen; das Wertetripel <P,O,V> heißt → Informationselement.

Unvollständige Ausprägungsrelationen (wenn ein oder zwei Komponenten des Vektors fehlen) sind als Anfragen bzw. Suchbefehle in Datenbanksystemen zu interpretieren.

Begriff (Konzept): die gedankliche Zusammenfassung sprachlicher oder begrifflicher Elemente. (Diese Definition ist rekursiv.) Wir unterscheiden folgende Kategorien von Begriffen:

Oberbegriff ist in unserer Terminologie jeder abstrakte Term (also ein Term mit gebundenen Variablen, d.h. eine Funktion).

Unterbegriffe sind alle aus ihm durch Reduktion ableitbaren Terme. Handelt es sich um attributiv definierte Begriffe, dann nennt man den Oberbegriff auch *Generatorbegriff*, weil die Ableitung der Unterbegriffe rein mechanisch (durch den → Konzeptgenerator) geschehen kann.

Überbegriff ist in unserer Terminologie jede Struktur (also ein Term mit mindestens einem **S**-Operator). Seine Bausteine heißen Begriffselemente oder Elemente schlechthin.

Ein Begriff heißt *einfach*, wenn er die Schichthöhe 1 hat, d.h., wenn der Syntheseoperator **S** nur einmal angewandt wurde; ansonsten heißt er *komplex*.

Ein *Begriffskomplex* (nicht zu verwechseln mit einem komplexen Begriff) ist eine Menge von Ausprägungsrelationen der Form Attribut - Begriff - Eigenschaft. Hat der Komplex den Abstraktionsgrad 0, dann kam man ihn als Beschreibung eines Begriffsfeldes, d.h. als Menge konkreter Begriffe auffassen. Der Ausdruck *Begriffsfeld* wird allerdings häufig als Ausdruck für eine allgemeine mathematische Struktur von Begriffen gebraucht, z.B. für Begriffshierarchien oder Begriffsverbände.

Breite (eines Verbandes) → Maße

δ→ Überführungsfunktion

Definitionen → Attributiv-D., Nominal-D., Begriff

Dimension → Vektor, Folge

Ereignis → Aktion

Ereignis → wissenschaftstheoretische Begriffe

Folge: Oberbegriff für Stufe, Schicht und Dimension.

Stufen werden durch Anwendung des Abstraktionsoperators (λ) gebildet. Ein Term T ist auf der Stufe n (hat den Abstraktionsgrad n), wenn der λ-Operator n-mal angewandt wurde, ohne dass diese Anwendung durch einen anderen Aufbauoperator (**S** oder **V**) unterbrochen wurde (Schachtelungsprinzip; bei der Zählung: nur die Tiefe der Schachtelung, nicht ihre Breite, wird gezählt). Die Elemente einer Stufe >0 heißen *Funktionen*. Erkennungszeichen für Stufen: λ.

Schichten werden durch Anwendung des Synthese-Operators (**S**) gebildet, wobei wiederum nur die ungebrochene Anwendung zählt (d.h., man zählt die geschachtelten Mengenklammern). Die Elemente einer Schicht >0 heißen *Strukturen* oder *Mengen*. Erkennungszeichen: $\in$.

Dimensionen werden durch Anwendung des Vektor-Operators (**V**) gebildet. Die Elemente einer Dimension >0 heißen *Felder*. Erkennungszeichen: φ.

Jeder Term unserer Theorie (also jeder Begriff) gehört gleichzeitig einer bestimmten Stufe, einer bestimmten Schicht und einer bestimmten Dimension an, sodass eine $\rightarrow$ graphische Darstellung von Begriffsfeldern im λ-$\in$-φ-Diagramm (oder zweidimensionalen Projektionen davon) möglich ist. Dabei wird ein Begriff durch einen Punkt im (2- oder 3-dimensionalen) Diagramm dargestellt, wobei die wechselseitigen Abhängigkeiten (Überführbarkeiten und andere Teilordnungen) durch Pfeile verdeutlicht werden können.

Neben dem Ordinalskalagefüge dieser Folgen sind auch Nominalskalen denkbar, sogenannte *Stringenzen*, die sich an semantischen Kriterien orientieren. Diese Möglichkeiten wurden in unserer Arbeit aber nur angedeutet.

Funktion

In der Mathematik: eine spezielle (surjektive oder bijektive) Abbildung; in unserer Terminologie: eine Vereinigungsabbildung (Verschmelzung);

im λ-Kalkül: ein Algorithmus meist kombinatorischer Natur mit einer Reihe gebundener Variabler, die bei Anwendung der Funktion auf aktuelle Parameter durch diese (teilweise) ersetzt werden (Applikation, $\rightarrow$ Reduktion);

in der Mengenlehre: die (explizite oder implizite) Aufzählung korrespondierender Wertepaare x_i, y_i.

Globalisierung von Variablen: das "Herausziehen" von λ-Operatoren und der in ihren Wirkungsbereich stehenden Variablen aus inneren Termen möglichst weit nach links, wobei vorher alle möglichen inneren Reduktionen ausgeführt wurden, d.h., die zu globalisierenden Variablen dürfen keine Funktionen im Status der Anwendung sein. Schematisch:

$\lambda x[...(\lambda y[...])...] => \lambda x\lambda y[...(...)...]$

Graphische Darstellungen

1.) von *Überführbarkeiten*:

    A -O-> B (O = Überführungsoperator, z.B. λ, **S**, **V**, ρ, δ)

2.) von *logischen Verknüpfungen*:

Implikation (wenn - dann):   A ⎯⎯⎯⟶ B

Konjunktion (und):

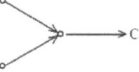

Adjunktion (oder):

3,) von *linguistischen Relationen* (Grundschema):

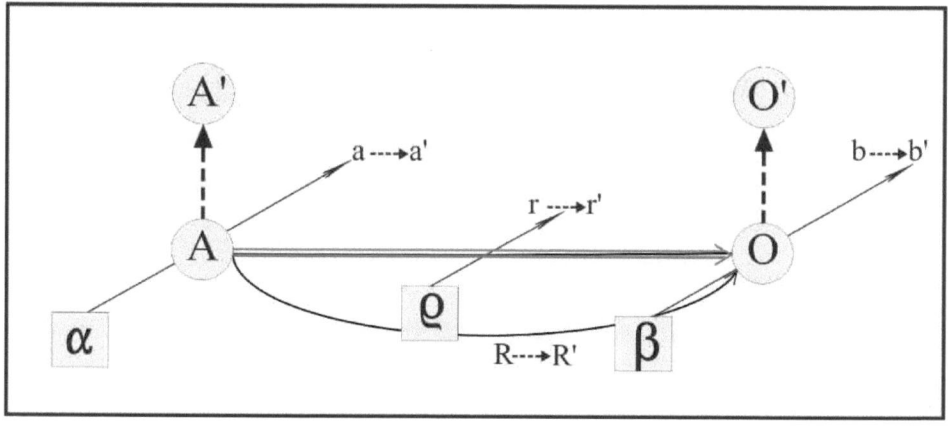

4.) von *Informationseinheiten* (Ausprägungsrelationen):

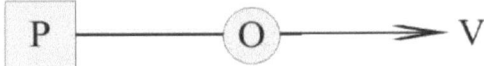

5.) von Begriffen im *λ-∈-φ-Diagrammen*:

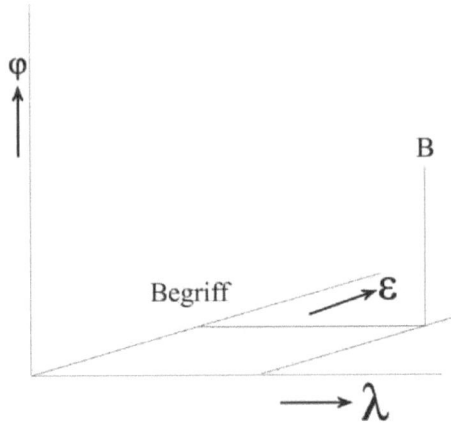

Hierarchie: in unserer Arbeit identisch mit einem Baum, d.h. eine mathematische Struktur, in der jedes Element außer der Wurzel genau einen Vorgänger hat. Die Wurzel - in unserer Interpretation der höchste Oberbegriff (oder Generatorbegriff) - hat keinen Vorgänger. Die Vorgänger-Nachfolger-Relation wird durch die Ableitbarkeit (Reduktion) im λ-Kalkül dargestellt.

Hierarchien von Begriffen entstehen in unserer Theorie auf zwei Arten:

1.) direkt durch Attributivdefinitionen von Begriffen mit jeweiliger Neu-Definition auf jeder Ebene. Alle aus einem Oberbegriff *B* durch Reduktion nach den gleichen Variablen abgeleiteten Unterbegriffe liegen dabei in einer Ebene. Bei dieser direkten Vorgangsweise machen wir folgende Voraussetzungen:

(A) Alle Unterbegriffe zu einem Begriff B liegen in der gleichen Ebene, d.h., es gibt nur eine Ebene unterhalb von B, in der alle B_i liegen.

(B) Die B_i haben alle den Abstraktionsgrad 0, sind also vollreduzierte Terme.

(C) Zur Fortsetzung der Hierarchie nach unten werden die B_i mit Hilfe von Eigenschaftskategorien definiert, die in B nicht vorkommen.

Eine derart generierte Hierarchie von Begriffen heißt *strenge* Hierarchie. Ist die Voraussetzung (A) nicht erfüllt, liegt eine lockere Hierarchie vor. Eine solche ist tunlichst zu meiden; sie kann durch weitere Reduktionen des Oberbegriffs (durch Auffüllen der Ebenen) in eine strenge Hierarchie umgewandelt werden.

Vorgangsweise 1.) hat den Vorteil der Flexibilität, da man jeweils von Fall zu Fall entscheiden kann, ob die Hierarchie nach unten fortgesetzt werde soll, und wenn ja, in welcher Form.

2.) Fasst man im Oberbegriff alle Eigenschaftskategorien zusammen, die zur Definition der Begriffe (auch aller Unterbegriffe) überhaupt erforderlich sind, dann wird aus diesem Oberbegriff der sogenannte *Generatorbegriff*, und die Begriffshierarchie ist nun mit Hilfe des Konzeptgenerators rein mechanisch generierbar.

Diese Vorgangsweise hat den Vorteil einer weitgehenden Automatisierung der Begriffshierarchieerzeugung, allerdings müssen alle benötigten Attribute von vornherein bekannt sein.

Geschieht die Generierung durch Vollreduktionen (Ersetzung aller gebundenen Variablen), dann entstehen *Endhierarchien*; geschieht sie durch Teilreduktionen, dann entstehen *Vollhierarchien*, die die Endhierarchien als Untermenge enthalten (→ Attributivdefinitionen). Vollhierarchien führen durch → Lattisieren zu → Verbänden (in diesem Fall: Begriffsverbänden) (siehe auch → Maße).

Informationselement (Informationseinheit, IE):

ein Dreiervektor, d.h. ein Tripel aus Prädikat (oder Eigenschaftsklasse), Objekt (Gegenstand, oder Begriff) und Ausprägung (Wert). Ein IE enthält also die → Ausprägungsrelation. Durch Lattisierung von IEs entstehen Verbände, die sogenannten *Informationsstrukturen*.

Die IEs sind, zusammen mit allgemeinen zweistelligen Relationen, die Grundlagen zur Beschreibung der Wirklichkeit.

Intension → wissenschaftstheoretische Begriffe.

Konzeptgenerator: ein Programm zur automatischen Erzeugung aller möglichen Unterbegriffe zu einem Oberbegriff, der hier Generatorbegriff genannt wird und attributiv (durch Eigenschaftskategorien) definiert ist. Dabei entstehen Begriffshierarchien, die durch → Lattisieren in Verbände umgewandelt werden können, und zwar Endhierarchien durch Vollreduktionen, Vollhierarchien durch Teilreduktionen (→ Hierarchien, Attributivdefinitionen).

Je nachdem, ob alle Eigenschaften miteinander kombinierbar sind oder gewisse Unverträglichkeiten (die dem Programm eingegeben werden können) vorliegen, entstehen *uneingeschränkte* oder *eingeschränkte* (End- oder Voll-)Hierarchien.

Die Konzeptgenerierung führt häufig zu neuen, jedoch möglichen Eigenschaftskombinationen ("Neu-Reduktionen") und damit auch zu neuen Begriffen, die eine Entsprechung in der Realität haben können ("Periodensystem-Effekt": Voraussage neuer Begriffe analog den Elementen des Periodensystems).

λ ("Lambda") → Abstraktion

Lattisieren: die Verwandlung von Begriffshierarchien, in → Verbände. Bei → attributiv definierten Begriffen ist dies sehr einfach (und auch sinnvoll): Der Oberbegriff (Generatorbegriff) wird mit dem Maximalelement identifiziert, und das Minimalelement wird als NIL (= widersprüchlicher Begriff) hinzugefügt. Verbandsrelation ist die Reduzierbarkeit im λ-Kalkül. Von den Hierarchien unterscheiden sich die so erzeugten Begriffsverbände auch dadurch, dass in einer Hierarchie weder alle Begriffe noch alle Ableitungsbeziehungen vorkommen müssen.

Bei → nominaldefinierten Begriffen ist die Lattisierung nicht mehr so einfach und auch nicht einsichtig bzw. didaktisch wertvoll, sodass im allgemeinen auf sie verzichtet wird.

Linguistische Relationen

Literatur	unsere Theorie
A *ISA* B, A *is-member-of* B	A ∈ B
A *is-part-of* B B *has-as-parts* A	A ∈ B $n \geq 1$
type(A) - *token*(B)	A ▷ B AG(B)=0
A *is-defined-by* B	A :=...λ...S...V...(B)

210

A *ist-Unterbegriff-von* B	A ⊴ B $AG(A) \geq 0$
A *ist-Vorgänger-von* B	A ▷ B
A *ist-Synonym-von* B	A -syn-> B
A *IS* B	• ⟶ Ⓐ ⟶ B
A *is located at* B	LOC ⟶ Ⓐ ⟶ B

Maße in Folgen:

Der *Abstraktionsgrad* (AG) eines Terms ist die Stufenhöhe, d.h. die Anzahl geschachtelter λ-Operatoren, wenn für jede gebundene Variable ein Operator geschrieben wird. AG = 0 bezeichnet vollreduzierte Terme (konkrete Objekte, reale Gegenstände).

Die *Schicht*(höhe) eines Terms ist die Anzahl geschachtelter **S**-Operatoren (= Mengenklammern). Ein Term der Schichthöhe 0 ist ein Individuum oder Simplex.

Die *Dimension* eines Terms ist die Anzahl geschachtelter **V**-Operatoren (Vektorklammern). Ein Term der Dimension 0 ist ein Skalar, ein Term der Dimension 1 ein Vektor, der Dimension 2 eine Matrix, ansonsten ein Feld.

In Hierarchien:

Wird ein Unterbegriff B_i aus einem Oberbegriff B durch Reduktion nach einigen oder allen Variablen abgeleitet, dann ist der *vertikale Abstand* zwischen B und B_i gleich der Anzahl reduzierter Variabler, also gleich der Differenz $AG(B) - AG(B_i)$.

Werden die Unterbegriffe B_i und B_k aus einem gemeinsamen Oberbegriff B durch Reduktion abgeleitet, dann ist ihr *horizontaler Abstand* die Anzahl der freien Variablen, in denen sich die beiden Begriffe unterscheiden.

In Hierarchien und Verbänden:

Der *Intensionsgrad* ist die Anzahl der Vorgänger eines Verbands- oder Hierarchie-Elements;

der *Extensionsgrad* ist die Anzahl der Nachfolger (→ wissenschaftstheoretische Begriffe);

der *Strukturgrad* ist die Summe der Logarithmen der Ausgrade (= Anzahl der von einem Knoten weglaufenden Pfeile) der Elemente eines Gebildes. Je nach Durchlaufrichtung ergeben sich unterschiedliche Maße dafür.

In Verbänden:

Die *Breite* b_n ist die Anzahl der Elemente der Ebene n. Sie vergrößert sich bei der Addition von Verbänden und entspricht der Gedächtnisleistung bei Erlernung der Begriffshierarchie. Breite schlechthin bezeichnet die Anzahl der vollreduzierten Elemente.

Die *Tiefe t* ist die Anzahl der Ebenen. Sie vergrößert sich bei der Multiplikation von Verbänden und entspricht der Abstraktionsleistung bei Erlernung der Begriffshierarchie. Bei Begriffsverbänden beginnt die Zählung bei NIL mit -1; die Tiefe des Verbandes entspricht dann dem Abstraktionsgrad des Generatorbegriffs.

Nominaldefinition: die Definition von Begriffen (die sprachlich meist durch Nomina oder Nominalkomplexe erfasst werden) durch andere Begriffe: $\qquad B := f(B_1, B_2, ...)= f(B^{\rightarrow})$

Die Nominaldefinition hat - im Gegensatz zur → Attributivdefinition - den Nachteil, dass die inneren Abhängigkeiten des definierten Begriffs von den Definitionsbestandteilen aus der Definition nicht hervorgeht, sodass auch kaum formale Operationen vorgenommen werden können.

Projektionsoperator (P)

Der nicht indizierte Projektionsoperator bewirkt die Zerlegung eines Feldes in seine Komponenten, d.h., anschaulich gesprochen, die Auflösung der Vektorklammern. Er hat den umgekehrten Typ wie der Vektoroperator.

Der indizierte Projektionsoperator (P^i) greift zusätzlich eine bestimmte Komponente des Feldes heraus. Es müssen so viele Indizes vorhanden sein als das Feld Dimensionen hat. Ist dies nicht der Fall, entstehen Komponentenmengen ("Schnitte").

Prozess: die zeitliche Veränderung eines → Zustands durch Veränderung der Werte mittels der → Überführungsfunktion δ:

$$\vec{z}' = \vec{\delta}(\vec{z})$$

oder allgemein: $\quad PRO := ZST_1 \, \text{--}\delta\text{--} > ZST_2$

Objekte und Prädikate bleiben dabei unverändert, nur die Werte ändern sich. Ein vollreduzierter Prozess heißt *Vorgang*.

Reduktion

Im λ-Kalkül bedeutet Reduktion die Anwendung (Applikation) einer Funktion auf eine Reihe aktueller Parameter (Werte) und die daraus resultierende (teilweise oder vollständige) Ersetzung der gebundenen Variablen in der Reihenfolge ihrer Bindung. Der Reduktionsvorgang wird durch die runden Klammern oder den Reduktionsoperator angedeutet. Beispiel:

$$(\lambda x.f(x)\ a) = f(a) \text{ oder } f \text{ --} \rho(a)\text{--> } f(a)$$

Wir unterscheiden zwischen Vollreduktionen und Teilreduktionen. Bei einer *Vollreduktion* werden alle gebundenen Variablen ersetzt. Bei einer *Teilreduktion* werden nur die ersten *n* (*n* kleiner als die Gesamtzahl gebundener Variabler) Variablen ersetzt.

Will man nicht die ersten, sondern beliebige Variablen ersetzen, muss man die Variablen entweder in der Definition umstellen oder zu einer modifizierten Schreibweise greifen:

$$(\lambda\ xyz.\ f(x,y,z)\quad a\ .\ c) = y.\ f(a,y,c)$$

Der Punkt soll bedeuten, dass nach diesen Variablen (hier: nach der zweiten) nicht reduziert wird.

Sachverhalt: die allgemeinste statische Beschreibung der Wirklichkeit, nämlich die Vereinigungsmenge von → *Zustand* und → *Situation*.

Schicht → Folge

Situation: ein Dreiervektor aus Situationseinheiten. Eine *Situationseinheit* (SE) ist eine Menge zweistelliger Relationen zwischen Individuen aus zwei Mengen (Klassen) X und Y, die auch identisch sein können. Sind sie es nicht, kann man die Individuen der ersten Klasse als "Subjekte" oder "Bewirker", der zweiten lasse als "Objekte" oder "Bewirkte" interpretieren. Definition:

$$SIT := \tau\ \bar\alpha\bar\beta\ \lambda\ \bar{x}^{\bar\alpha}\bar{y}^{\bar\beta}\bar{z}^{\bar\gamma}\ R^{REL}\ S^{REL}\ T^{REL}.$$
$$<\{\vec{R}(\bar{x},\bar{y}),\vec{S}(\bar{x},\bar{x}),\vec{T}(\bar{y},\bar{y})\}>$$

typ(SIT) = VEK1(STR1)

Vollreduzierte (konkrete) Situationen nennen wir *Situationsbeschreibungen*.

Stufe → Folge

Struktur → Synthese-Operator

Synthese-Operator (S)

Der Synthese-Operator bewirkt die Zusammenfassung (Synthese) seiner Argumente zu einer *Struktur*, die wir in dieser Arbeit mit dem mathematischen Begriff der Menge gleichsetzen. Definition:

$$S_n := \lambda x_1...x_n.\{x_1...x_n\} \quad \text{oder}$$

$$S := \lambda \vec{x}.\{\vec{x}\}$$

typ(S_n) = $(\alpha_1,...,\alpha_n)$ → STR(Klassentyp) bzw.

typ(S_n)=(STRn$_1$,..., STRn$_k$) → STRn (n = max(n$_1$,...)

Die x$_i$ sind die *Elemente* der Struktur. Die Anzahl geschachtelter Mengenklammern bestimmt die Schichthöhe der Struktur (→ Folge).

τ ("tau") → Typ

Teilordnungen

sind reflexive, transitive und antisymmetrische Relationen, die nicht zwischen allen Elementen einer Menge existieren müssen. In unserer Arbeit definieren wir folgende Teilordnungen:

in Stufen:

Durch stufenweise Ersetzung aller jeweils innersten Unterterme eines Term *T* durch das leere Zeichen erhält man einen Term $T^{(n)}$ (wobei gebundene Variable innerhalb ersetzter Terme samt zugehörigen λ-Operatoren ebenfalls gestrichen werden).

Zwei Terme T$_1$ und T$_2$ stehen in der *Unterterm-Relation* zueinander,

$$T_1 \subset^d_\lambda T_2$$

wenn gilt: $T_1^{(m)} = T_2^{(n)}$ mit d = n - m

Ist n = m, dann sagen wir, die beiden Terme seien *strukturgleich* der Ordnung *n* und schreiben dafür:

$$T_1 =^n T_2$$

T_1 und T_2 müssen zu diesem Vergleich auf der gleichen Stufe stehen, d.h. den gleichen Abstraktionsgrad haben.

Als dritte Beziehung in Stufen definieren wir die *Ähnlichkeit* zweier Terme als

$$T_1 \simeq T_2 \quad \text{oder} \quad T_1 =^{0.5}= T_2$$

Dies gilt dann, wenn die Terme nach Ersatz aller freien Variablen durch das leere Zeichen strukturgleich sind. Strukturgleichheit und Ähnlichkeit sind *Äquivalenzreaktionen*.

Auf der Ebene der Stufen haben diese Beziehungen Bedeutung zur Feststellung von Ähnlichkeiten im strukturellen Aufbau von Definitionen.

in Schichten:

Zwei Mengen M_1 und M_2 der gleichen Schicht stehen in der *Untermengen-Relation* zueinander:

$$M_1 \subset_0 M_2$$

wenn jedes Mengenelement von M_1 der Schichthöhe n auch in M_2 vorkommt. Freie und gebundene Variable werden dabei gleich behandelt.

Diese Teilordnung ist wichtig bei Begriffen, die allein durch Mengenbildung (also durch **S** ohne den Abstraktionsoperator λ) gebildet werden (z.B. Farbhierarchien).

in Dimensionen: Zwei Felder F_1 und F_2 der gleichen Dimension stehen in der *Unterfeld-Relation* zueinander:

$$F_1 \subset_\varphi T_2$$

wenn F_1 Bestandteil (Komponente) von F_2 ist.

Alle Teilordnungen betrachten wir im strikten Sinne, d.h. das Relationszeichen gilt nicht im Fall der Gleichheit.

Neben diesen Relationen, die für Terme auf gleicher Höhe (gleicher Stufe, Schicht oder Dimension) gelten, existieren noch die Relationen für Terme in verschiedenen Höhen. Sie werden allgemein als *Überführbarkeit* bezeichnet und durch einen Pfeil ($\triangleleft$) in Richtung höherer Stufen/Schichten/Dimensionen angedeutet. So bedeutet z.B.

$$T_1 \triangleleft^n_\lambda T_2 \, ,$$

215

dass der Term T_1 durch n-malige λ-Expansion (d.h. durch Abstraktion nach n Variablen) in den Term T_2 überführbar ist, also umgekehrt durch Reduktion nach n Variablen in den Term T_1 übergeführt werden kann. - Die Überführbarkeitsrelation weist auf direkte und dynamische Abhängigkeiten hin.

Tiefe (eines Verbands) → Maße

Typ

Im λ-Kalkül eine Klasse, der ein aktueller Parameter bei Ersetzung einer gebundenen Variablen angehören muss, wenn die Variable entsprechend gekennzeichnet ist. Die Typenzugehörigkeit wird in der Form

$$x \in \alpha \quad \text{oder} \quad x^\alpha$$

angegeben; Typenumwandlungen durch einen Pfeil: $\alpha \rightarrow \beta$.

Auch von Typen kann abstrahiert werden, und zwar durch den Abstraktionsoperator τ. Der zugehörige Reduktionsoperator wird mit σ gekennzeichnet.

Wir unterscheiden grundsätzlich zwei Arten von Typen: Ordinaltypen und Klassentypen. Ein *Ordinaltyp* ist eine natürliche Zahl, die einer Variablen zugewiesen werden kann (Beispiel: Dimension, Stufe, Schicht). Unabhängig davon kann jede Variable auch einem *Klassentyp* zugewiesen werden. Für unsere Theorie erweisen sich drei Grundtypen als nützlich:

a   die Klasse der sprachlichen Gebilde
b   die Klasse der Begriffe (Konzepte)
r   die Klasse der realen Gebilde ("Dinge")

Die wechselseitige Umwandlung von Variablen eines Typs in einen anderen ergibt erkenntnistheoretisch bedeutsame Funktionen.

Typenänderungsoperator (T)

Der Typenänderungsoperator ändert den Typ einer Variablen oder eines Variablenvektors, während die Variable selbst gleich bleibt. Das setzt voraus, dass die Variable der Klasse α eine exakte Entsprechung in der Klasse β besitzt. Def.: $(\mathbf{T}^{\alpha \rightarrow \beta} : x^\alpha) = x^\beta$

Seine Bedeutung liegt mehr im erkenntnistheoretischen Bereich als in der praktischen Anwendung.

Überführungsfunktion (δ): eine Vektorabbildung, die zur Beschreibung der Veränderungen bei → Prozessen und → Aktionen dient. Sie ist definiert als

$$\delta := \lambda x^{ZST} y^{ZST}.[x \rightarrow y]^{PRO} \text{ bei Prozessen, und}$$

$$\delta := \lambda x^{SIT} y^{SIT}.[x \rightarrow y]^{AKT} \text{ bei Aktionen.}$$

"Überführung" ist ein allgemeiner Begriff, der auch für die Verwandlung von Termen durch andere Operatoren gilt (→ Teilordnungen).

Variable: Name für ein Element eines Terms oder für einen Term (rekursive Definition). Wir unterscheiden zwischen freien und gebundenen Variablen.

Die *freien* Variablen haben eine Bedeutung außerhalb des Terms, in dem sie aufscheinen. Sie verweisen auf etwas außerhalb, sind also für die *Semantik* des Terms verantwortlich.

Die *gebundenen* Variablen stehen im Wirkungsbereich eines Abstraktionsoperators. Sie haben keine Bedeutung (verweisen nicht auf Dinge außerhalb der Formeln), sondern dienen als Platzhalter für die Einsetzung (Ersetzung) bei Anwendung der Funktion ("dummy variables"). Durch Typisierung wird die Ersetzbarkeit eingeschränkt. Gebundene Variable sind für die *Syntax* eines Terms verantwortlich.

Eine weitere Einteilung der Variablen kann sich nach ihrer Ersetzbarkeit richten. λ-abstrahierte Variable können wir als "Dingvariable" bezeichnen, τ-abstrahierte Variable als "Typenvariable".

Vektor: Wir verwenden den Begriff in zwei Bedeutungen:

1.) Ein Vektor ist ein *eindimensionales Feld*. Es wird durch den Vektoroperator (**V**) erzeugt und durch die Vektorklammern (< und >) gekennzeichnet. Beispiel:

$$\langle x_1, x_2, x_3 \rangle$$

2.) Ein Vektor ist eine *Reihe* von Elementen, deren Anzahl nicht festgelegt ist. Sie wird gekennzeichnet durch den hochgesetzten Halbpfeil ($^\rightarrow$) und findet als abkürzende Schreibweise für Argumente und Funktionen Verwendung. Beispiel:

$$x^\rightarrow := x_1, x_2, ... \text{ (oder auch ohne Kommatas)}$$

Die beiden Begriffe können auch gemeinsam auftreten, z.B. in

$$\langle x^{\rightarrow}\rangle = \langle x_1, x_2, ...\rangle$$

Vektorabbildung: eine Parallelabbildung, für die folgende Konventionen gelten:

(1) $f^{\rightarrow}(x^{\rightarrow}) = f_1(x_1), f_2(x_2), ...$

(2) $f(x^{\rightarrow}) = f(x_1, x_2, ...)$

(3) $f^{\rightarrow}(x) = f_1(x), f_2(x), ...$

(4) $f^{\rightarrow}(x^{\rightarrow}) = f(x_1), f(x_2), ...$bei Identität aller f_i

(5) $x^{\rightarrow a^{\rightarrow}} = x_1^{\alpha 1} x_2^{\alpha 2} ...$

(6) $f(x^{\rightarrow}, y^{\rightarrow}) = f(x_1y_1, x_1y_2, ..., x_2y_1, x_2y_2, ...)$

(7) $f^{\rightarrow}(x^{\rightarrow}, y^{\rightarrow}) = f(x_1y_1), f(x_1y_2), ..., f(x_2y_1)$ wenn alle f_i einander gleich sind

Vektor-Operator (V)

Der Vektor-Operator bewirkt die Zusammenfassung (Vektorisierung) seiner Argumente zu einem Vektor (= eindimensionales Feld). Def.:

$$\mathbf{V_n} := \lambda x_1...x_n.\langle x_1...x_n\rangle \quad \text{oder}$$

$$V := \lambda \vec{x}.\langle \vec{x}\rangle \quad \text{mit}$$

$\text{typ}(\mathbf{V_n}) = (\alpha_1, ..., \alpha_n) \rightarrow \text{VEK(Klassentyp)}$ oder

$\text{typ}(\mathbf{V_n}) = (\text{VEK}n_1, ..., \text{VEK}n_k) \rightarrow \text{VEK}n$ mit $n = \max(n_1, ..., n_k)$ (Ordinaltyp)

Die x_i sind die *Komponenten* des Feldes; die Anzahl der geschachtelten Vektorklammern bestimmt die Feldhöhe oder Dimension.

Veränderung: die allgemeinste dynamische Beschreibung der Wirklichkeit, nämlich die Vereinigungsmenge von → Prozess und → Aktion. Die Veränderung ist der dynamische Gegenpart zum statischen → Sachverhalt.

Verband: eine mathematische Struktur, deren graphische Darstellung sich dadurch auszeichnet, dass alle Kanten nach oben (zum Einselement) und nach unten (zum Nullelement) zusammen laufen.

In einem Verband ist eine Relation, die *Verbandsrelation* (⊑) definiert, die zwischen zwei Elementen *a* und *b* direkt bestehen kann (*a* und *b* sind durch eine Kante verbunden) oder indirekt über das Transitivitätsprinzip (*a* und *b* sind durch einen Kantenzug verbunden). Die Verbandsrelation ist eine Teilordnung, sie ist aber nicht vollständig. Das *Eins-Element* (1,

U, MAX) ist 'größer' als alle anderen Verbandselemente, das *Null-Element* (0, ∅, MIN) ist "kleiner" als alle anderen Verbandselemente.

Außerdem existieren zwei Operationen "⊓" (cap) und "⊔"(cup), die immer ausführbar sind und stets wieder Verbandselemente liefern (innere Verknüpfung).

Verbände, deren Elemente Begriffe darstellen, nennen wir Begriffsverbände oder auch *Begriffsfelder*. Die Verbandsrelation ist die Ableitbarkeit im λ-Kalkül (oder eine andere Überführbarkeit, die den Bedingungen genügt), "⊔" ist der nächste gemeinsame Oberbegriff und "⊓" der nächste gemeinsame Unterbegriff. Das Einselement wird durch den Generatorbegriff verkörpert und das Nullelement wird als leerer, widersprüchlicher Begriff ("NIL") hinzugefügt (→ Attributivdefinitionen, Lattisieren).

Verbände können *beschränkt* werden, was zu Hierarchien führt; sie können addiert und multipliziert werden, wobei die Begriffsfelder jeweils Erweiterungen erfahren. Außerdem können gewisse → Maße festgestellt werden.

Die Bedeutung der Verbände liegt einerseits in den gut erforschten mathematischen Gesetzen sowie in der gut handhabbaren mathematischen Struktur, andrerseits in den Beziehungen zu anderen Theorien der Informatik, insbesondere SCOTTs extensionale Modelle des λ-Kalküls.

Vorgang → Prozess

Wirkungskern: der dynamische Teil eines → Zustands oder einer → Situation, d.h. derjenige Teil, der sich bei einem → Prozess bzw. einer → Aktion durch Einwirkung der → Überführungsfunktion ändert.

Wissenschaftstheoretische Begriffe

Induktion ist die Zusammenfassung von Daten zu einem neuen Konzept durch Synthese seiner Bestandteile.

Deduktion ist die Zerlegung eines Begriffs nach bestimmten Methoden in Teilbegriffe durch Analyse seines Gehalts.

Intension ist die "Bedeutung" eines Begriffs, d.h. die Menge der ihn charakterisierenden Eigenschaften. Nimmt man nur die Eigenschaften, die zur Unterscheidung von anderen (ähnlichen) Begriffen notwendig sind, spricht man von *Kernintension*, während die Eigenschaften, in denen sich die beiden Begriffe unterscheiden, als *intensionale Differenz* bezeichnet wird. Dem letzteren entspricht der horizontale Abstand von Hierarchie-Elementen ($\rightarrow$ Maße).

Bei attributiv definierten Begriffen wird die Intension eines Begriffs B sehr einfach als Menge aller seiner Vorgänger definiert, d.h. als die Menge derjenigen Begriffe, aus denen B durch λ-Reduktion abgeleitet werden kann.

Extension ist die "Erstreckung" eines Begriffs, d.h. die Menge der Gegenstände, die unter diesen Begriff fallen. Bei attributiv definierten Begriffen wird die Extension eines Begriffs B als die Menge seiner Nachfolger definiert, d.h. als die Menge derjenigen Begriffe, die aus B durch λ-Reduktion abgeleitet werden können

Die Kardinalzahl der jeweiligen Menge ergibt den Intensionsgrad (ing) bzw. Extensionsgrad (exg) ($\rightarrow$ Maße). Es gilt das Gesetz, dass Intension und Extension einander umgekehrt proportional sind. Die Proportionalität kann allerdings nicht als Formel angegeben werden, da sie von der Struktur des Begriffsverbands abhängt.

Zustand: eine Menge von $\rightarrow$ Informationseinheiten, d.h.,

$$ZST := \tau \; \vec{\alpha}^{PR\ddot{A}} \vec{\beta}^{OBJ} \vec{\gamma}^{VAL} \lambda \vec{x}^{\vec{\alpha}} \vec{y}^{\beta} \vec{z}^{\vec{\gamma}}.\{ \lessgtr \vec{x},\vec{y},\vec{z} \gtrless \}$$

Zur besseren Strukturierung des Begriffs unterscheiden wir einen *Individuenzustand* (alle Informationseinheiten beziehen sich auf das gleiche Objekt):

$$ZST_{ind} := \tau \; ... \; \lambda \vec{x}^{\vec{\alpha}} y \beta \vec{z}^{\vec{\gamma}}.\{ \lessgtr \vec{x},\vec{y},\vec{z} \gtrless \}$$

$$typ(ZST_{ind}) = STR1(VEK1),$$

und einen *Kollektivzustand* (Vektor von Individuenzuständen):

$$ZST_{koll} := < ZST_{ind1}, ZST_{ind2}, ... >$$

$$typ(ZST_{koll}) = VEK1(STR1(VEK1)) = VEK2$$

Hat ein Zustand den Abstraktionsgrad 0 (konkreter, vollreduzierter, realer Zustand), dann spricht man von einer *Zustandsbeschreibung*.

20. Literatur

Abelson, Robert P.: *The Structure of Belief Systems.* In: Schank, Colby (eds.), 1973

Abrial, J.R.: *Data Semantics.* In: Klimbie, Koffnan (eda.): Data Base Management. Amsterdam 1974

Bierwisch,M.; Kiefer,F.: *Remarks an Definitions in Natural Language.* In: Kiefer (1969)

Blanke, G.H.: *Einführung in die semantische Analyse.* München 1973

Boley, Harold: *Zur Repräsentation von Wissen.* In: Brunnstein (Hrsg.): Zur Konzeption eines Frage-Antwort-Systems für den Computer-Gestützten Unterricht. Inst. f. Informatik, Universität Hamburg, Dez. 1975

Brekle, H.E.: *Generative Semantics vs. Deep Syntax.* In: Kiefer (1969)

Brekle, H.E.: *Generative Satzsemantik und transformationelle Syntax im System der englischen Nominalkomposition.* Wilhelm Fink Verlag, München 1970

Brunnstein, K.; Schmidt, J.W.: *Structuring and retrieving Information in Computer-Based Learning.* Inst. f. Informatik, Universität Hamburg, undatiert.

Bunge, N.: *Scientific Research I. The Search for System.* Springer Verlag, Berlin 1967

Carnap, R.: *Der logische Aufbau der Welt.* Berlin 1928.

Curry, H.B.; Feys, R.; Craig, W.: *Combinatory Logic, Vol. I.* North Holland, Amsterdam 1958

Curry, H.B.; Hindley, J.R.; Seldin, J.P.: *Combinatory Logic, Vol. II.* North Holland, Amsterdam 1972

Eddington, A.: *There once was a breathy baboon.* In: Fadiman (ed.): Fantasia Mathematica, Simon & Schuster, Neu York 1958

Fiksel, J.: *A Network-of-automata model for question answering in semantic memory.* Tech.Rep. 218, Stanford Univ., Oct. 1973

Fillmore, Ch.J.: *Types of lexical information.* In: Kiefer (1969)

Findler, N.V.: *AMPPL-II: Praktische Anwendungsbereiche.* In: Findler (1975)

Findler, N.V. (Hsg.): *Künstliche Intelligenz und heuristisches Programmieren*. Springer Verlag, Wien 1975 (Edinburgh 1971)

Flurschütz,Ch.; Ripota,P.: *Untersuchungen zu speziellen Problemen der kybernetischen Pädagogik*. Inst. f. Bildungs- und Beratungsforschung, Wien 1968

Gardner, M.: *Mathematical Games*. Scientific American, Jan. 1977

Gericke, H.: *Theorie der Verbände*. Mannheim 1963

Goguen, J.A.: *Concept Pepresentation in Natural and Artificial Languages: Axioms, Extensions and Applications for Fuzzy Sets*. Internat. Journ. of Man-Machine Studies 6 No. 5, Sept. 1974, 513-552

Haefner,K.: *Struktur und Bedeutung von Infotheken als Basis des Problemlösens und des Lernens im Tertiären Bildungsbereich*. GPI Wiesbaden, April 1974

Hyland, J.N.E.: *A survey of some useful partial order relations on terms of the lambda calculus*. In: Proceedings of the symposion on λ-calculus and Computer Science, Roma 1975

Kiefer, F. .(ed.): *Studies in Syntax and Semanties*. D. Reidel Publ. Co., Dordrecht 1969

Kintsch, W.: *Notes on the Structure of Semantic Memory*. in: Tulving, Donaldson (eds.): Organization of Memory. Academic Press, New York 1972

Landin, P.J.: *A Formal Description of ALGOL 60*. In: Steel (ed.): Formal Language Deacription Languages for Computer Programming. North Holland, Amsterdam 1966

Laßwitz, K.: *Die Universalbibliothek*. In: Traumkristalle, Leipzig 1902. Nachgedruckt in: POLARIS 1, Insel, Frankfurt 1973

Lindgreen, P.: *Graphical Representation of Information Structures*. EDAP-notes No. 11, Kopenhagen 1974

NcCarthy, J. et al.: *LISP 1.5 Programmer's Manual*. M.I.T.. Cambridge (Mass.) 1962

Minsky, M.: *Semantic Information Processing*. Cambridge (Mass.) 1968

Minsky, M.: *A Framework for Renreser Knowledge*. MAC Nemo No. 306, M.I.T., June 1974

Nees, G.: *Beschreibung kognitiver Systeme mit Hilfe des λ-Kalküls*. In: Fachtagung "Cognitive Verfahren und Systeme Hamburg, April 1973. Springer Verlag, Berlin 1973

Oparin, A.I.: *Genesis and Evolutionary Development of Life*. Academic Press, New York 1968

Queneau, R.: *Stilübungen*. Suhrkamp, Frankfurt 1961

Quillian, M.R.: *Semantic Memory*. In: Minsky (1968)

Rescher, N.: *Aspects of Action*. In: Rescher (ed.): The logic of decision and action. Pittsburgh 1967

Resnik, M.D.: *A set theoretic approach to the simple theory of types*. Theoria 35 (1969), 239-258

Reynolds, J.C.: *Towards a Theory of Type Structure*. Colloquium on Programming, Paris, 9-11 April 1974

Ripota, P.: *Logogramme - Eine Methode zur Lehrstoffaufbereitung*. Lernzielorientierter Unterricht 4 (1974), 35-43

Ripota, P.: *Klassifikation von Lehrprogrammen*. In: RGU-Tagung 1974, Springer Verlag, Berlin 1974

Sandewall, E.J.: *Heuristische Suche: Konzepte und Methoden*. In: Findler (1975)

Schank, R.C.; Colby, K.M. (eds.): *Computer models of thought and language*. San Francisco 1973

Schank, R.C.: *Identification of conceptualizations underlying natural language*. In: Schank, Colby (1973)

Scott, D.: *Lattice theory, data types and semantics*. In: Rustin (ed.): Formal Semantics of Programming Languages. Englewood. Cliffs 1972

Stenlund, S: *Combinators, λ-Terms and Proof Theory*. D. Reidel Publ. Co., Dordrecht 1972

Straube, H.: *Versuche zur Validierung von Lernstrukturen*. 3. Tagung des Arbeitskreises zur Formalisierung des Lehrens und Lernens, Paderborn 1975

Wegner, P.: *Programmning Languages, Information Structures and Machine Organization*. McGraw-Hill, New York 1968

Bücher von Peter Ripota: (bei Books on Demand):

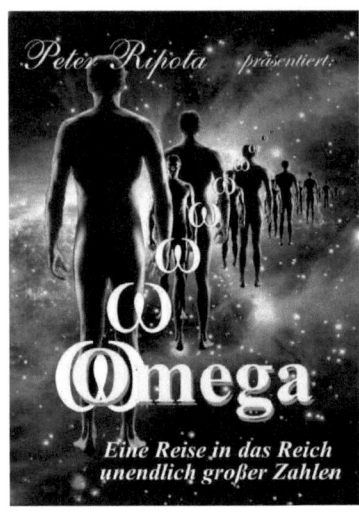

... und seine Lösung!